上外法律评论

SISU LAW REVIEW

（2021年卷·总第7卷）

王　静　主　　编
张海斌　执行主编

法律出版社
LAW PRESS·CHINA
——北京——

图书在版编目(CIP)数据

上外法律评论. 2021年卷 : 总第7卷 / 王静主编
. -- 北京 : 法律出版社, 2022
ISBN 978 - 7 - 5197 - 6536 - 1

Ⅰ. ①上… Ⅱ. ①王… Ⅲ. ①法律-文集 Ⅳ.
①D9 - 53

中国版本图书馆 CIP 数据核字(2022)第045423号

上外法律评论(2021年卷 · 总第7卷) SHANGWAI FALÜ PINGLUN (2021 NIAN JUAN · ZONG DI 7 JUAN)	王 静 主 编 张海斌 执行主编	策划编辑 解 锟 责任编辑 解 锟 装帧设计 李 瞻

出版发行 法律出版社	**开本** 710毫米×1000毫米 1/16
编辑统筹 重大项目办公室	**印张** 19.25 **字数** 273千
责任校对 王晓萍	**版本** 2022年5月第1版
责任印制 吕亚莉	**印次** 2022年5月第1次印刷
经 销 新华书店	**印刷** 北京虎彩文化传播有限公司

地址:北京市丰台区莲花池西里7号(100073)
网址:www. lawpress. com. cn　　销售电话:010 - 83938349
投稿邮箱:info@ lawpress. com. cn　　客服电话:010 - 83938350
举报盗版邮箱:jbwq@ lawpress. com. cn　　咨询电话:010 - 63939796

书号:ISBN 978 - 7 - 5197 - 6536 - 1　　**定价**:78.00元
凡购买本社图书,如有印装错误,我社负责退换。电话:010 - 83938349

编委会成员

主　　编：王　静

编 委 会：王　静　张海斌　李亚萍

闫卫军　王伟臣　沈志韬

执行主编：张海斌

责任编辑：孔凡洲

目录

论美国宪法“契约条款”的适用与扩张

——兼论美国早期的私有财产权利保护制度

闫卫军 *

《美国宪法》第1条第10款规定,“各州……不得通过任何褫夺公权的法案、追溯既往的法律和损害契约义务的法律……”这就是《美国宪法》中的“褫夺公权条款”(Bill of Attainder Clause)、“追溯既往条款”(Ex Post Facto Clause)和“契约条款”(Contract Clause)。众所周知,对于个人人身和财产权利的保护,是美国的基本政治理念,也是美国法律制度的核心内容。然而翻阅《美国宪法》,特别是在19世纪初仅包括第一修正案至第十修正案的《美国宪法》,我们发现初期的《美国宪法》,除了第五修正案规定的“正当法律程序”条款外,并没有对于人身和财产进行保护的一般性条款。而现在作为保护个人人身与财产权利基本宪法依据的《美国宪法》第五修正案,在美国建国初期的适用范围和适用方式,相对于19世纪末期,均受到很大的限制。〔1〕其实,用于保护私有财产权利的宪法工具正是上述3个条款,而“契约条款”是其核心。

一、“契约条款”的历史渊源及形成过程

查尔斯·比尔德(Charles Beard)曾说,美国革命至宪法通过其间的全部

---

* 闫卫军,上海外国语大学法学院教授,法学博士。

〔1〕 包括《美国宪法》第五修正案在内的《权利法案》被认为仅适用于对于联邦政府的约束,而不能适用于对于各州政府的约束。同时,在美国建国初期,“正当法律程序条款”仅从程序上为人身和财产等提供保护。

美国经济史都被压缩在了"契约条款"之中。[1] 可见,《美国宪法》中的契约条款是当时美国社会经济与政治状况的直接反应。美国独立后,作为组成邦联法律依据的《美国邦联条例》给组成邦联的各成员保留了几乎所有的主权权力,而邦联政府(在组织上没有总统领导的行政机构,只有一个由各成员派代表组成的"议会")实际上根本没有能力去偿付战后的巨额债务,也没有权力去规制各成员之间的商务活动。鉴于当时资本的紧缺以及信用的缺失,各成员均自行发行货币。其结果是,由于货币价值的持续波动,投机盛行,导致经济的不稳定。为了缓解大量债务人的窘况,许多邦联成员还通过损害契约义务的法律,或者强行改变私人合同所规定的付款方式,或者授权债务人延迟付款,甚至允许以货物代替金银清偿债务。这种强行改变私有合同当事人之间债权债务关系,破坏合同权利义务关系的做法,不但与当时盛行的尊重个人财产权利的政治理念背道而驰,而且影响人们进行投资和交易的安全感与积极性,从而最终影响了美国独立之初经济的发展,并引发社会动荡。[2] 这使美国建国之初的人们认识到构建一个强大的联邦政府,限制邦联各成员权力的必要性。由于组成邦联的各成员过分干涉私人合同,影响了正常的社会交往,损害了人与人之间的信任。"这种危害如此之大,如此令人担忧,以至于它不但损害商业交往,危及社会信用,而且还腐蚀人民的道德,破坏私人诚信的神圣。"[3] 正是为了抵制"罪恶的蔓延",美国建国之初的人们才在宪法中加入了"契约条款",要求各州不得通过损害契约义务的法律,以便为保护个人安全和私有权利设置一道屏障。

鉴于"契约条款"对各州的立法行为进行限制,在制宪会议上,马里兰州

---

〔1〕 See Beard, *An Economic Interpretation of the Constitution of the United States*, 1935, p. 179. 转引自 Bernard Schwartz, *Old Wine in Old Bottles? —the Renaissance of the Contract Clause*, 1979: Sup. Ct. Rev. 95 1979 at p. 96。

〔2〕 See Samuel R. Olken, *Charles Evans Hughes and the Blaisdell Decision: A Historical Study of Contract Clause Jurisprudence*, 72 Or. L. Rev. 513 1993 at p. 517.

〔3〕 马歇尔首席大法官在 Ogden v. Saunders 案中的反对意见,12 Wheat. 213, (1827) p. 355. 转引自 Bernard Schwartz, *Old Wine in Old Bottles? —The Renaissance of the Contract Clause*, 1979: Sup. Ct. Rev. 95 1979 at p. 96。

的路德·马丁(Luther Martin)曾提出反对意见。他认为这样的规定不必要地限制了各州在经济不景气时期制定债务人救济法律的权力,而这种债务人救济法律对于避免债权人全面摧毁债务人是十分必要的。而且,这一宪法条款将可能会限制地方政府规制涉及公共利益的私人经济活动的能力。[1] 不能说其后发展起来的“警察权”理论[2]对于“契约条款”的适用构成限制,因为在制宪会议期间,“警察权”理论还没有提出。因此不得不承认路德·马丁的这些反对意见具有一定的合理性,也预见了此后历史的发展。另外,莫里斯(Gouverneur Morris)、梅森(George Mason Ⅳ)等制宪会议的参加者则认为“契约条款”有违反“多数决原则”(majoritarian rule)之嫌。麦迪逊(James Madison)承认这种违反多数决原则可能带来的“不便”,但认为总体上“契约条款”带来的好处将会超过这种“不便”。[3] 根据当时的情况,对州权力进行限制的思想显然胜过了路德·马丁等人的担心,因此在各州召开的批准宪法的会议上,几乎没有人对此进行讨论。由此亦可见当时人们对于保护个人权利的关心远远胜过对于公共利益的担心,凸显了美国的个人主义传统。[4]

基于“契约条款”的产生背景,美国大部分学者认为《美国宪法》中的“契约条款”是针对当时组成邦联的各成员通过立法干涉私人合同履行的行为即各州所谓的“债务人救济法”(debtor-relief laws)而设立的。[5] 不过也有人

---

〔1〕 See Samuel R. Olken, *Charles Evans Hughes and the Blaisdell Decision: A Historical Study of Contract Clause Jurisprudence*, 72 Or. L. Rev. 513 1993 at p. 520 – 522.

〔2〕 英美法上的警察权又称治安权,即政府基于社会公共利益对社会事务进行管理和规制的权利。See Santiago Legarre, *The Historical Background of the Police Power*, 9 U. Pa. J. Const. L, 745 2006 – 2007.

〔3〕 See Douglas W. Kmiec & John O. McGinnis, *The Contract Clause: A Return to the Original Understanding*, 14 Hastings Const. L. Q. 525 1986 – 1987, p. 530 – 531.

〔4〕 See Samuel R. Olken, *Charles Evans Hughes and the Blaisdell Decision: A Historical Study of Contract Clause Jurisprudence*, 72 Or. L. Rev. 513 1993 at p. 520 – 522.

〔5〕 由于在独立战争期间,具有英国人身份的债权人成为敌国居民,因此一些独立后的“国家”(组成邦联的成员)通过法律,规定可以免除其殖民地人民对于这类英国债权人的债务,或者向政府机构缴纳一定金额即可清偿其对于英国债权人的债务,这就是所谓“债务人救济法”。参见 Robert L. Hale, *The Supreme Court and the Contract Clause*, 57 Harv. L. Rev. 512 1943 – 1944, p. 512 – 513; Leo Clarke, *The Contract Clause: A Basis for Limited Judicial Review of State Economic Regulation*, 39 U. Miami L. Rev. 183 1984 – 1985, p. 188。

认为这种解释"契约条款"产生原因的"债务人救济"理论不能得到《美国宪法》制定与批准的历史的支持,况且该条款所使用的也是一般的用语,根本没有提到所谓"债务人救济法"。邦联各成员(宪法生效后为"州")的"债务人救济法"当然是"契约条款"所针对的滥用立法权的现象之一,但"契约条款"服务于更为广泛的目标。[1] 从宪法的制定过程来看,宪法中的"契约条款"是由代表马萨诸塞州参加制宪会议的鲁佛斯·金(Rufus King)首先提出的。他建议"使用国会建立新的州的条例中的措辞",在宪法中增加一个"禁止干涉合同的条款"。所谓"建立新的州的条例",是指美国取得俄亥俄河西北领土后为在当地建立政府而制定的法律,一般简称为《西北领土条例》或者《西北条例》(the North-west Ordinance)。该条例中有一个条款规定,"……为了正当保护权利和财产,兹此确认并宣布,不得制定以任何方式干涉或影响事先达成的、善意及无欺诈的合同或协议的法律,或者使任何法律在该等领土上具有此等效力"。以这一规定为范本,鲁佛斯·金向制宪会议提出了宪法中的"契约条款"草案,草案几经修改即成为我们现在看到的宪法"契约条款"。[2] 由于《西北条例》中的这一条款显然不是针对所谓"债务人救济法"的,因此也很难说宪法中的"契约条款"是专门针对当时各州普遍制定的、以缓解债务人窘境为目的并且侵犯当事人合法的合同权利的立法。

不论"契约条款"是否针对特定的问题或现象,美国宪法学者们均不否定这一宪法条款的目的在于保护私有财产权利及其他既得的合同权利。麦迪逊在《联邦党人文集》第 44 篇中明确地说,宪法中增加"契约条款"等的目的在于保障"个人的安全与私有权利"。美国人民已经见惯了对他们合法权利的立法干预,然而损害契约义务的法律"违背社会契约的首要原则以及合

---

〔1〕 See Douglas W. Kmiec & John O. McGinnis, *The Contract Clause: A Return to the Original Understanding*, 14 Hastings Const, L. Q. 525 1986 – 1987, p. 533 – 534.

〔2〕 See Douglas W. Kmiec & John O. McGinnis, *The Contract Clause: A Return to the Original Understanding*, 14 Hastings Const, L. Q. 525 1986 – 1987, p. 529 – 531.

理立法的一切规则”。[1] 另外,麦迪逊在其有关制宪会议的记录中虽然没有提及“契约条款”的目的,但是却提到《西北条例》的目的在于“保护(个人)权利与财产免受溯及既往的立法的侵害”,而《美国宪法》中的“契约条款”正是参照《西北条例》中的相关规定制定的。这就清楚地表明,“契约条款”的目的在于保护私有财产权利以及个人合同权利等民事权利的核心内容。[2]

二、“契约条款”的适用范围

“契约条款”要求任何州不得通过损害契约义务的法律。仅从字面上理解,它的适用范围受到以下一些限制:其一,作为一项以保护财产权利以及其他私权利为目的的宪法条款,“契约条款”仅仅保护基于合同而产生的相对权利,而不能保护绝对权,因为基于合同产生的权利通常以相对权利为限;其二,该条款所针对的侵权主体以州为限,不能适用于联邦机构侵犯合同权利的行为;其三,该条款仅禁止损害合同义务的立法行为,因此对于行政侵权行为无能为力,只能适用其他法律条款保护当事人的权益。然而从《美国宪法》通过直至19世纪末期,美国最高法院通过扩延性司法解释,实际上扩大了它的适用范围。

虽然在弗吉尼亚州召开的批准宪法大会上,作为制宪会议参加者之一的埃德蒙·伦道夫(Edmund Randolph)解释说,“契约条款”的目的是防止州对“私人”合同的干涉,[3] 但是在美国最高法院适用“契约条款”的重要案例 Flether v. Peck 的判决中,却认定佐治亚州向个人出让土地的行为构成“契约条款”意义上的契约;在 Dartmouth v. Woodward 的判决中,认定英王授予达特茅斯(Dartmouth)学院的章程构成同样意义上的“契约”。此后在

[1] See Douglas W. Kmiec & John O. McGinnis, *The Contract Clause: A Return to the Original Understanding*, 14 Hastings Const, L. Q. 525 1986-1987, p. 532, note 32;另参见[美]汉密尔顿、杰伊、麦迪逊:《联邦党人文集》,程逢如等译,商务印书馆1980年版,第229页。

[2] See Douglas W. Kmiec & John O. McGinnis, *The Contract Clause: A Return to the Original Understanding*, 14 Hastings Const, L. Q. 525 1986-1987, p. 530-531.

[3] See Samuel R. Olken, *Charles Evans Hughes and the Blaisdell Decision: A Historical Study of Contract Clause Jurisprudence*, 72 Or. L. Rev. 513 1993 at p. 520.

Providence Bank v. Billings 案中、在 Proprietors of the Charles River Bridge v. Proprietors of the Warren Bridge 等一系列案件中,美国最高法院等认定具有政府特许性质的法律关系具有"契约"的性质,从而受到"契约条款"的约束。据美国学者的统计,如果把 19 世纪有关"契约条款"的诉讼分为普通合同诉讼案件和涉及政府特许的合同案件,则那些主要是形成一般债权债务关系的普通合同案件只占全部"契约条款"诉讼案件的 10%,而将近 90% 的"契约条款"诉讼案件都是和政府特许有关的,主要是有关公司章程的。[1] 因此,尽管有人认为宪法制定者们设计"契约条款"仅着眼于保护私人之间的普通合同,美国最高法院却将其扩展适用于个人与政府之间的法律关系,包括公司章程以及其他政府特许。

不但如此,根据美国一些学者的说法,约翰·马歇尔大法官还在 Sturges v. Crowninshield 一案中认定,当事人缔结合同时有效的法律亦构成合同的一部分,从而相关州立法机构废除或修改法律的行为亦可能损害合同义务,构成对"契约条款"的违反。[2] 在 1823 年判决的 Green v. Biddle 一案[3] 中,美国最高法院甚至认定美国弗吉尼亚州和肯塔基州之间签订的一份协议具有契约性质,从而受到《美国宪法》上的"契约条款"的保护。[4] 由于这一对"契约条款"的扩展性解释主要是在首席大法官马歇尔的主导下形成的,美国学者甚至认为"契约条款在我国(美国)宪法史上的重要性不应归因于宪法的制定者们,而应当归因于约翰·马歇尔首席大法官"。[5] 不过这一对

〔1〕 See Stephen A. Siegel, *Understanding the Nineteenth Century Contract Clause: The Role of the Property-Privilege Distinction and "takings" Clause Jurisprudence*, 60 S. Cal. L. Rev. 1 1986 - 1987, p. 7.

〔2〕 17 U. S. (4 Wheat) 122, 197 - 200 (1819). 参见 Leo Clarke, *The Contract Clause: A Basis for Limited Judicial Review State Economic Regulation*, 39 U. Miami L. Rev. 183 1984 - 1985, p. 189。

〔3〕 8 Wheaton 1, 1823.

〔4〕 该案涉及一些土地投机商与肯塔基州一些早期定居者之间的争议。最高法院判决支持土地投机商。但由于实际占有土地的肯塔基州定居者的强烈反对,以及肯塔基州立法机构对于定居者的支持,致使该判决未能得到履行。See R. Kent Newmyer, *The Supreme Court under Marshall and Taney*, 2nd ed., Harlan Davidson Inc., 2006, p. 67 - 68.

〔5〕 Leo Clarke, *The Contract Clause: A Basis for Limited Judicial Review State Economic Regulation*, 39 U. Miami L. Rev. 183 1984 - 1985, p. 188.

于“契约条款”的解释在其后并未被美国法律界广泛接受,成为一项确定的规则。

马歇尔大法官对“契约条款”的应用得心应手,但是在 1827 年的 Ogden v. Saunders 案中,他却成了少数派。该案原告 Saunders 要求被告 Ogden 偿付一项合同债务,被告以纽约州的《破产法》提出抗辩,原告代理律师丹尼尔·韦伯斯特(Daniel Webster)认为纽约州的该项立法因损害契约义务,违反宪法上的“契约条款”而无效。联邦最高法院需要回答的问题之一是《美国宪法》第 1 条第 10 款中的“契约条款”即禁止损害契约义务的立法,是否包括该项州立法生效后订立的契约。一般理解“契约条款”所禁止的立法,是指通过立法损害法案通过时有效的契约下的义务,而非法案通过后新订立的契约。在该案判决中,多数联邦最高法院大法官不同意“契约条款”禁止“前瞻性立法”(prospective legislation),而是认为州破产立法应当适用于其后订立的合同。换言之,该案所涉及的破产立法不因影响将来订立的合同下的义务而违反“契约条款”。这就意味着“契约条款”仅禁止各州通过具有溯及既往效力的立法。[1] 联邦最高法院的这一判决也得到美国学者的认可。一些学者认为,“契约条款”仅适用于具有溯及既往效力的州立法是该条款的题中之义。[2] 而从马歇尔大法官在 Sturges v. Crowninshield 案和 Ogden v. Saunders 案中的态度来看,他试图通过对“契约条款”的解释,避免其只能适用于对合同权利的保护的缺陷,使其在一定程度上适用于对绝对权即一般意义上的财产权的保护,而不是仅限于作为合同权利的财产权利。实际上,对于马歇尔大法官所判决的 Fletcher v. Peck 案,就有学者认为马歇尔大法官将“契约条款”所保护的合同权利从“获取财产的权利”(the

---

〔1〕 25 U.S (12 Wheat.) 213 (1827). See Leo Clarke, *The Contract Clause: A Basis for Limited Judicial Review State Economic Regulation*, 39 U. Miami L. Rev. 183 1984 - 1985, p.190.

〔2〕 See Douglas W. Kmiec & John O. McGinnis, *The Contract Clause: A Return to the Original Understanding*, 14 Hastings Const. L. Q. 525 1986 - 1987, p.531 - 533. 这一解释使“契约条款”与“溯及既往条款”具有异曲同工之效。而后者被解释为仅适用于刑事案件。不过也有一些学者认为“法律不溯及既往条款”也应适用于民事案件。参见 Douglas W. Kmiec 一文注释 29。

right to acquire)拓展到了“持有财产的权利”(the right to possess)。[1] 如果按照马歇尔大法官的意见,将“契约条款”适用于禁止通过立法损害将来订立的合同,那么便等于任何立法均不得损害当事人处置其财产的权利和意志,从而必将以此为依据建立一个 80 多年后才得以在美国建立的“缔约自由”原则。但是这一努力显然不是十分成功,Ogden v. Saunders 案使马歇尔在“契约条款”的基础上构建“缔约自由”原则的想法落了空。“契约条款”只能用于保护合同权利的缺陷成为它在美国内战后逐渐被“正当程序”条款取代的一个重要原因。

三、“契约条款”的适用与扩张

利用宪法上的“契约条款”保护私有财产的最早案例是联邦最高法院 1810 年判决的 Fletcher v. Peck 案。该案的背景是 1795 年佐治亚州臭名昭著的亚祖河土地舞弊事件。当时一些投机商人通过向佐治亚州议会的议员们行贿,促使议会通过法案,以低价将该州大片土地转让给这些投机商。然后这些投机商再转手倒卖,从中获得巨额利润。后州议员受贿的事实被曝光,引起选民的不满,于是新组成的议会干脆撤销了上届议会通过的有关法案,要求收回已经出让的土地。但由于撤销原法案的新法案通过时,部分土地已经多次转让,收回土地必然牵涉复杂的法律关系,从而引发诉讼。本案被告 Peck 于 1803 年将几经转手取得的一块与亚祖河土地舞弊事件有关的土地转让给原告 Fletcher。后来佐治亚州通过的新法案使 Fletcher 的土地利益受到损害,Fletcher 遂以 Peck 违约为由提起诉讼,案件最终上诉到美国联邦最高法院。在该案中,首席大法官约翰 · 马歇尔代表美国联邦最高法院发表了裁决意见。在马歇尔大法官看来,佐治亚州将地产

〔1〕 See R. Kent Newmyer, *The Supreme Court under Marshall and Taney*, Harlan Davidson, Inc., 2006, 2nd ed., p. 65.

“出让”(Grant)[1]给投机商的行为形成一份“其义务依然存在的已履行契约”,而一项法律“不顾已经做出的出让,将个人间的转让予以废除,并宣布出让人应当占有其原先的财产,就如同解除财产的售卖人履行合同规定的转让义务一样,与宪法的规定相抵触”。[2] 按照马歇尔大法官的判决意见,宪法所规定的禁止破坏契约义务的条款既适用于个人之间的合同,同时也适用于州作为一方当事人的合同。[3]

在Fletcher v. Peck案以后,美国联邦最高法院在许多案件中,继续使用宪法上的“契约条款”作为维护私人权利的工具。在Dartmouth v. Woodward案中,达特茅斯学院是美国在独立前为了以基督教信仰教化印第安人而发起成立的,学院的章程(Charter)由当时的英国国王乔治三世于1769年签署。根据这一章程,学院的管理权授予12位受托人(Trustees)及其继承人。美国独立后,新罕布什尔州议会试图通过立法修改达特茅斯学院章程,并改组学院的管理机构。由此引起原来的12位受托人及其继承人的不满,从而引发诉讼。该案同样由马歇尔大法官代表联邦最高法院发表判决意见。在该案判决意见中,马歇尔大法官认定,达特茅斯学院是由私人捐资成立的,是一家私营的教育机构。学院的章程构成英国王室与捐资人之间的合同,新罕布什尔州从英国独立后,州议会继承了原英国王室的权利,因此新罕布什尔州议会同样受这一合同的约束。新罕布什尔州议会通过的法律损害了达特茅斯学院的合同权利,从而违反了《美国宪法》中关于任何州不得通过损害合同

[1] 根据本案的具体情况,虽然相关英文法律文件均使用“Grant”一词,但具体的交易方式是相关的土地投机商通过向佐治亚州支付一定的金额而获得土地权利。结合我国的土地法律制度,笔者以为将Grant译为“出让”更为贴切。当然,在我国的土地制度上,基于“出让”取得的仅仅是对于国有土地的使用权,而在美国,土地投机商基于佐治亚州的“出让”取得的是土地的所有权。本文在提到Fletcher v. Peck案时,均将Grant译为“出让”。而笔者在讨论该案时提及的“出让”,是指佐治亚州与土地投机商之间以Grant名义所进行的土地交易。

[2] See Fletcher v. Peck, 10 U.S. 87, at 137.

[3] See Fletcher v. Peck, 10 U.S. 87, at 137.

权利的法案的"契约条款"。[1]

在内战前一系列有关特许状解释的案件中,美国联邦最高法院除了将此种"特许"界定为政府与相关当事人之间的契约并援引《美国宪法》第1条第10款的规定对当事人的权益进行保护,对州立法机构滥用权力的行为进行约束外,亦通过多个案件,确立了对此种"契约"进行解释的规则,即要求当事人依据特许状主张对抗州立法机构的权利,必须是"契约"明确规定的,不得推定立法机构默示地放弃了其法定的权力。

在 Providence Bank v. Billings 案中,1791 年基于特许状成立的 Providence Bank 拒绝根据 1822 年罗得岛的一项法案缴税,因为特许状中并没有规定其具有缴税义务。首席大法官马歇尔在其代表联邦最高法院发表的判词中直截了当地说,"一个州与一个个人之间缔结的合同,如同两个个人之间缔结的合同一样受到宪法第一条第十款的充分保护,这是已经确定的规则;同时,一个组建银行的特许状是一份契约,这也没有被推翻"。[2] 但是"……原告很难证明特许状中包含了一个不向银行征税的承诺,无论是明示的还是默示的"。[3] "鉴于保持其(征收权)不受减损对全社会利益攸关,因此全体社会成员有权坚持认为,在一个州没有表现出放弃它(征税权)的明确意愿的案件中,不能推定征税权已经被放弃。"[4] 在联邦最高法院于1837

---

[1] See Dartmouth v. Woodward, 4 Wheaton 518 (1819). See Stanley I. Kutler, et al., *The Supreme Court and the Constitution: Readings in American Constitutional History*, 3rd ed., W. W. Norton and Company, 1984, p. 72–74. 值得注意的是,Dartmouth College v. Woodward 案也是美国公司法上的一个重要案例。根据马歇尔大法官的判决,"法人(Corporation)是一种虚拟的存在,它看不见,摸不着,仅存在于法律的拟制之中。作为法律的创造物,它仅拥有那些根据其据以设立的章程明示或默示地授予其所有的财产。"法人的最为重要的特征在于其永续存在性(Immortality)和个体性(Individuality)。而法人的"个体性"实际上是指其具有独立的人格。法人虽然需要根据法律的规定并基于政府特许的章程成立,并服务于某种公共目的,但基于私有投资成立的法人并不因此而成为公共机构并受制于政府。这一判例为美国公司法的发展奠定了良好的基础,同时也为私权利,特别是私有财产的保护拓展了渠道和范围。在英国和美国公司法产生之前,公司和其他法人都是依据国王或政府颁发的特许状成立的。See Stanley I. Kutler, et al., *The Supreme Court and the Constitution: Readings in American Constitutional History*, 3rd ed., W. W. Norton and Company, 1984, p. 74–76.

[2] Providence Bank v. Billings, 29 U. S. 514, at 560.

[3] Providence Bank v. Billings, 29 U. S. 514, at 560.

[4] Providence Bank v. Billings, 29 U. S. 514, at 561.

年判决的 Proprietors of the Charles River Bridge v. Proprietors of the Warren Bridge 案中，新任的首席大法官罗杰·B. 坦尼(Roger B. Tanney)[1]秉持了马歇尔大法官在这个问题上的原则。在谈及有关查尔斯河桥(Charles River Bridge)的特许状中是否包含了一个征收过桥费的专有权时，坦尼大法官以与马歇尔大法官相同的口吻说，“……整个社会与此利益攸关，他们有权要求州通过提供安全、方便和经济的农产品运输通道和旅行道路，促进(他们生活的)舒适与便捷，推进社会的兴旺，不应将(这一权利)解释为已经被放弃或减损，除非(特许状中)有明白无误的文字表明州意图这样做”。[2]

这些案例表明，美国联邦最高法院认定政府与个人或企业之间的“特许状”具有合同的性质，并受到宪法“契约条款”的保护。但是个人或企业等民事主体以“特许状”为依据从政府获得的权利，必须是在“特许状”中明示规定的。美国一些学者将这一规则称为对一方为州政府的“公共契约”依照有利于州的规则进行解释的原则，[3]或者“保留州权原则”(the Doctrine of Reserved State Powers)。[4] 这样认定的目的在于维护社会公共利益，促进社会经济的发展。“这些判决，确保了私人投资免受州政府的干预，从而在一个资本稀缺的时代，鼓励人民进行更多的企业投资事业。”[5]同时，也照顾了经济发展的需要和社会公共利益。由此可见，在这一阶段，《美国宪法》中的“契约条款”成为美国联邦最高法院用于保护私权利，特别是私人财产权利的最为便捷的工具。

---

〔1〕 Roger B. Tanney，1836 年至 1864 年任美国最高法院首席大法官。

〔2〕 Proprietors of the Charles River Bridge v. Proprietors of the Warren Bridge, 36 U. S. 420, at 550.

〔3〕 See Bernard Schwartz, *Old Wine in Old Bottles? —The Renaissance of the Contract Clause*, 1979: Sup. Ct. Rev. 95 1979 at p. 99.

〔4〕 See Samuel R. Olken, *Charles Evans Hughes and the Blaisdell Decision: A Historical Study of Contract Clause Jurisprudence*, 72 Or. L. Rev. 513 1993 at p. 536 – 541.

〔5〕 Stanley I. Kutler, et al., *The Supreme Court and the Constitution: Readings in American Constitutional History*, 3rd ed., W. W. Norton and Company, 1984, p. 72.

国际法中的磋商

张　琪*

2013年习近平总书记提出了建设“一带一路”的伟大倡议。中国秉持共商、共建、共享原则,由各方平等协商、责任共担、共同受益。相关合作遵守各国法律法规、国际义务和可适用的国际规则标准,并本着以人民为中心的理念,促进具有包容性和高质量的经济增长并改善民生。我们致力于在各个层面促进合作的可持续性。在实施这一创新性倡议的过程中难免会产生争端,如何妥善解决这些争端是“一带一路”公信力的关键。

一、国际法中的争端解决

由于磋商是国际法中争端解决的方法之一,因此在研究磋商的法律概念之前,必须先要界定争端的定义。

(一)争端的定义

根据国际常设法院在希腊诉英国的巴勒斯坦让与权案中所指出的,争端是对法律或者是对事实上某一点的不认同,是双方对法律观点或者利益的分歧。[1] 米勒认为,争端的存在是由于主张被部分或者全部回绝而心存不

---

* 张琪,上海外国语大学法学院副教授,法学博士。

〔1〕 The Permanent Court of International Justice defined the concept of a dispute in the case of Mavrommatis Palestine Concessions (Greece v. U.K.), 1924 P.C.I.J. ser. A No.2, p.11 (Judgment of Aug. 13).

满。[1] 马特认为,争端指的是争议双方(个人或者团体)在公开场合向第三方表示存在的分歧。[2] 古里佛指出争端的发生是由于争议双方不能解决矛盾,其中一方决定将分歧置于公众领域。[3]

在国际争端解决法律研究中被广泛认可的争端定义为:它是一项针对法律、事实和政策的异议,一方所持的观点或者主张遭到另一方的拒绝或者否定,或者另一方提出了相反的主张。[4] 麦瑞斯教授还对国际争端做了一个定义,即当所持的异议来自不同地区的政府、组织、法人(公司)或者个人时,国际争端由此而发生。

如果争端是不可避免的,那么法律的功用就可以实现,因为法律就是特定群体为了解决各种类型问题而创设的。[5] 对于任何群体而言,为了解决矛盾而设立的方法总归是需要的,对于国际社会而言更是如此。分歧可能威胁国内社会的稳定,对于国际社会来说可能损害国与国之间的关系。

(二)国际争端解决手段的重要性

如果争端没有在一国国内解决可能导致国内社会的动荡,但是如果国际争端不能有效地得以解决,可能会爆发世界大战。为了维护世界和平,国际法中有效解决争端的目标必须达到。因为为国际争端解决提供有效的方法与国际法的两大根本问题密切相关:防止国与国之间由于争端升级而破坏世界和平,以及为国际习惯法和条约法的解释和应用提供恰当的程序。[6]

---

〔1〕 See Miller R. E. & Sarat A. Grievances, *Claims and Disputes*: *Assessing the Adversary Culture*, 15 Law & Society Review 1981, p. 527.

〔2〕 See Mather L. & Yngvesson B. Language, *Audience and the Transformation of Dispute*, 15 Law & Society Review 1981, p. 76.

〔3〕 See Gulliver, P. H., *Disputes and Negotiations*: *A Cross-Cultural Perspective*, Academic Press, 1979, p. 75 – 76.

〔4〕 See Merrills, J. G., *International Dispute Settlement* (*3rd ed.*), Cambridge: CUP, 2011, p. 1.

〔5〕 See Hart H. M. Jr. & Sacks A. M., *The Legal Process*: *Basic Problems in the Making and Application of Law*, Foundation, 1994, p. 1.

〔6〕 See Sohn L., *The Future of Dispute Resolution*, in MacDonald, R. St. J. & Johnston, D. M. (ed.), *The Structure and Process of International Law*: *Essays in Legal Philosophy*, *Doctrine and Theory*, Boston, MA: Nijhoff Publishers, 1983, p. 1121.

《联合国宪章》第2条第3款明确要求各会员国应以和平方法解决其国际争端以避免危及国际和平、安全及正义。[1] 该条款被国际法院的多数判例引述,也是本书所述的磋商研究的重要条款和理论基础。

(三)争端解决的方法

争端解决的方法在《联合国宪章》中一一列明,是国与国之间必须遵守的条约义务。《联合国宪章》第33条第1款规定任何争端当事国,当争端的存在足以危及国际和平与安全时,应当优先考虑使用谈判、调查、调停、和解、仲裁、司法解决、区域机关或区域协议等方法解决争端,或者该国自行选择的其他和平方法来平息争议。[2]

这些争端解决的方法可分为两种类型,即外交和司法方法。外交方法包括谈判(磋商)、调查、斡旋、调停与和解,司法方法包括仲裁和司法解决。外交手段往往被贴上无拘束力的标签,而司法手段则是以国际法为依据具有法律约束力的判决。

二、谈判与磋商法律性质异同的争论

谈判和磋商是法律程序还是外交方法在国际公法领域至今仍存在争议。麦瑞斯认为谈判是外交手段,因为谈判双方能够控制局面,就是说他们能够接受也能够拒绝所提出的解决方案。[3] 奥康纳则认为不能够因为谈判的非正式性就认定它不是一项法律事务,但是他承认谈判与法律程序对立,不过他还指出其他的外交方法是法律规则。另外,他指出规则的存在就是为了使用这些外交手段。一旦争议双方同意启动争端解决机制,就意味着他们愿意履行善意(good faith)的义务,而"善意"原则是国际法上的重要

〔1〕《联合国宪章》,载联合国网,http://www.un.org/zh/documents/charter/,最后访问时间:2013年2月4日。

〔2〕同上。

〔3〕See Merrills J. G., *International Dispute Settlement* (3rd ed.), Cambridge: CUP, 2011, p. 16.

原则。[1] 而且从实务角度来看,我们不难发现在司法解决争端过程中也进行谈判(磋商)。

从以上两位学者对谈判法律性质的不同看法可以看出在国际争端解决领域研究中谈判或者磋商属于外交方法,但是谈判(磋商)也可以是一个法律程序,只是不具有强制性。《联合国宪章》第33条第1款清楚地表明所有成员方必须通过和平手段解决争议,这是成员国的法定义务。但是从理论上来说,国际法并没有明确说明谈判(磋商)在争端解决机制中是强制程序。

《关税及贸易总协定》(General Agreement on Tariffs and Trade, GATT)和世界贸易组织(World Trade Organization, WTO)法律改变了磋商的非强制性和对其法律性质质疑的局面,明确规定了磋商是WTO法律的必经程序也是启动WTO争端解决机制的首要程序。WTO法律的研究隶属于国际公法研究的范畴,其对磋商程序的法律规定无疑为其法律性质提供了理论和实践的依据,也为磋商程序作为一个法律课题的研究提供了参考。

三、谈判和磋商的关系

谈判和磋商在使用过程中常常作为同义词或者近义词,通过以下的对比来表述两者的异同。

(一)谈判的定义

"国家"这一称谓在历史的长河中一出现,国家之间的问题就由此产生。为了避免两败俱伤的结果,谈判成了唯一的选择。谈判是友好解决国际争端最古老也是最基本的方法。谈判是针对现有的一项或者几项争议,或者是将来可能发生的一项或者几项争议,当事方自愿协商的过程,一般来说完全出自当事方的合意而不涉及第三方的加入。[2] 摩尔法官给谈判下的定义是一个政府行使其权力来处理与他国关系及讨论、调整和解决与他国分歧的法律

[1] See O'Connell M. E., *International Dispute Settlement*, Aldershot: Dartmouth, 2003, p. 25.

[2] See Garner B. A., *Black's Law Dictionary*, St Paul, Minn: West Group, 1999, p. 1059.

和行政程序。[1]

谈判的定义证实了其法律程序的实质,是一个双方直接接触的协商过程。同时,谈判是一个双方寻求解决之道并最大限度上控制结果的和平手段。

(二)磋商的定义

奥本海国际法认为磋商是一项讨论,包括对存有疑问的情况交换信息或者对此交换看法。[2] 布莱克法律词典列明的磋商定义是国与国之间为了防止争端发生或者解决争议所使用的一种互动方式。[3] 这两个定义都是从功能或者可能产生结果的角度做出的。柯基斯从过程角度来说明磋商的含义,认为磋商介于通知和赞同之间。[4]

与谈判相比,磋商兼具预防或者解决争端和法律程序两种功能,磋商还具有解释性。

(三)相同点

第一,通过磋商和谈判的定义可知,两者都是争端解决和防止争端的方式。第二,两者都是双方为了达成协议而进行的一项程序。第三,通常情况下,两者都出现在司法程序之前。当然他们可能是争端解决程序的起点,也可能是争端解决的终点。第四,谈判和磋商是法律程序,但是由于争议双方可以同意也可以拒绝履行协议而不受法律约束,所以他们二者不是争端解决的法律手段。

(四)不同点

经济合作与发展组织(Organization for Economic Cooperation and Devel-

---

〔1〕 See *The Mavrommatis Palestine Concessions Case* (Judgment) PCIJ series A. No. 2. 1924, p. 62 - 63.

〔2〕 See Jennings R. & Watts A., *Oppenheim's International Law* (*9th ed.*), Longman, 1996, p. 1181.

〔3〕 See Garner B. A., *Black's Law Dictionary*, St Paul, West Group, 1999, p. 510.

〔4〕 See Kirgis F. L. Jr., *Prior Consultation in International Law*: *A Study of State Practice*, University Press of Virginia, 1983, p. 11.

opment, OECD)指出磋商是谈判的初始阶段。谈判与磋商不同,启动磋商程序可以是一方只是为了向另一方询问相关行为或者措施的情况。[1] 这就是说,当磋商是为了了解更多信息的时候,它与谈判存在明显的区别,因为谈判需要双方有更多的接触,而绝不仅停留在交换信息的阶段。

从柯基斯对磋商下的定义可以看出,磋商是将外部成本评估注入内部决策过程中的一个程序。[2] 磋商的价值在于它为达成协议或者在作出最终决定前通过提供有用的或者是相关的信息创造一种机会。不管磋商的结果能否解决争端,即使其他因素可能影响到磋商进程,但是这种避免争端或者解决争端的机会是存在的。

多数学者认为磋商与谈判相比偏重于是一项防止争端的方法,而谈判偏重于解决争端。但是他们同时又认为,谈判也可以防止争端的发生,因为谈判一贯处在"冲锋陷阵"的地位,所以可以避免争端的产生。

在具体实践中很难给磋商和谈判划一条明确的界限,他们几乎就是同义词。但是从理论分析上可以看出,二者还是存在一定的区别,只是这种区别很细微,所以磋商和谈判更像是一组近义词。

通过论述磋商和谈判在争端解决领域中的优势还可以发现两者的一些区别。

谈判程序的优点如下:第一,是处理争端风险最小的方法。由于双方可以随时随地离开谈判桌,所以对于任何一方来说都可以最大限度地掌握争端解决过程的节奏和最大限度地控制争端解决的结果。第二,由双方自身对争端解决负责。大家可以尽量争取一个较为合理、可行、双方都可以接受的方案。第三,由于争端解决的结果是双方谈判的结果,那么应该是协商一致的产物,没有第三方的干涉,从而产生了谈判结果最大限度上的可接受性和稳定性。第四,谈判是双方妥协的结果,即双赢的结果,而非"一和零"的产物,

[1] OECD Doc. ENV (79) 23, at 6 (1979).

[2] See Kirgis F. L. Jr., *Prior Consultation in International Law: A Study of State Practice*, University Press of Virginia, 1983, p. 12.

这样有利于双方保持长期的友好关系。谈判的程序过程简单,比其他争端解决方法经济实惠,执行起来更容易接受,而且也不需要将结果公之于众。此外,谈判的过程可以增进大家彼此间的了解和信任、促进争端的解决、巩固合作成果和加深友谊。[1]

磋商的长处可以总结如下:第一,磋商可以在争端升级之前使当事国尝试去解决矛盾;第二,磋商使采取行为的一方可以知道其行为可能对他国造成的影响,从而考虑是否需要放弃该行为或者通过其他方式减少或者避免对他国的影响;第三,磋商哪怕不能改变当事国的行为或者政策,但至少为受影响的国家提供了宝贵的时间来采取相应的政策或者行为来降低或者避免自己的损失;第四,磋商营造了睦邻友好、诚恳善意的氛围,可以帮助双方在合作的气氛下解决争端。[2]

一般情况下,谈判的任务是在友好氛围下解决争端或者是达成协议。谈判是任何争端解决程序的必要组成部分。即使采用其他争端解决方法,谈判方式和技巧往往也会发挥作用。磋商所涉及的争端处在萌芽状态中,还没有爆发出来。谈判所涉及的争端是业已存在的争端。

我们从学者对谈判和磋商优点的分析中可以看出两者在处理争端类型上的差别,当然在实践上它们的区别确实不明显。但是从严格意义上来说,磋商行为发生在争端形成之前,而谈判行为发生在争端形成之后。这里要说明的是世界贸易组织争端解决机制中的磋商程序既可以发生在提交争端解决机构之前,也可以发生在正式提交争端解决机构之后。也就是说,WTO 法律体系打破了磋商和谈判原有的界限。

谈判和磋商在实践中常常被混同使用,因为它们的法律效力是一致的,特别是当磋商确实解决了争端时就和谈判没有了区别。谈判和磋商可能同时进行,当双方把分歧放在桌面上讨论的时候磋商程序就融入谈判程

---

〔1〕 See Bilder R. B., *An Overview of International Dispute Settlement in O'Connell*, M. E. (ed.), International Dispute Settlement, Dartmouth 2003, p. 24 – 25 note 36.

〔2〕 Ibid., p. 31 – 32.

序中。[1] 对于谈判程序而言，从根本上说，纠纷的存在并不是一个必要条件也不是启动磋商程序的必要条件。[2]

国际法领域大家普遍认同磋商和谈判概念类似，并且认为无论是理论还是实践都没有必要强调两者的区别。

四、防止争端与非诉讼纠纷解决程序

在国际争端解决研究领域内，防止争端与非诉讼纠纷解决程序（Alternative Dispute Resolution，ADR）是两个经常使用的法律概念。

（一）防止争端

从理论上说，争端解决和防止争端是两个截然不同的法律概念，但是两者在法律上确实存在高度关联性。

由于全球化的发展和不断深入，国际合作渗透到了各个领域。有大量的国际条约规定了国家行为和国际关系。就像日常生活中人和人之间的交往不可避免地要产生纠纷一样，国与国之间交往也必然会有矛盾。防止争端发生条款成为许多协议签订时优先考虑的条款，在国际法领域里情况同样如此。相关国际组织，比如国际货币基金组织、世界贸易组织的法律中明确列明了磋商义务。

防止争端（预防争端）的程序不限于磋商，还包括事先约定明确的规则来处理可能发生的纠纷、规定在采取单边行为引起争议之前采取预先通知和磋商的程序、建立临时或者常设的磋商机构或者联合委员会来解决分歧等。

这里需要指出的是虽然各种防止争端的方法在不断增多，但是国际法并没有规定国家有防止争端的义务，也没有要求国家必须采取某种防止争端的

---

[1] See Lauterpacht H., *Oppenheim's International Law*, *Vol. II Dispute*, *War and Neutrality* (*7th ed.*), Longman & Co., 1952; 8; Gould W., *An Introduction to International Law*, Harper Brothers, 1957, p. 541; Serensen M., *Manual of Public International Law*, Macmillan, 1968, p. 679.

[2] See Fombad C. M. Consultation and Negotiation in the Pacific Settlement of International Disputes, in O'Connell, M. E. (ed.), *International Dispute Settlement*, Dartmouth, 2003, p. 39.

方法来预防争端的发生。本着《联合国宪章》“国与国之间友好的国际关系和合作”的国际法精神，要求各国“尽先而且公正的解决争端”。[1] 磋商作为防止争端的一种方法，其使用频率正在增加，大量的案例表明磋商不仅被当事国广泛采用也日益被其他国家尊重。[2] 预防争端是为了各国能够认识、理解和考虑其他国家的合法权益、意见和关切以达成一致或者相互妥协来解决争端。

在中国“中庸之道”一向被人们奉为道德准则，子曰：“君子中庸，小人反中庸，君子之中庸也，君子而时中；小人之中庸也，小人而无忌惮也。”一方应该设身处地地为另一方考虑，推而广之，一国也应当理解别国的处境。

（二）非诉讼纠纷解决程序

20世纪70年代末，在澳大利亚、美国和英国ADR解决争端逐渐流行起来。如何来解释ADR和国际争端解决之间的关系呢？奥康纳认为国际争端解决是国际法的分支，历史悠久。ADR是现代心理学实践发展的一个分支，用以训练人们如何防止和解决纠纷，产生较晚。社会心理学的发展影响了人与人之间解决纠纷的结果。[3]

ADR包括由第三方参与的调停、和解、独立的专家调查、评估和鉴定以及以上几种方式的组合运用等。[4] 前面两项也是争端解决的外交方法。ADR强调的是在第三方斡旋下解决争端。自由选择第三方调解人可以使当事人借鉴和利用他人的专业技术、法律、文化或者其他专业知识，在解决过程中，既可以单独选择也可以组合选择第三方的专业调解人。

---

〔1〕 See Bilder R. B. An Overview of International Dispute Settlement in O'Connell, M. E., *International Dispute Settlement*, Dartmouth 2003, p. 31 – 32 and Fombad, C. M. Consultation and Negotiation in the Pacific Settlement of International Disputes, in O'Connell, M. E. (ed.), *International Dispute Settlement*, Dartmouth, 2003, p. 43.

〔2〕 See Kirgis F. L. Jr., *Prior Consultation in International Law: A Study of State Practice*, University Press of Virginia, 1983, p. 375.

〔3〕 See O'Connell M. E., *International Dispute Settlement*, Dartmouth, 2003, p. 93.

〔4〕 See Chinkin C. Alternative Dispute Resolution under International Law, in O'Connell, M. E., *International Dispute Settlement*, Dartmouth, 2003, p. 501.

北美自由贸易区将 ADR 列入法律文本。在美国,ADR 被美国国内法庭广泛使用形成了大量的判例和成文法,美国法学院将 ADR 作为法律课程的一部分。在英国 ADR 使用频率也相当高,主要是运用在处理家庭事务和邻里纠纷方面,现在某些商业纠纷也逐渐开始使用 ADR。

在 WTO 的《关于争端解决规则与程序的谅解》第 5 条其他解决争端的方法中提到了斡旋、调停与和解,但是至今还没有出现成功通过这一种或者几种方式解决争端的案例。也许到目前为止说非诉讼纠纷解决程序是有用还是没用还为时过早,因为第 5 条相比于第 4 条磋商程序而言还停留在抽象的法条层面,没有具体的细则,而且第 5 条的争端解决方法也不是 WTO 争端解决机制的必经程序,所以乏人问津,但是这是一块有待开发的沃土。

通过以上分析可以看出 ADR 和防止争端之间的紧密联系。从中可以得出的结论是磋商不仅是争端解决的方法也是防止争端的方法。

五、国际法中的磋商运用

联合国前秘书长加利曾经说过,秘书长和安理会之间紧密而持续的磋商可以充分知晓如何保证安理会的影响力,并且可以不断调整相关争端解决的战略部署。联合国与地区组织之间通过磋商可以帮助达成对相关问题和措施的国际共识。[1]

(一)历史上的磋商

采取行动之前的磋商原则对于相关国家利益而言处于国际关系法律的中心地位。[2] 国际法院前法官吉塞普认为磋商是为了维护和重建国际和平与安全,他总结了三层意思。第一层广义的磋商包括正常的外交交往和政府间的意见交流。第二层狭义的磋商指的是相关当事国之间进行国际事务活动的会议方式。第三层意思认为磋商是一种意见交换,针对的是正在威胁世

〔1〕 See Boutros-Ghali B., *An Agenda for Peace*, UN Pub. DPI/1247, 1997, p. 22, 37.

〔2〕 See Jenks C. W., *The Common Law of Mankind*, Stevens, 1958, p. 156.

界和平的争端。维护世界的和平与安全是联合国宗旨。

1933 年在英国伦敦召开的裁军会议上,美国大使戴维斯表明美国正在致力于促进和平与裁减军备,美国愿意与任何有避免冲突意愿的国家在和平受到威胁的情况下进行磋商。[1] 随后有关国家提出了制定裁军条约,此后又将其纳入修订后的《英国公约草案》中去。其中的部分条文是这样规定的:[2]

> 第一,任何违反《巴黎合约》的事件,或者可能违反《巴黎合约》的事件发生,无论是国联(联合国的前身)的理事会还是大会或者是本公约的缔约方但非国联缔约方都可以立即提请理事会或者大会与本公约争端成员方进行磋商;第二,磋商的目标如下:(1)对于任何可能违反《巴黎合约》的争端,双方应当从维护和平、避免纠纷出发交换意见;(2)对于违反《巴黎合约》的争端,双方应使用斡旋以重建和平。

该条约草案最终并未生效,但是磋商却成为美国对外政策的既定方针。美国认为磋商是对和平的重要救助手段,美国可以在不违背其意愿的前提下参与磋商以决定是否需要采取进一步的行动,并且不需要承担任何义务。[3]

此后的较长时间随着"二战"的结束,磋商似乎已经被人遗忘,联合国则一如既往地在使用磋商方式,但是遗憾的是没有将磋商程序系统化。直到 1991 年联合国出版了《联合国和平解决国与国之间争端手册》,并将其作为《联合国宪章和加强联合国作用特别委员会报告附件》。其中有四百多个段

---

〔1〕 See US Department of State, Press Release, 22 May 1933, p. 390 and League of Nations, Conference on Disarmament, General Committee, Minutes, Vol. Ⅱ, 475 (1933), p. 490.

〔2〕 See League of Nations, Conference on Disarmament, General Committee, Minutes, Vol. Ⅱ, 475 (1933), p. 494.

〔3〕 See Cooper R. M., *American Consultation in World Affairs: For the Preservation of Peace*, MacMillan, 1934, p. 345 - 365.

落提到了磋商义务,但是得出的结论是磋商可以被视为各式各样的谈判。[1]

与此同时,许多国际条约和地区性协定将磋商程序列入相关的法律条文。

(二)条约项下的磋商

《关于国家对国家财产、档案和债务继承的维也纳公约》(1983 年 4 月 8 日缔结)第 5 部分第 42 条规定:如果本公约两个或两个以上当事国对公约的解释或适用发生争端,它们应在其中任何一国提出要求时,设法以磋商和谈判的方式解决该项争端。[2] 此外,《联合国宪章》第 33 条规定了谈判是争端解决方式之一,而联合国一般将谈判和磋商作为同义词使用,这样磋商实际上已经成为争端解决的一项法律原则。

1. 地区协议

《欧洲共同体建立条约》第 100 条前言部分规定:欧洲理事会应当根据欧洲委员会的建议并且与欧洲议会和欧洲经济与社会委员会磋商取得一致意见之后发布接近各成员国国内的法律、法规、行政命令的欧共体指令,因为这将直接影响共同市场的建立和运作。[3]

当欧洲委员会发现一成员国的法律、法规和行政命令与欧共体指令出现差异从而导致共同市场的不正当竞争行为发生,欧洲委员会应与该国进行磋商。如果不能与该成员国达成一致意见,那么欧洲委员会和欧洲理事会就有权根据条约授权采取进一步的行动。另一种情况是,成员国认为如果修改本国的相关法律或者采纳欧共体指令,可能导致自身在共同体市场处于不利地位,那么就应该向欧洲委员会提出磋商请求。与该成员国进行磋商以后,欧洲委员会应该向成员国提出相关建议以避免其面临的不利局面。就此我们

---

〔1〕 Handbook on the Settlement of Disputes between States, UN Pub. E. 92. V. 7., p. 24 - 25, 51 - 52, 60, 70.

〔2〕 Article 42, *Part V of Vienna Convention on Succession of States in Respect of State Property, Archives and Debts*, 8 April 1983.

〔3〕 See Article 100, *Treaty Establishing the European Community, Consolidated version of the EC Treaty*, from http://www.europa.eu.int/abc/obj/treaties/en/entoc05.htm, last visited 15 November 2004.

可以发现欧共体指令所涉及的磋商义务是为了防止争端的发生。

1992 年签署的《北美自由贸易协议》(North American Free Trade Agreement, NAFTA)第 2006 条对磋商做了具体的程序规定,与《关税与贸易总协定》的第 22 条规定相同。1994 年 1 月 1 日正式生效的《北美自由贸易协议》磋商程序性条款与 1995 年 1 月 1 日生效的《马拉喀什建立世界贸易组织协定》(以下简称《WTO 协定》)磋商程序如出一辙,唯一不同的是:《WTO 协定》第 4 条第 7 款规定如果磋商不能在收到磋商请求后 60 日内解决争端,原告可以要求争端解决机构设立专家组。而 NAFTA 规定如果双方不能在 30 日内解决争端,可以根据第 2008 条第 1 款的规定以书面形式要求设立仲裁小组。

《北大西洋公约》第 4 条规定公约缔约国将共同磋商任何一方有关领土完整、政治独立、成员国安全受到威胁的事务。政治磋商是北大西洋公约组织(North Atlantic Treaty Organization, NATO)联盟内合作声明的重要特征,这主要是因为政治联盟必须要反映和产生相互信任,这就意味着各盟国的政治决策者在联盟范围内行事的时候必须要考虑其他盟国的利益。在 NATO 内的磋商不仅意味着信息交流,它还包括让 NATO 理事会知晓各盟国已经采取的决定或者试图争取支持这些的决定、在制定政策的早期阶段赶在成员国立场坚定之前先将问题做集体讨论。[1] NATO 的磋商实践为成员国政府提供了行动指南,即成员国政府对公约管辖范围内的事项采取行动之前,必须与其他成员国磋商,这就是说磋商实践创设出了联盟内的法律规范。

实际上 NATO 联盟内已经将成员国在付诸行动前与盟国磋商视作一项准则。"准则"之说可以通过以下两点来证明:第一,成员国为避免受到谴责,有磋商义务;第二,常规军事预算的磋商程序,包括军控(特别是涉及受欧洲联盟防御手段影响)谈判之前进行磋商。其政治的特殊性决定了磋商的预

〔1〕 Report of the Committee of Three on Non-military Co-operation in NATO, Dec. 13, 1956, in NATO Information Service, NATO Facts and Figures 308. 1976, p. 316.

防争端功能在该组织是压倒一切的。

在亚洲,东南亚国家联盟(Association of Southeast Asian Nations, ASEAN)与NAFTA的做法一样,也仿效WTO争端解决机制。不同的是,由于受亚洲文化传统的影响,外交手段成为解决争端的主流。在专家组建立之前,外交方法始终敞开大门,这样磋商程序在ASEAN内部处于争端解决机制的中心地位。

2. 国家之间的双边协议

美国和加拿大签署的《反托拉斯双边协定》规定一旦双方发生适用竞争法的争议,为了避免分歧和将双方的差异所带来的影响降到最低程度,以及出于为法律执行建立一个合作与协调框架的考虑,必须要做到合作与协调。[1] 协定所指的合作与协调包括通知、执行合作、相关事务协调、避免分歧、磋商等条款。该协议的用词也以友好与合作为主基调。美国与加拿大在竞争法方面有着长期的合作历史,分别于1959年、1969年和1984年签署了有关的谅解备忘。1986年在OECD框架内签订了《经合组织理事会关于各成员国之间的合作影响国际贸易的限制性商业实践的建议书》,两国再次强调了自由贸易区的成员方为了更加有效地进行竞争执法,各个成员方之间合作和协调的重要性。有竞争关系的国家在适用自身竞争法的时候需要慎重考虑对方的重要利益。

经过磋商之后,双方可能愿意遵循非攻击方式的程序来改变调查的基本规则以便证人自愿提供证词,或者使反托拉斯方可以获得政府正在调查或者采取行动的进展情况以便他们表达自己的想法。[2] 这种合作政策是在一系列双边谅解协议基础上发展起来的,合作的深度表明了两国不仅适用磋商程序,而且将争端解决过渡到强调预防争端的层面上。

---

〔1〕 Article Ⅰ, *Canada-United States: Agreement Regarding the Application of Their Competition and Deceptive Marketing Practices Laws*, 35 ILM 1996, p. 309 and 312.

〔2〕 See Campbell B. R., *The Canada-United States Antitrust Notification and Consultation Procedure*, 56 Canada Bar Review 1978, p. 459, 468.

3. 一般国际法

世界环境问题日益严重,一国计划或者实际正在进行的行为可能威胁他国环境利益的时候,往往不仅要将情况及时通知可能受到影响的国家,而且还可能要与有关国家进行磋商以友好的方式寻求妥协方案来避免或尽量减少任何可能产生的有害影响。[1] 国际环境法将磋商视为国际上认可的基本且重要的准则。1972 年的《斯德哥尔摩人类环境行动计划》中特别提出了一项建议——呼吁各国政府考虑或者实施与气候影响有关的行为时应当与相关国家充分磋商。[2]

1979 年在联合国欧洲经济委员会的主持下签署了《远距离越境空气污染的日内瓦公约》,该公约要求缔约国通过信息交流和磋商来协调政策和战略。第 5 条规定,磋商应当依据当事国的请求在早期阶段进行。本条所指早期阶段,对于受污染缔约国来说指的是当事国已经受到远距离越境空气污染的影响或者已经受到污染的威胁之时;对于污染国而言指的是释放或者可能释放远距离越境受污染空气的源头缔约国正在进行或者拟进行行动之时。当污染国拟进行可能污染空气的行为而与受污染国进行磋商凸显了其防止争端的功能,而当污染国对正在排放的污染行为与受害国磋商则表现了其争端解决的效果。

国际海洋法也有不少涉及磋商的条款。1969 年《国际干预公海油污事故公约》第 3 条规定,沿岸缔约国可以采取措施防止、减轻或者消除其海岸线受到的来自公海海难的严重或者是迫在眉睫的危险影响。但是,在采取任何措施之前,沿岸国应与受到海上事故影响的其他国家进行磋商,特别是与船旗国磋商。海洋法中的大多数争端与捕鱼活动有关,根据具体的实践在该类型争端中均要求与有关方磋商,在之后案例分析章节将具体展开。

---

〔1〕 See Bilder R. B., *The Settlement of Disputes in the Field of the International Law of the Environment*, Hague Recueil 1975, p. 139 – 240.

〔2〕 See Action Plan for the Human Environment, Recommendation 70, U. N. Doc. A/CONF. 48/14 (1972), 11 ILM 1421 1972, p. 1449.

《国际海洋法公约》规定当涉及跨越国家管辖范围“区域”内的资源矿床时,有预磋商的要求,而且如“区域”内活动可能导致对国家管辖范围内资源的开发,则需事先征得有关沿海国的同意。[1] 该原则清楚地表明了当资源矿床活动对沿海国造成特殊利益威胁的时候有磋商义务,其主要目的是给予沿海国与公海相邻的本国海域的特殊渔业资源保护。渔业资源的保护已经纳入1958年《捕鱼和养护公海生物资源的日内瓦公约》的第6条。此外,磋商准则还被海洋法的其他条款所采纳,例如,沿海国的离岸司法管辖区域范围内的矿产开采。

从以上对相关国际法的论述中可以看出,磋商在实务上的重要性在国际范畴内无论是双边还是多边领域都在不断提升。磋商机制渗透进了海洋法和环境法领域,也纳入了国际贸易法法律条款,尤其是WTO的争端解决规则。

六、磋商义务

英国的一个判例认为磋商的实质是一项正式邀请的沟通,可以延伸至一项接受态度的沟通。一旦收到了邀请,那么邀请是否被接受或者有没有递交任何的意见就根本没有关系。[2]

法律专家在1973年递交给欧洲理事会的《有关检查欧洲空气污染惯例的报告》中指出目前没有国际法规定一国在经授权将有潜在污染可能的厂房建在共同边界附近之前必须与相邻国家磋商。[3]

现在的问题是在国际法领域内是否存在磋商义务。《联合国宪章》在很多条款里都提到了成员方在采取某些影响他国的步骤之前联合国相关机构须征询个别国家的意见,但是在条款里没有提到“磋商”二字。例如,

---

〔1〕 See Article 142(2), *Convention on the Law of the Sea*, UN Doc. A/CONF. 62/122 (1982).

〔2〕 *Agriculture Board v. Aylesbury Mushrooms* [1974] 1 WLR 190, p. 194 – 195.

〔3〕 Report of Committee of Experts on Air Pollution, Procedures for Consultation at National and International Level Prior to the Setting up of Polluting Plant in Border Areas, Council of Europe Doc. EXP/Air (73) 2, at p. 4.

《联合国宪章》第 44 条提到安全理事会决定使用武力时,于要求非安全理事会会员国依第 43 条供给军队以履行其义务之前,如经该会员国请求,应请其派遣代表,参加安全理事会关于使用其军事部队之决议。其反映的是一国应当在联合国允许对该国敏感行为采取行动之前收到预通知的友好原则。[1]

《联合国宪章》第 106 条明确了磋商义务。在第 43 条所称之特别协定尚未生效,因而安全理事会认为尚不得开始履行第 42 条所规定之责任前,1943 年 10 月 30 日在莫斯科签订《四国宣言》的当事国及法国应依该宣言第 5 项的规定,互相磋商,并于必要时,与联合国其他会员国磋商,以代表本组织采取为维持国际和平及安全宗旨所必要之联合行动。但是需要明确的是该条款是一项过渡安全办法。[2]

柯基斯认为尽管事先磋商的规范数量在不断增加,但是在可预见的未来不可能出现事先磋商的义务。这就意味着从某种程度上来说建立正规的事先磋商程序是可取的,但是它必须适应反复出现的情形、构架相对明确、能够应付复杂局面。他并非看淡磋商的前途,而是希望他的研究可以为目前国家间进行谈判实践的决策者提供事先磋商的发展和现状规范的一些见解。此外,还强调了磋商程序应该在国际法框架内适用,现在应当致力于构建一个新颖而完备的磋商机制。[3]

大量的事实支持了柯基斯的主张。在他的专著出版之后,许多国际协议采用了磋商机制,并且不断地完善磋商程序。WTO 的 DSU 构建了一个有效的争端解决机制,磋商程序成为最主要的争端解决方法,有超过一半的争议在诉诸司法程序之前得以解决。磋商程序从 GATT 到 WTO,走过了 65 年的历程,见证了它从一个国际协议走到最具影响力的国际组织的全过程,也见

〔1〕《联合国宪章》,载联合国网,http://www. un. org/zh/documents/charter/,最后访问时间:2013 年 2 月 5 日。

〔2〕同上。

〔3〕See Kirgis F. L. Jr., *Prior Consultation in International Law: A Study of State Practice*, Charlottesville: University Press of Virginia, 1983, p. 375.

证了自身的发展与变化。

许多学者认为协议各方之间存在磋商义务。经过大量的案例分析之后，他们得出的结论是根据所涉及问题性质的不同磋商义务可以分为三个层次。[1] 第一层次指的是各方经常、定期的一般磋商义务，通常情况下其主要目的是提供一个监管框架以便施行经常性的评估和监督协议执行，这里体现的是之前所论述的预防争端功能；第二层次指的是对已经发生的问题进行磋商，在这个层次处理的对象是已经存在的争议，所以其主要功能是解决争端；第三层次指的是尽管做了大量的磋商工作，但是争端还是发生了，这个层次的主要任务是试图达成和解。[2]

客观地说，磋商义务只对那些希望有关各方都能接受其行动的国家产生影响。[3]

七、磋商中的善意原则

在磋商和谈判过程中是否需要加入严格界定的法律原则备受争议。[4] 磋商与仲裁和司法程序是完全不同的，如果严格遵循规则和程序可能会削弱磋商的功能。然而遵循和符合国际法的既定原则对于磋商和谈判来说是非常重要的一个因素，因为这将决定各方达成协议的持续性和有效性。

在诸多国际法的既定原则中，最基本的一项监管程序原则是善意原则。

---

〔1〕 See Cheng B., Dispute Settlement in Bilateral Air Transport Agreements', in Bockstiegel, K., *Settlement of Space Law Disputes: the Present State of the Law and Perspectives of Further Development, Proceedings of an International Colloquium, Munich* 13 *and* 14 *September* 1979, Bonn: Carl Heymanns Verlag, 1980, p. 106. Cheng B., The Role of Consultation in Bilateral International Air Services Agreements, as Exemplified by Bermuda Ⅰ and Ⅱ, 19. *Columbia Journal of Transnational Law* 1981, p. 183 – 195. Fombad C. M., Consultation and Negotiation in the Pacific Settlement of International Disputes, in O'Connell, M. E., *International Dispute Settlement*, Dartmouth, 2003, p. 122 – 183.

〔2〕 See Fombad C. M., Consultation and Negotiation in the Pacific Settlement of International Disputes, in O'Connell, M. E., *International Dispute Settlement*, Dartmouth, 2003, p. 41.

〔3〕 See Jennings R. & Watts A., *Oppenheim's International Law* (*9th ed.*), Longman, 1996, p. 1182.

〔4〕 See Irvin J., *The Role of Law in the Negotiated Settlement of International Disputes*, 3 Vanderbilt International 1969, p. 58 – 73.

“善意”的概念来自最古老的一项国际法原则——条约必须遵守(pacta sunt servanda)。“善意”的表达在国际法的三大渊源,即条约、习惯和一般法律原则中都有体现。

《维也纳条约法公约》第26条规定凡有效的条约对其各缔约国均有拘束力,必须由各国善意履行。第31条第1款规定条约应依其用语按其上下文并参照条约之目的及宗旨所具有的通常意义善意解释。第46条第2款规定违反的情况倘由对此事依通常惯例并且秉持善意处理的任何国家客观上认为是显而易见的,即明显违反。[1]

《联合国宪章》第2条第2款规定会员国应秉持善意原则,履行其依宪章所担负的义务,以保证全体会员国因加入本组织而发生的权益。其解释在1970年联合国大会通过的2625(XXV)号决议《关于各国依联合国宪章建立友好关系和合作的国际法原则宣言》内,即呼吁各国善意地履行国际法义务,包括履行条约义务。

条约法与“善意”原则息息相关,因为善意的基础作用支配着条约从订立到消亡。[2]《奥本海国际法》——国际法领域内的权威著作,认为善意原则具有压倒性的重要作用。[3] 根据凯尔森的国际习惯法理论,条约必须遵守的首要规则是确认条约的履行必须遵循善意。[4] 国际法院在核试验的判例中指出无论国际原则的渊源是什么,其监管法律义务的创设和履行的最基本原则之一是善意原则。信任和信心是国际合作所固有的,我们面对的是一个在许多领域合作变得越来越重要的时代。正如在条约法内“条约必须遵守”是建立在善意的基础之上,“善意”也是一项必须承担的具有拘束力的国

---

〔1〕《维也纳条约法公约》,载联合国网,http://www.un.org/chinese/law/ilc/treaty.htm,最后访问时间:2013年2月5日。

〔2〕 See Cheng B., *General Principles of Law as Applied by International Courts and Tribunals*, Steven & Sons, 1953, p. 106.

〔3〕 See Jennings R. & Watts A., *Oppenheim's International Law* (*9th ed.*), Longman, 1996, p. 38.

〔4〕 See Kelsen, H., *General Theory of Law and State*, CUP, 1946, p. 369.

际义务。[1]

善意原则是国际法的基本原则。有学者指出善意原则形成并成就了遵守现代国际法规则的大背景,并且制约了某些看似可以合法行使的规则。"善意"的磋商考虑到了当事方的各种利益,且尽一切可能满足磋商当事国并兼顾自身的利益,还向其他当事国表现出自己是真心诚意来与其他国家进行利益协调的。[2] 1961 年《动用非国际海事水域决议》第 7 条规定,在谈判过程中,每一个国家都必须符合善意原则,不得动用或者承接引起争议的非国际海事水域,不得采取任何其他可能加剧争端或使协议更加困难的措施。[3] 该决议提到的善意原则被视为谈判的标准。这里所提到的善意的谈判(磋商)义务是为了解决争端,或者防止争端,或防止争端升级。

在"拉诺湖"案的判决中,国际常设法院的仲裁庭认为,国际惯例反映了各国应努力缔结这样一种协定的理念,即善意接受所有的沟通和联系,通过对各种利益的比较和互惠的良好意愿,可为国家提供缔结协定的最佳条件,这应当被视为一项义务。[4] 在本案中,仲裁庭发现有义务从事一项有意义的初步谈判。但是,如果征得有关国家同意后,善意的努力证明用不上,那么就没有义务非得获得他们的同意。[5] 如果缺乏善意,那么根本谈不上有意义的谈判。本案给"非善意"下了一个定义,即如果一个国家不恰当的中断了讨论,或者延误情况不正常,或者无视已经商定的程序,或者拒绝考虑他方的利益和诉求,那么事实上就违反了善意。

总之,磋商或者谈判成功与否很大程度上取决于争议各方的良好意愿。违反了善意原则与违反其他国际义务一样,对违反方而言需要承担国际责任。1947 年,美国和联合国就《联合国总部协定》第 21 条的解释发生争议从

---

〔1〕 See *The Nuclear Test Cases*, ICJ Reports 253, 1974, p. 267.

〔2〕 See Shaw M. N., *International Law* (*5th ed.*), CUP, 2008, p. 104.

〔3〕 See Article 7, *the* 1961 *Resolution on the Utilisation of Non-Maritime International Waters*, 56 AJIL 737 1962, p. 738.

〔4〕 24 *I. L. R.* 1957, p. 123.

〔5〕 See Chinkin C., *Alternative Dispute Resolution under International Law*, *in O'Connell*, M. E., International Dispute Settlement, Dartmouth, 2003, p. 39.

而提交国际法院来审理。联合国声称,该协定第21条项下拟进行的争端解决程序的起草人认为故意拒绝参与磋商或者谈判就是违反了善意,而美国正是违反了该项善意原则。美国自始至终将自身放在争端解决程序之外的非正式磋商和接触。国际法院认为在磋商和谈判过程中,善意原则适用于争端解决的启动、行为和执行的整个过程。[1]

在某些争端中,争议双方都有违反法律的行为,那么此时善意谈判义务就变得更为重要,因为任何一方都可能对遵守国际义务犹豫不决。在加布奇科沃纳吉马罗斯项目案中,斯洛伐克向国际法院提出就加布奇科沃纳吉马罗斯项目(匈牙利/斯洛伐克)增加判决请求,由于其为电力生产、防洪和改善有关航行而在多瑙河上修建水坝,并且该项目已经投入实际运营。国际法院在1997年作出的判决中指出,根据调查发现匈牙利和斯洛伐克双方都存在违反国际义务的情况。法院希望双方能够秉承善意原则进行谈判以确保达成1977年签署的《布达佩斯条约》所设定的目标。该争端始于1989年,而且《布达佩斯条约》仍然有效。[2] 由于国际法的最终目标是遵守国际义务,国际法院要求双方以善意原则进行谈判也就不难理解。谈判的结果既为本案提供了救济方案,又挽救了国际法。

八、磋商在国际法中的案例分析

主要分析5个案件,涉及以上所分析的磋商(谈判)义务、磋商与谈判和磋商(谈判)的重要性。

(一)拉诺湖案[3]

在本案中,西班牙认为法国为了利用水力发电在比利牛斯山脉进行某些

---

[1] The Applicability of the Obligation to Arbitrate under Sect. 21 of the UN Headquarters Agreement case, *ICJ Reports* 1988.

[2] ICJ Decisionon *Gabcikovo-Nagymaros Project* (Hungary/Slovakia), 1994, http://www. icj-cij. org/docket/ index. php? p1 = 3&p2 = 3&code = hs&case = 92&k = 8d (Sepptember 25, 1997), last visited 25/07/2011.

[3] *Lake Lanoux Arbitration* (France v. Spain), (1957) 24 I. L. R 101, p. 127 – 133.

水域的工程应该经西班牙同意。法庭经审理后认为在有可能影响到西班牙利益的情况下,法国有与西班牙对该项目进行磋商的义务。法院指出强制磋商的性质——谈判义务是一项协定。在现实中,国家之间谈判的形式和范围多种多样,都是依据他们自身的定义在进行,也依据他们自身执行能力来确定程序。但是他们必须要承担该项义务是毋庸置疑的,如果没有做到的话,可以进行制裁。

关于磋商义务或者谈判义务的案例还有不少,其得出的结论基本上是一致的。国际法要求当在同一海域的邻国因其影响了自身利益反对某一国拟修建或者已经修建的水利设施,该国应当秉承善意承担与同一海域国家磋商和谈判的义务。事实表明许多国际争端在使用事先磋商的方法,如果该方法确实被证明有效,就应该出台细则。[1] 国际法委员会河流与湖泊污染研究所成员提出当污染在可预见的情况下,一般习惯法应当要求通知与磋商。

磋商义务所隐含的意义就国际水域争端而言在于未经双方相互沟通,任何一方不得采取单方面行动。法庭未采纳西班牙的辩解,认为有关水域的事项涉及两个国家利益的时候确实存在磋商义务,而且有必要考虑和谐的整体利益。如前文所述,由于磋商和谈判的紧密联系,有些案件的叙述为谈判义务。在《联合国宪章》内包含了不少磋商条款,但是在最有代表性的第 33 条上写的是"谈判",我们有理由认为这里面的谈判包含了磋商。

(二)航空运输仲裁案[2]

1978 年在美国与法国发生的航空运输仲裁案中,美国就《经济法规指令》第 213 部分的适用问题提出了初步管辖权的异议,但是在与法国的前期谈判过程中美国没有再次提到这个问题。因而仲裁庭在审理中未采纳美国提出的该项管辖异议,并且厘清了磋商和谈判之间的关系,认为即使讨论某

---

〔1〕 See Bourne C. B., *Procedure in the Development of International Drainage Basins: the Duty to Consult and to Negotiate*, 212 Canada Year Book of International Law (1972), p. 233. Schachter O., *Sharing the World's Resources*, Columbia University Press, 1977, p. 69 – 70.

〔2〕 See *The France/US Air Transport* Arbitration Award of 1978, 54 ILR (1979).

一个具体案例的时候没做具体说明或者是没有泛泛化,这两个概念实际上是有紧密联系的。[1]

虽然说磋商和谈判的关系应当具体案件具体分析,但是大家普遍认可的是两者的区别不大,其实它们之间的界限如前文所论述的那样并不十分明显,尤其是当二者作为争端解决方法的时候,界限更加模糊不清。

(三)北海大陆架案[2]

1969年丹麦和荷兰起诉德国有关大陆架等距离基线的问题。国际法院认为谈判是处理所有国际关系的基础,当国际司法或者仲裁解决争端作用有限的情况下,谈判也是一种带有根本特性的争端解决方法。

法院认为丹麦和荷兰不能援引1958年的《大陆架公约》来向德国主张等距离基线,因为德国不是公约缔约国。法院建议丹麦和荷兰政府同德国政府履行谈判义务。国际法院认为谈判义务源自1945年《杜鲁门宣言》中关于大陆架的论述——邻国间划界需要征得相邻国家的同意并遵循《联合国宪章》第33条的谈判原则。

随后,丹麦、荷兰与德国进行谈判,最终达成了协议。[3] 三方签署并通过了两个条约,并由此增加了互信。案件结束以后,有类似狭窄区域大陆架问题的欧洲国家纷纷开展了政府间的谈判,取代了原先所采用的单方面声明。北海大陆架案件的成功解决揭示了谈判的重要性以及国际法中的谈判义务。

(四)渔业管辖权案[4]

国际法院提到了各国有进行善意谈判的义务以公平地解决他们之间的分歧。1972年英国和德国分别在国际法院向冰岛提出有关渔业管辖权的诉

---

[1] See *The France/US Air Transport* Arbitration Award of 1978, 54 ILR (1979), p. 303.

[2] See *North Sea Continental Shelf Cases*, 1969 *ICJ Reports* 3 (Judgment of 20 February 1969), p. 47-48.

[3] Treaty between the Federal Republic of Germany and Denmark, 10 *ILM* 603 (1971); Treaty between the Netherlands and the Federal Republic of Germany, 10 *ILM* 607 (1971).

[4] See *Fisheries Jurisdiction Cases* (*Merits*), *ICJ Reports* (1974) 1, p. 3, 32, 175 and 201.

讼。法院在判决中认为谈判隐含了优先权的理念,之所以需要谈判是因为它确定或者是界定了各方享有权利的程度。谈判义务从本质上说来自缔约方各自的权利。谈判义务既可能是争端方各自权利性质所固有的,也可能是行使正当的司法职能引导他们这么做的。国际法院在对每一个案件作判决的时候,都会援引《联合国宪章》第33条来强调磋商义务或者是谈判义务。

虽然磋商有非强制性的特征,但是磋商可以被认为是一个强制性的程序。如果磋商具有强制性,那么义务在何种情况下产生以及磋商内容就需要仔细去界定,因为错误的磋商程序可能由于磋商本身成为一个争议的问题而遭遇一方的指控。[1]

到目前为止还没有一个既定的规则来监督是否遵守磋商(谈判)义务,而且其灵活性和非正式性也不利于出台严格的程序性规定。在西南非洲案件中,国际法院就指出是否履行了适当的磋商和谈判来证明该项先决条件已经执行完毕事实上是由各个国际法庭自己说了算的。但是,法院同时认为磋商和谈判所采用的形式可能没有那么多种多样,因为各方所持的态度和观点往往都涉及实质性的问题。[2]

(五)马夫罗马蒂斯在巴勒斯坦的特许权案[3]

本案强调了遵循磋商(谈判)义务的重要性。英国认为在有时间限定的情况下,争议不可能由磋商解决。为了驳斥该观点,国际常设法院给出了自己的看法。谈判并不是说非要经历多长的时间来记录和分派工作,也许已经讨论过就足够了,这意味着谈判时间可以非常短。如果谈判陷入了僵局,或者争议一方宣称自己不能接受某一点,或者拒绝接受,或者放弃,那么该争议就毫无疑问不能通过外交谈判来解决。

在本案的判决书中,国际常设法院不仅试图说明谈判方法是争端解决的

---

〔1〕 See Merrills J. G., *International Dispute Settlement* (3rd ed.), CUP, 2011, p. 6.

〔2〕 *The South West Africa Cases* (Ethiopia v. South Africa; Liberia v. South Africa) (Preliminary Objections) *ICJ Reports* 1962, p. 319 – 346.

〔3〕 *Mavrommatis Palestine Concessions* (Greece v. U. K.), 1924 *P. C. I. J ser. A No.* 2 (Judgment of Aug. 13), p. 13 – 15.

起点,而且罗列了几种可能阻碍磋商的因素。此外,法院认为谈判是能够解决争端还是使情势陷入僵局,最有发言权的是争议方自身,因为在通常情况下他们自己最清楚是否存在其他因素阻碍了用谈判解决争议。

"不能""拒绝"和"放弃"是明显违反善意原则的行为。当这种情况出现以后,法院认为各方在诉诸司法程序之前,必须履行具有约束力的国际义务——事先谈判。法院已经将问题提到了条款用词上。谈判(磋商)的法律地位在波属上西里西亚德国人权益案件中得以再次确立。国际常设法院指出在司法管辖条款没有规定外交谈判作为先决条件的情况下,就不得在其司法管辖范围内来驱逐相关人员。[1]

在多数情况下,在对抗国家之间产生的问题一般都是高级别的,国际磋商(谈判)往往始于直接涉入方的接触,一开始还不可能达成协议。如果可以在尽可能低的层面和尽可能不对外宣传的情况下解决争议,那么就是最理想的结果。这样的结果更加简单、快速、节省开支,而且一般也避免了将争议陷入政治旋涡或者民族敏感问题中去。[2]

九、结语

本文论述了国际法领域内不同情况下的磋商。主要阐明了磋商的争端预防功能和争端解决功能。不管是防止争端还是解决争端,其最终是为了消除分歧。ADR和防止争端研究的出现警示我们研究磋商的重要性,国际法的案例分析再次强调了磋商的有效性。

国际法领域内国与国之间是否存在磋商义务仍然存在争议。柯基斯就认为当国家考虑采取或者允许采取单方面行动而可能会影响到国际社会作为一个整体利益的时候,从国际法理论上说不存在一个磋商义务。但是,他

〔1〕 *The German Interests in Polish Upper Silesia Case* (Jurisdiction), PCIJ series A. No. 6 1925, p. 14.

〔2〕 See Bilder R. B., *The Settlement of Disputes in the field of the International Law of the Environment*, Hague Recueil 1975, p. 224.

又不得不承认,在实践方面已经建立了磋商规范,或者说蕴含了磋商(谈判)的义务。换句话说,他认为严格责任的磋商和谈判规则没有在任何国际条约或公约中明确表示出来,只是隐含在其中,而且在《联合国海洋法公约》和《北大西洋公约》中的隐含意思最为明显。

磋商义务并不仅仅是一项隐含的国际法义务。通过对《关于国家对国家财产、档案和债务的继承的维也纳公约》第 42 条和《国际干预公海油污事故公约》第 3 条等国际条约的分析,以及对国际法领域内其他公约、条文的梳理,都可以论证这一点。此外,在一些国际组织制定的条约中也清楚地将磋商义务单独列为一项条款,比如《北大西洋公约》第 4 条、《联合国宪章》第 106 条。

磋商程序不是一项强制性程序,但是已经成为司法程序的一部分。根据国际法院的判决不难发现在向国际法庭提起诉讼之前进行磋商(谈判)是一项具有拘束力的国际义务,上述马夫罗马蒂斯在巴勒斯坦的特许权案和渔业管辖权案的判决就有力地证明了这一点。

磋商和谈判是外交手段。争端解决与否掌握在双方手中,因为各方可以自由决定是接受还是拒绝接受协议。

磋商义务没有被国际条约和国际公约纳入作为强制性条款,而是按照国际习惯法的主张实践确立法律,大量的国际法案例证明了磋商义务的存在。

国际和地区组织将磋商作为它们争端解决和防止争端程序的一部分,这再次验证了国际法中的磋商义务。值得注意的是,WTO 中的 DSU 更是将磋商义务上升到了条约理论层面。

构建新型的"一带一路"多元化争端解决方式必将磋商、谈判、调解和仲裁放在比较重要的地位,研究磋商程序的重要性凸显,期待"一带一路"国家争端解决机制出现并不断完善。

国际贸易合同若干法律问题探讨

廖志雄*

引　言

世界卫生组织于2020年3月11日宣布新冠肺炎疫情(Covid－19 Pandemic)危机为全球性紧急状态。[1] 各国纷纷采取各种防疫措施。这些措施不可避免地导致生产和生活受到限制。新冠肺炎疫情及其防控措施不仅仅严重地影响了一国范围内的合同履行,也严重地影响了跨国交易。国际航运受阻,导致全球商品供应链受到严重干扰。生产企业难以正常采购物料有效组织生产和供应,大量的国际货物销售合同无法得到履行或者完全履行。随之而来的问题是,新冠肺炎疫情是否以及在多大程度上可以作为合同不履行的正当理由。是否存在违约一方以新冠肺炎疫情为借口逃避违约责任?对于正在磋商的合同,应当如何调整和确定合同条款,以应对可能出现的情形?本文将就此等问题展开讨论并提出相应建议。

一、未履行合同义务的辩护概述

未履行合同(non-performance, or failure of performance),是指合同一方

* 廖志雄,新西兰怀卡托大学法学院高级讲师,法学博士。

〔1〕 Who Director-General's opening remarks at the media briefing on COVID－19－11 March 2020, https://www. who. int/director-general/speeches/detail/who-director-general-s-opening-remarks-at-the-media-briefing-on-covid－19－－－11－march－2020,最后访问时间:2021年6月22日。

或多方当事人未能依照合同约定履行其合同项下的各项义务，包括完全未履行和履行不充分。履行不充分即履行不符合合同约定的各种情形，如未依照约定期限交货或付款，交货数量、品质、规格不符合合同约定，未能依照合同规定通知对方等。

当一方未履行或履行不充分时，除非未履行一方能够有正当的辩护（defence or justification），否则视为违约，承担违约责任。导致合同未履行或未充分履行的原因很多。其中某些原因为法律所认可，可以作为未履行合同的辩护或正当事由，使未履行合同的当事人全部或者部分免于违约责任。

纵观各国和地区法律和有关的国际公约，能够作为合同未履行辩护理由的包括合同履行障碍、不可抗力、合同挫折、情势变更等。他们相互之间可能有交叉或者某些相似性，但是不同国家和地区的法律（或国际公约）提供的抗辩理由和法律规则会有不同，[1]各国对于某一项辩护理由的具体法律规则的含义解释和适用也可能存在差别。因此，要判断某一合同未履行是否能够援引或适用哪一项或者几项未履行辩护，首先要看该合同的适用法律。

二、合同准据法

国际贸易合同适用法律的确定并不简单，即使合同双方已经在合同中做出了规定。例如，假设上海某公司与新西兰某连锁零售公司订立货物销售合同，约定上海某公司向新西兰某连锁零售公司出口某规定品质的口罩若干。合同约定本合同的订立、解释、履行以及纠纷解决适用中华人民共和国法律。如果出现上海某公司不能按期出口交货，那么，上海某公司可否简单依照中国国内法对其未履行合同辩护呢？很多从事国际贸易人士的第一反应，通常就认为答案是肯定的，因为合同已经明确规定适用中国法。中国国内法中，

〔1〕 譬如《联合国国际货物销售合同公约》提供的未履行的抗辩理由是履行障碍（Impediment，见公约第79条）；英美法系国家和地区的抗辩理由有不可抗力和合同挫折；而大陆法系国家和地区一般有不可抗力和情势变更抗辩。

有不可抗力〔1〕和情势变更〔2〕两种辩护。也许在某些情形下还可以加上合同履行可能违背中国法律,特别是违背关于新冠肺炎疫情防控的法律,作为辩护理由。〔3〕

然而,通过进一步分析可以发现,这个第一反应的答案可能是错误的。究其原因,是中国与新西兰都是《联合国国际货物销售合同公约》成员方,〔4〕受该国际公约的约束。该国际公约成为成员方国内法的组成部分,因而如果在国际货物销售合同中规定适用某国国内法,该公约就会优先于其他相关国内法规则而适用。依照该公约第 1 条(1)(a)款,除非当事人通过合同排除,该公约自动适用。〔5〕

此种情形,可以通过法院判决得到例证。在 Asante Technologies, Inc. v. PMC-Sierra, Inc. 案中,〔6〕买方(原告)Asante Technologies Inc. 向卖方(被告)订购电子产品部件。收到货物后,买方认为卖方提供的产品不符合合同规定的规格,在美国加利福尼亚州北区区域法院起诉卖方。买方的订购书包含适用法律条款,规定合同的效力和履行适用买方所在地法。买方是美国加利福尼亚州达拉维的公司。卖方也是注册在加利福尼亚州达拉维的公司,但是其产品设计、生产等经营活动是在加拿大不列颠哥伦比亚。卖方的销售格式合同也包含适用法律条款,规定合同受加拿大不列颠哥伦比亚省法律管辖。买方认为应当适用《联合国国际货物销售合同公约》,而卖方主张该争议应当适用美国法审理。法院认为,虽然卖方注册在美国,但是其与该合同相关的主要经营活动在加拿大,加拿大不列颠哥伦比亚与合同的履行有最为

---

〔1〕 参见《合同法》(已失效)第 94 条及第 117 条,《民法典》第 180 条及第 590 条。

〔2〕 参见最高人民法院《关于适用〈中华人民共和国合同法〉若干问题的解释(二)》(法释〔2009〕5 号)(已失效)第 26 条,《民法典》第 533 条。

〔3〕 例如,在特定情形下,某条例或者政府规章可能限制某些国内紧缺医疗物资出口。

〔4〕 参见联合国公约状态(Status of Treaties), https://treaties.un.org/pages/ViewDetails.aspx?src=TREATY&mtdsg_no=X-10&chapter=10#10,最后访问时间:2021 年 6 月 24 日。

〔5〕 《联合国国际货物销售合同公约》第 1 条(1)(a)款规定,"本公约适用于营业地在不同国家的当事人之间所订立的货物销售合同:(a)如果这些国家是缔约国"。

〔6〕 See Asante Technologies, Inc. v. PMC-Sierra, Inc. (No. C 01-20230 JW, decided 27 July 2002).

密切的联系,所以就本合同而言其营业地是在加拿大。[1] 而买方的营业地是在美国。两者的营业地在不同的国家,而且美国和加拿大都是该国际公约的成员,除非公约的适用被合同有效排除,否则依照该公约第1条(1)(a)款,公约当然适用。那么,双方的合同是否已经有效排除了公约适用呢?答案是否定的,即便依照被告的主张,该合同纠纷适用美国加州的法律,因为美国是公约成员方,该公约也是美国(包括加州)法律的一部分,所以当然适用。表面上看来,原被告双方对于适用法律似乎有截然不同的诉求,即原告主张适用公约而被告主张适用美国国内法,[2]但是由于美国国会通过国内立法批准该公约,该公约成为美国国内法的组成部分,[3]所以双方的主张都最终导致该公约的优先适用。法院引用的依然是美国国内法依据,而非直接引用公约的条款。[4]

虽然上述是美国法院的判决,但是,其他成员方也适用同样的逻辑推理。因此,在国际货物销售合同中明确规定适用中国法,其结果很可能是《联合国国际货物销售合同公约》才是优先适用的法律。如果双方确实同意合同仅适用国内法中不包括该公约的部分,那么合同法律适用条款应当明确排除该公约。[5]

另一种适用公约的情形是,如果合同约定的准据法是某国法律,而该国的国际私法冲突规范(Private International Law Rules)指向另一个国家的法律,而该国正好是《联合国国际货物销售合同公约》的成员,那么,该公约就成为该合同的准据法。[6] 对于这一点,中国在加入《联合国国际货物销售合

[1] 《联合国国际货物销售合同公约》第10条规定,如果一方有不止一个营业地,与合同履行有最密切联系的为其营业地。

[2] 被告依据的是28 U.S.C. section 1331。

[3] 依据美国国内立法15 U.S.C. App. at 52 (1997)。该公约英语官方文本(作为国内立法的附件)而成为美国国内法的一部分。

[4] 15 U.S.C. App., Art. 1(1)(a).

[5] 例如,可以使用这样的条款:"本合同的解释、履行、纠纷解决均适用中华人民共和国法律,不适用《联合国国际货物销售合同公约》"。

[6] 参见《联合国国际货物销售合同公约》第1条(1)(a)款。

同公约》时已经声明保留,不受该规则约束。

如果合同双方没有明示合同适用法律条款,那么有两种可能情形。一是法院可以通过对合同条款的推断,认定存在关于合同法律适用的默示一致。[1] 这种默示约定存在不确定性,因为不同的法院或法官对合同条款总体的解释存在差别,对于合同法律适用的默示约定可能得出截然不同的结论。二是合同根本没有对合同法律适用作出任何明示或者默示的约定。在这样的情形下,大多数英美法国家法院都采取"最密切实际联系"(the closest and the most real connection)规则来确定合同准据法。法院会考量所有相关的因素来决定,包括合同磋商和订立的地点、货物生产或提供地、合同语言、结算货币等。但是,许多欧洲国家作为《合同义务适用法律公约》(罗马公约)[2]成员国,其法院在相同的事实情形下可能有不同考量和结论。因此,合同准据法的确定,又跟管辖地选择或确定密切联系。为了避免不确实性以及由此带来的风险,最好在合同中明确约定管辖地和适用法律。无论哪个法系的法院,通常都乐意对合同当事人达成的关于管辖地和适用法律的明示条款赋予效力,除非此等条款被证明并非其真实合意的反映。

三、"履行障碍"辩护

如果合同的准据法是《联合国国际货物销售合同公约》,那么,除非双方有特别约定,否则对于未履行合同的抗辩将是依据该公约第79条的"障碍"(impediment)。该公约第79条第(1)款规定,当事人对不履行义务不承担责任,如果他能证明此种不履行义务,是由于某种非他所能控制的障碍,而且对于这种障碍,没有理由预期他在订立合同时能考虑到或能避免或克服它或它

[1] 例如,合同中可能包含某些只能在某一个国家既定法律之内才能够解释的概念,而该概念在他国法律中没有任何提及或者意义。

[2] Convention on the law applicable to contractual obligations (Rome Convention), Convention 80/934/EEC.

的后果。[1]

履行障碍辩护不是绝对辩护。也就是说,即使该辩护要求的全部要件都具备,也不一定能够完全消灭合同他方的救济手段及后果。在某些情况下,虽然事件(障碍)超出履约义务人可以控制的范围,但是如果存在履约义务人可以采取的措施使履约变为可能,那么,依据该公约采纳的诚实信用原则(good faith),该履约义务人仍然需要采取该等措施履约。履行障碍也与违约相区分。由于履行障碍而导致的履行不能,就其相应的未履行合同义务而言,不属于违约。

对于履行障碍的举证责任,由主张或者依赖它的一方承担。需要证明的事项包括:(a)合同义务或者部分义务未履行是由于某一其不能控制的障碍而导致,即障碍与未履行之间存在因果关系;并且(b)该障碍不能在合同订立时被其合理预见或考虑到,或者该障碍本身或者其后果无法避免或克服。条件(b)中的不能合理预见与无法避免或克服两者之间是并行关系,只要其中一项满足即可。也就是说,要使该辩护成立,必须同时满足(a)障碍与未履行的因果关系以及(b)之中的至少一项,即要么缔约时不可预见,要么无法避免或克服[如果两者均满足,条件(b)当然满足]。

被合理预见或考虑到,并不要求绝对不可预见。某些事件出现的可能性,如自然灾害、疫情或者公共卫生事件的发生等,在人类生产生活中总是可能在某处某时发生,严格而言是可以预见的。但是如果某些事件实际发生的概率(可能性)非常低,以致合同当事人可以合理地忽略,那么该等事件就可以被认为不能合理预见。"合理"是一个客观的标准,所有相关的因素都应当加以考量,包括合同的性质、标的、风险的概率、预防措施的有效性以及实

---

〔1〕 参见《联合国国际货物销售合同公约》中文文本第79条(1)款。见公约中文文本官方网址:https://uncitral. un. org/sites/uncitral. un. org/files/media-documents/uncitral/zh/v1056996-cisg-c. pdf,最后访问时间:2021年6月24日。该中文文本存在许多不符合中文用语习惯之处。为了准确理解,此处再引用英文文本。Article 79 "(1) A party is not liable for a failure to perform any of his obligations if he proves that the failure was due to an impediment beyond his control and that he could not reasonably be expected to have taken the impediment into account at the time of the conclusion of the contract or to have avoided or overcome it or its consequences."

施成本、相同或相似业者惯常的做法,一个处于相同情况下的“理性的人”(reasonable person)是否会预见到等。也就是说,具体某合同中的特定当事人是否实际上具有某种特别的知识或经验,使其具有超越同行他人在相同情况下更敏锐的预见能力等,不应当作为事件的发生是否能够“被合理预见或考量到”的判断依据。反之亦然。〔1〕

能否被合理预见或考虑到的时间,是合同订立之时。验证的标准是依照一个处于相同情形的理性的人(a reasonable person in the circumstances)的知识、经验、技能,该事件是否能够在合同订立之时被该理性的人预见或考虑到。合同订立之后能够被合理预见或考虑到的,不影响成为合同不能成立的可预见性要素。某些合同,特别是长期合同和分期履行合同,从订立到履行之间的时间跨度很大,在合同订立之后特定事件发生的概率可能发生变化,或者该变化表露更为明显,以至于一个理性的人可以预见。但是,公约要求的是在合同订立时的合理不可预见,订立之后事件的可预见性不予考虑。

如果一方当事人将合同的义务全部或者部分托付他人履行,主张其未能履行合同是由于其委托的或关联的第三人如其雇员、分包生产商、供应商等的履行障碍而造成,该当事人如果要用履行障碍作为辩护,必须证明其自身以及接受其委托义务的第三人均符合第 79 条第(1)款的要件。〔2〕 这个规则,其实是代理关系规则的体现。也就是说,如果一方当事人委托第三人作为其代理人,代为履行合同义务的全部或部分,该当事人不能用其代理人的不履行作为其自身不履行合同义务的辩护,除非该当事人及其代理人都符合履行障碍的要求。己方代理人的不履行并非超出该方当事人控制的事件。国际销售合同责任是严格责任,除非能够证明符合责任免除的条件(包括导致未能履行的事件超出其控制),否则未能履行的一方要承担责任。

---

〔1〕 事实上,关于什么是“理性的人”(reasonable person),其判定标准也并非完全客观。不同的法律体系、不同的法官和学者亦可能有不同的见解。

〔2〕《联合国国际货物销售合同公约》第 79 条第(2)款。其解释和运用可参见 Vinewax (Federal Supreme Court of Germany 24 March 1999, Docket Nr. Ⅷ ZR 121/98)案。

如果履行障碍是暂时性的,依赖履行障碍的当事人只能获得临时性的免责事由。当履行障碍消退之后,履行义务就恢复,该当事人需要恢复履行。[1] 严格而言,第79条的履行障碍应对的是未履行或履行中止,并非免除履行义务。例如,在合同订立之后履行之前,由于疫情防控的需要,出口国政府为了确保防疫物质在国内的充分供应,可能会对某些卫生用品或设备(如口罩、呼吸机等)颁布出口禁令,导致出口方不能履行合同规定的交付义务。这一禁令,应当属于超出出口方控制的,并且在订立合同时不能预见的或者无法避免或克服的情形,符合《联合国国际货物销售合同公约》第79条第(1)款的履行障碍要件。但是,如果经过一段时间,这些卫生用品的生产能力、供应能力已经大幅度提升或者疫情防控得到有效缓解,政府解除出口禁令,那么该出口商就有恢复履行合同项下出口交付的义务,继续履行。当然,其迟延交付的责任,在禁令有效期间的相应时限范围内,仍然可以依照第79条第(1)款免除。但是,这个关于责任有限免除的规则的适用存在不确定性。如在这个关于出口疫情相关医疗用品设备的例子中,政府什么时候会解除出口禁令是难以确定的,合同他方(进口方)是否需要等待或者等待多长时间,是否可以在被出口商告知履行障碍之后,放弃对合同中出口商履行义务的期待而转往其他供应商,这些问题在该公约中均未规定。一个应对的方法是在合同中排除《联合国国际货物销售合同公约》第79条的适用,或者明确规定在多长的时间限度之内,如果可以恢复履行,双方仍然需要继续履行。

因履行障碍而不履行的一方,需要给对方通知。通知没有格式或形式要求,但是应当清楚地表明履行障碍的细节以及对方可能要受到影响的期间。如果符合履行障碍的条件,未能履行,但是没有通知对方,对方可以请求损害赔偿,但不能仅仅依据未给通知而撤销合同。[2] 符合《联合国国际货物销

---

〔1〕《联合国国际货物销售合同公约》第79条第(3)款。这一规则显著不同于普通法关于合同挫折的规则。详细见下文。

〔2〕《联合国国际货物销售合同公约》第79条第(4)款。

售合同公约》第 79 条的履行障碍辩护也只能免除未履行的赔偿责任,不影响守约方依据《联合国国际货物销售合同公约》享有的其他救济权利,[1] 如在未履行方存在根本性违约(fundamental breach)的情况下解除合同的权利。[2]

值得注意的是,如果政府的禁令或者其他法定要求在合同订立前已经存在并实施,那么未履行合同的一方就不能主张第 79 条的履行障碍辩护,即使政府禁令导致了原材料或成品价格上升或者供应困难。[3] 在这种情形下,谨慎的做法是把政府禁令的解除列为合同义务履行的条件,通过意思自治来应对。合同一方也不能依赖由于其自身原因而导致合同对方的不能履行而主张第 79 条的辩护。[4]

四、"不可抗力"与意思自治

如果双方所在国并不都是《联合国国际货物销售合同公约》的成员方,[5] 或者合同各方一致同意排除《联合国国际货物销售合同公约》或其第 79 条的适用,那么在遇到疫情原因导致合同义务不能履行的情形下,不能履行的一方,仍然可能依赖其他抗辩。具体有哪些选项,在很大程度上取决于合同的适用法。"不可抗力"是各国普遍认可的未履行抗辩之一。

"不可抗力"出自法语 force majeure,其字面含义是超级力量(superior

[1] 《联合国国际货物销售合同公约》第 79 条第(5)款。

[2] 《联合国国际货物销售合同公约》第 25 条。

[3] 例如,在 Malaysia Dairy Industries v. Dairex Holland(Netherlands 2 October 1998 District Court's-Hertogenbosch)案中,荷兰的卖方与新加坡买方达成奶粉销售合同,规定供应奶粉的放射性低于新加坡国家标准(该标准在订立合同前已经存在并为卖方得知),其后卖方发现在市场上非常难以采购到符合标准的产品而且价格极高。卖方主张依照《联合国国际货物销售合同公约》第 79 条履行障碍(impediment)对其未履行合同规定的供货义务免责。该主张被法院驳回。在禁令或法律要求既定的情况下,这样的合同订立属于当事人风险承担或分配的意思自治,并非不可预见或无法避免的超出其控制的履行障碍。当然,如果政府禁令或法律法规要求在合同订立以后变更,使原先能够实施的履行行为不可能,未履行一方仍然可以主张依照第 79 条作履行障碍辩护。

[4] 《联合国国际货物销售合同公约》第 80 条。

[5] 中国在加入《联合国国际货物销售合同公约》时,声明保留了不适用《联合国国际货物销售合同公约》第 1 条第(2)款。

force)。[1] 不可抗力源自罗马法,并被大陆法系广泛接受。[2] 典型的是1804年《法国民法典》。[3] 在法国法中,不可抗力有三个要素,即不可预见、不能控制、外部事件(非合同当事人原因)。不可抗力的理念也被普通法系接受,并被描述为"上帝的行为"(an act of god)。其本意是因为不能预见超出合同缔结方所能控制的外部事件导致一方不能履行合同,不能履约方被免于承担违约责任。虽然早期不可抗力被限于自然灾害如洪水和地震等,但是,这个概念已经被扩展到一些人为事件,如罢工、市场变动、恐怖袭击、电脑被黑客攻击以及政府行为等。[4] 如果这些人为事件属于非合同当事人所能够预见或控制,并且在合同不可抗力条款范围之内,这些也可以成为未履行合同的辩护。

有学者认为,大陆法系中的不可抗力与普通法系的合同挫折(frustration)是等同或对应的概念。[5] 这个理解有一定道理,但不完全。大陆法系的不可抗力通常由民法典或者合同法典来定义,[6]或者直接规定合同可以因不可抗力而解除。[7] 由此如果某些事件符合这些法律定义,即便当事人没有在合同中包含不可抗力条款,因这些法定事件而不能履行合同的一方仍然可以依据制定法主张不可抗力辩护。从这个意义上来说,与合同挫折有近似的一面。但是,如果当事人在合同中约定某些非法定事件为不可抗力事件,根

---

[1] See J. H. Robinson, et al., *Use the Force? Understanding Force Majeure Clauses*, American Journal of Trial Advocacy, Vol. 44:1 p. 1 – 35 at 3.

[2] See Fareya Azfar, *The Force Majure "Excuse"*, Arab Law Quarterly 26 (2012) 249 – 253, at 249.

[3] 参见1804年《法国民法典》(又称《拿破仑法典》)第1148、1348、1631、1730、1733、1754、1784、1929、1934、1954条。

[4] See J. H. Robinson, et al., *Use the Force? Understanding Force Majeure Clauses*, American Journal of Trial Advocacy, Vol. 44:1 p. 1 – 35 at 3.

[5] See Fareya Azfar, *The Force Majure "Excuse"*, Arab Law Quarterly 26 (2012) 249 – 253, at 249.

[6] 如中国《合同法》(已失效)第117条第2款将不可抗力定义为"不能预见、不能避免并不能克服的客观情况"。另参见《民法典》第180条。

[7] 如中国《合同法》(已失效)第94条规定,合同可以因不可抗力致使不能实现合同目的而解除。第117条规定,因不可抗力不能履行合同的,根据不可抗力的影响,部分或者全部免除责任。并参见《民法典》第590条。

据意思自治原则,合同当事人的意愿理应得到尊重,在这种情形下,不可抗力与普通法系的合同挫折就可能有所不同了。

在普通法系,尽管在不同法域不可抗力的适用有所不同,但共同的是援用不可抗力的一个重要条件是合同中明示或默示地包含了不可抗力条款。如果合同中没有不可抗力条款,就不存在不可抗力辩护。〔1〕也就是说,适用不可抗力辩护是合同当事人意思自治的产物,不可抗力条款本质上是合同当事人通过合同对风险的分配。合同当事人需要在合同中定义哪些事件将被作为不可抗力事件。而在普通法系中的合同挫折可以是不以合同当事人的约定为前提条件的。〔2〕

美国法院对于不可抗力条款通常做严格的限制性解释。如果条款使用的词语是通用性一般词语,那么它们不会被赋予最广泛的解释,而只能限制于那些被特别提到的同类的事件。〔3〕在这一点上,英国法有所不同。英国法对不可抗力条款的解释更为宽松。不可抗力条款中的概括性用语通常会被英国法院做符合其通常含义的广义解释,而不是被限制在该用语之前所列的具体事件、同类性事件的范围之内。〔4〕当然,某一事件是否属于不可抗力事件,从根本上说,是关于合同中不可抗力条款的解释问题;随着具体事件清单的概括性用语的解释,会受到该清单事件的影响,因为该等事件构成合同条款解释的上下文。〔5〕

主张不可抗力辩护的一方,需要证明不可抗力要件全部满足。首先,不可抗力条款(或者法律条文,如果是在大陆法系法域)所包含的事件出现了。

---

〔1〕如美国纽约上述法院判例 Gen. Elec. Co. v. Metal Res. Grp. Ltd., 741 N. Y. S. 2d 218, 220 (N. Y. App. Div. 2002)。并见 28A Glen Banks, New York Practice Series-new York Contract Law § 20:13 (2d ed. 2020), J. H. Robinson, et al., *Use the Force? Understanding Force Majeure Clauses*, American Journal of Trial Advocacy, Vol. 44:1 p. 1 – 35 at 4。

〔2〕此点将在下面关于 frustration 部分详细讨论。

〔3〕Kel Kim Corp., 516 N. Y. S. 2d at 809, cited in Team Mktg. USA Corp., 839 N. Y. S. 2d at 246.

〔4〕参见英国判例 Chandris v. Isbrandtsen-Moller Co. Inc. [1951] 1 KB 240。

〔5〕参见英国判例 Tandrin Aviation Holdings Ltd. v. Aero Toy Store LLC [2010] EWHC 40 (Comm)。

其次,该事件导致其不能或阻碍了其履行合同义务,即不可抗力事件与其不履行之间存在因果关系。再次,导致其不履行的事件超出其控制。最后,该事件及其后果无法通过采取合理措施来避免或减轻。

那么,新冠肺炎疫情是否可以作为不可抗力辩护的事件呢?显然不能一概而论。合同是否含有不可抗力条款,不可抗力条款的具体内容,合同的性质,新冠肺炎疫情对于该特定合同履行的影响如何,履行合同义务所在地的政府控制措施及其影响等,都是需要考虑的相关因素。另外,主张不可抗力辩护的一方,需要给合同他方及时通知,并且在可能的情况下,采取合理措施尽力履行合同或者减少损失。[1]

五、"合同挫折"与法律干预

合同挫折是普通法系中一项重要的合同法制度。普通法系历史上强调合同责任的绝对性,也就是说,除非合同当事人在合同中另有约定,在约定的情形呈现的情况下一方可以免除或减轻不履行合同义务的责任,否则合同义务必须得到全面充分履行,无论是否存在不可控制的外力因素,不履行或不能履行都承担违约责任。[2] 但是,合同责任绝对性原则往往导致不公平的结果。1863年,英国法院开始确认,如果合同的履行由于非合同当事人的原因或过错的外部事件而不可能,(继续)履行合同的义务应当可以终结,因为这应当是合同当事人虽然未明示于合同中但默示接受的合理条款。[3] 该判例对于合同挫折适用的要求非常高,需要外部事件导致合同履行不可能。这是可以理解的,因为其理论依据是合同默示条款。事实上,在很多情形下,某些不可控的外部事件可能并不导致合同履行完全不可能,那么,这种情形下,合同挫折是否成立呢?

[1] 这一点,在中国《合同法》(已失效)第118条亦有体现。

[2] 这一传统可以从古老的英国判例 Paradine v. Jane (1647) Aleyn 26 82 ER 897 (KB) 中得到体现。

[3] See Talor v. Caldwell (1863) 3 B & S 826, 122 ER 309 (QB).

1956年,当时具有英国最高法院职能的上议院(House of Lords)在Davis Contracts Ltd. v. Fareham Urban District Council一案的判决中扩展了合同挫折的适用范围。当法律认可由于非合同当事人任何一方的过错导致合同义务不能履行,合同挫折就成立,因为在这种情形下履行合同义务与订立合同时同意履行的合同义务具有根本性的不同(radically different)。“我(在订立合同时)所承诺的不是这个(在根本变化了的情形下继续履行合同义务)。”[1]也就是说,如果事件导致的情形与订立合同时预想的情形发生了根本性的不同,使得在该情形下履行合同义务与合同所设定的义务根本不同(a different think from that contracted for),那么合同挫折就成立了。新西兰上诉法院在一个2000年的判决中认为,合同挫折的一个根本要件是,因为某些非合同当事人所应当负责的事件,使继续履行合同成为不可能或与合同当事人所同意的(合同义务)根本不同(radically different)。[2] 也就是说,如果事件导致合同继续履行绝对不可能,或者根本不同,则可以主张合同挫折。

至于合同是否可以因为新冠肺炎疫情而受到“挫折”,并不能一概而论。英国法院近期的判例表明,在判定合同是否挫折时,合同正义要求法院就具体的个案来考虑多种相关因素。这些因素包括:[3](1)合同的条款;(2)合同的背景(matrix or context);(3)合同当事人的知悉、期待、义务/责任承担以及预见,特别是在订立合同时对风险的预见,至少是在这些因素可以相互地、客观地影响(attributed)合同的范围内;(4)意外事件(supervening event)的性质;(5)合同当事人关于在新的情形下继续履行合同的可能性的理性客观地、确定地考量(reasonable and objectively ascertainable calculations)。英国法院这个关

[1] See Davis Contracts Ltd. v. Fareham Urban District Council [1956] AC 696 (HL).

[2] See Karelrybflot AO v. Udovenko [2000] 2 NZLR 24 (CA) at [90].

[3] See Edwinton Commercial Corp v. Tsavliris Russ (Worldwide Salvage & Towage) Ltd. [2007] EWCA Civ 547, [2007] 2 Lloyd's Rep 517 (The Sea Angel).

于判定合同挫折的多因素考量方法也得到了新西兰最高法院的认可与接纳,[1]成为新西兰普通法的组成部分。

美国法院也接受合同挫折作为不履行的辩护。一个直接与新冠肺炎疫情相关的最近判例[2]是关于商业物业租约的,但是其对新冠肺炎疫情是否以及在何种情形下可以作为合同挫折的分析,应当也适用于国际贸易合同因为疫情影响而受到挫折的情形。[3] 在该案中,物业拥有者 UMNV(原告)将商业物业租赁给被告 Caff Nero 做咖啡店之用。合同规定租用的物业只能做经营被告 Caff Nero 的主题咖啡店之用,不得另作他用。2020 年 3 月,为新冠肺炎疫情防控的需要,所在地州长颁布禁令,不允许顾客在所有餐厅、咖啡店消费食物和饮料,不论是户内还是户外。为此,Caff Nero 临时关闭了相关的门店,不再向 UMNV 支付物业租金。UMNV 终止租约,依简易程序向法院起诉,要求被告 Caff Nero 搬出。Caff Nero 于 10 月末搬出了物业。UMNV 起诉追索 Caff Nero 搬出之前数月的未付租金、行政管理费用及利息、有待履行的 15 年租约的约定违约损害赔偿,律师费及其他费用。法院认为,依照合同挫折原则,Caff Nero 支付租金的义务在它(因为政府禁令而至少在禁令生效期间)不能在所租赁场所提供客人餐饮服务时就不再存在。因此 Caff Nero 未支付此期间的租金不构成违约。UMNV 据此解除合同的通知因而无效。租赁合同中的不可抗力条款(用于应对履行不可能而非合同挫折)或者租约中的其他独立条件都不能排斥 Caff Nero 的合同挫折辩护。因为此案适用部分简易程序审理,所以关于禁令解除后 Caff Nero 继续占用物业期间的租金问题法庭未作处置。

---

[1] See Planet Kids Ltd. v. Auckland Council [2013] NZSC 147, [2014] 1 NZLR 149 at [60] - [62].

[2] UMNV 205207 Newbury, LLC v. Caff Nero Americas, Inc. (Lawyers Weekly No. 09 - 006 - 21) (Salinger J.) (Suffolk Superior Court) (Docket No. 2084CV01493 - BLS2) (Feb. 8, 2021).

[3] 排除了《联合国国际货物销售合同公约》适用,而只适用其他美国法的情形下;涉及国际货物贸易受疫情影响而主张合同挫折的案件可能更为复杂。

六、"情势变更"原则与适用

情势变更,是指在合同订立之后,客观情况(或合同基础条件)发生了合同当事人在订立合同时无法预见的非不可抗力的且不属于商业风险的重大变化,继续履行合同对于一方当事人明显不公平(或者不能实现合同目的),当事人可以请求法院解除或者变更合同的制度。这是中国合同法上的一项重要制度,也为其他大陆法系国家所承认。[1] 虽然在原《合同法》(已失效)中没有明确此项制度,但在最高人民法院《关于适用〈中华人民共和国合同法〉若干问题的解释(二)》中做出了规定,[2] 也最终得到了《民法典》的接纳。[3] 《民法典》第533条规定:"合同成立后,合同的基础条件发生了当事人在订立合同时无法预见的、不属于商业风险的重大变化,继续履行合同对于当事人一方明显不公平的,受不利影响的当事人可以与对方重新协商;在合理期限内协商不成的,当事人可以请求人民法院或者仲裁机构变更或者解除合同。人民法院或者仲裁机构应当结合案件的实际情况,根据公平原则变更或者解除合同。"

适用情势变更不需要以合同中存在相关条款为前提。[4] 适用的前提条件在最高人民法院《关于适用〈中华人民共和国合同法〉若干问题的解释(二)》与《民法典》中的表述并不相同。依照《民法典》第533条的规定,发生重大变化的情况为"合同的基础条件",不再限定于"客观情况";[5] 该重大变化为合同订立时无法预见的并且不属于商业风险(如市场价格波动等);

〔1〕 如《德国民法典》第313条,《法国民法典》第1195条。

〔2〕 参见最高人民法院《关于适用〈中华人民共和国合同法〉若干问题的解释(二)》(法释〔2009〕5号)(已失效)第26条。

〔3〕 参见《民法典》第533条。

〔4〕 但是,为了能够适用情势变更,合同中需要明确合同准据法为中华人民共和国法律(或其他有该制度的国家的法律)并排斥《联合国国际货物销售合同公约》第79、80条的适用,除非合同他方并非该公约成员方(如英国)或者依照该法律冲突规则不会导致《联合国国际货物销售合同公约》的适用[《联合国国际货物销售合同公约》第1条1(b)款,中国声明保留]。

〔5〕 《民法典》第533条的新规定与其他大陆法系的相关规则更为接近,如《德国民法典》第313条。

该重大变化导致继续履行合同对一方明显不公平(不再保留“不能实现合同目的”的选项)。《民法典》第533条第1款增设了“可以与对方重新协商”。该规定表面上看是赋予申请人协商的权利,而本质上是义务性的规定。这可以通过两方面观察到。首先,协商变更合同是当然的合同权利,合同当事人在任何情况下都可以协商,无须在合同基础情况发生重大变化的条件下才具有协商权利。其次,紧随其后的语句“在合理期限内协商不成的,当事人可以请求人民法院或者仲裁机构变更或者解除合同”将“在合理期限内协商不成的”作为当事人提出请求的前提。另外,合同法上的效率原则以及司法资源不滥用原则也支持先协商后请求的义务性规范解读。

需要注意的是,情势变更原则不能被滥用。诚实信用原则依然是合同法律关系的根本性原则。考虑到合同的严肃性(合同严守原则),法院在适用情势变更原则时通常会持审慎态度,故此申请人的证明义务较为沉重。

情势变更的法律规则在某些方面具有普通法系合同挫折制度的特征。两者都不需要以合同(对该救济的)约定为前提,而可以根据法律(包括成文法或者判例法)本身而提起。

结论与建议

在国际货物买卖合同订立之后,重大公共卫生事件如新冠肺炎疫情等,以及政府因此而采取的各种措施,可能导致一方当事人不能履行全部或部分合同义务。在此等情形下,不同的法律体系提供了不同的救济途径,包括《联合国国际货物销售合同公约》中的履行不能(impossibility)、大陆法系与普通法系大都认可的不可抗力、普通法系的合同挫折、大陆法系的情势变更请求等救济制度。这些不同的制度,可能存在交叠之处,名义上相同或相似的制度在不同法系、不同法域之间亦可能不同。为此,在合同订立之时,恰当选择管辖地和合同准据法非常重要。考虑到我国当事人的便利,对我国法律的熟悉,特别是最高人民法院专门就审理涉新冠肺炎疫情民事案件发布了指导意见,[1]在可能的情况下,应当尽可能选择我国的法院管辖并适用中国法。需要特别注意的是,如果希望排除《联合国国际货物销售合同公约》或者该公约关于履行不能的规则的适用,在合同中应当加以明确。否则当纠纷发生后起诉到我国的法院时,合同他方可能会主张《联合国国际货物销售合同公约》是中国法的组成部分且应当优先适用而提起准据法异议(合同准据法也可能影响管辖权选择)。在可能的情况下,合同当事人最好能够通过详细的不可抗力条款,明确将新冠肺炎疫情等重大公共卫生事件以及相关的政府应对限制性措施列入不可抗力的范围。这样可以增加对合同风险的预见性和救济途径的确定性。

〔1〕 即最高人民法院《关于依法妥善审理涉新冠肺炎疫情民事案件若干问题的指导意见(一)》(法发〔2020〕12 号),最高人民法院《关于依法妥善审理涉新冠肺炎疫情民事案件若干问题的指导意见(二)》(法发〔2020〕17 号),最高人民法院《关于依法妥善审理涉新冠肺炎疫情民事案件若干问题的指导意见(三)》(法发〔2020〕20 号)。

航空产品过错责任研究

杜康平*

2021年年初,C919大型客机高寒试飞取得了成功。3月1日,中国东方航空成为国产大飞机C919全球首家用户。我国正在稳步推进大飞机制造事业。与此相对应,限制责任范围、研究航空产品过错责任也变得必要。笔者认为法律应当规定航空器制造人具有持续改进的义务。但应规定航空器的所有人就改进也应当承担一定的费用。由于航空产品故障所导致的事故具有高度危险性,因此在航空产品责任的因果关系认定上应当扩大生产者可预见的程度和范围,以有效保障被侵权人的权利。笔者也认为法庭在审理航空产品责任惩罚性赔偿案件的时候,应当将费用、可行性以及对危险的反应时间考虑在内。另外,我国航空业正处于起步阶段,对惩罚性赔偿做出限制似有必要。英美法系的担保责任,既能在合同法的体系里解决问题,又可以突破合同相对性的限制,对于受损害产品的最终买受人的保护殊为周全,对我国航空产品责任法律体系的完善颇有借鉴意义。

一、过错责任发展的历程

最初在普通法中,除了危险的动产以及转让人明知的危险的货物,转让人并不向最终受让人承担因该动产或货物所造成的损失。[1] 而在普通物品

* 杜康平,上海外国语大学法学院讲师,法学博士。

〔1〕 See W. V. H. Rohers, *Winfield & Holowicz on Tort* 489 (Sweet & Maxwell, 2010).

的情况下,Winterbottom v. Wright 案具有相当高的权威。因为这个案子发生时对消费者的保护长期处于一种比较低的状态。原告 Winterbottom 和邮局总长签订了合同去驾驶一驾由邮局提供的马车来运输邮件。被告 Wright 则是被邮局雇佣来负责维护该马车的人,并确保该马车可以安全行驶。然而令人遗憾的是,该马车在 Winterbottom 驾驶它执行任务的时候出现了问题,对原告造成了身体上的损伤。原告宣称被告没有履行相应的注意义务,过错地履行职责,忽视并且违背了之前合同里的相应的维护马车处于良好状态的义务,可以认为完全没有履行合同。[1] 然而,令人震惊的是,法庭判决原告不能获得赔偿。法庭的观点是,被告既然已经在合同当中负有注意义务,就不应当在侵权行为法中再负一次注意义务。其中阿贝尔(Abeiger)大法官就认为,提起诉讼的原告没有自己谈判,并且签订合同,不是合同的一方当事人。本案之所以还能够被提起,不过是因为被告跟第三人签订了合同,原告实际上是在做这样的主张,即被告对任何一个使用马车的人都要负责。如果真的可以这么做,那么一定会有先例,但是除了旅馆的管理人之外,在实践中并没有出现相类似的案件。然而,有人会认为,这个合同是邮局总长代表公众签署的,但是原告不能告邮局总长,因此原告就只能向被告提起诉讼。本案的问题在于,争议的双方当事人不是合同的相对方,如果原告可以向被告提起诉讼,那么任何的乘客,任何过路有可能被伤害到的人,都可以提起这样的诉讼。而这样的情况只能出现在对公众负责的合同当中。[2] 其实我们观察法官的观点就可以发现,他的核心思想就是,被告仅拿了一份合同所约定的报酬,但是却要承担面向合同相对人、面向不特定第三人的责任,所得和风险严重不成比例。

可能有人会从今天的角度出发,对这个案子的观点进行批判,认为是对产品生产者的放纵,是对消费者的不负责任。这个案子的实质就是完全否定

[1] Winterbottom v. Wrigh thttp://en. wikipedia. org/wiki/Winterbottom_v_Wright July 19, 2021.

[2] See Winterbottom v. Wright, (1842) 10 M & W 109, at 114,115.

产品生产者对非合同相对人的消费者所承担的任何责任。我们后面却发现，本案的判决完成于1842年，这个案子几乎一直是产品生产者对消费者承担责任领域最为权威的案件，一直被普通法系的各个法院遵守沿用，直到后面我们介绍的案子出现。一个明显不公的判决却可以在一个法治国家畅通无阻地沿用近半个世纪。民众对此采取了一种相当容忍的态度，这是为什么呢？本判决完成于1842年，那时正当英国的工业革命，整个社会对于制造业的发展都持有一种促进和保护的态度。正如判决中所说的那样，如果任何的使用者都可以要求产品的生产者承担产品责任，则生产者就会承担巨大的责任，这将不利于处于新兴阶段制造业的发展。作为世界工厂的英国的普通民众也是工业生产巨大链条中的一环。制造业遭受打击，民众就会面临失业或者是薪水降低、生活成本增高等问题，即此时的社会还没有转型成为一种福利化的社会。由此观之，本案的判决在当时，是符合社会发展状况的。

然而这样的做法到了20世纪，社会财富已经积累到一定程度，社会已经向福利化方向发展的时候，这种判决就会显得不合时宜。将产品进行危险品和非危险品的区分在实践中造成了很大的困惑。20世纪二三十年代的英美法，分别通过Donoghue v. Stevenson和Macperson v. Buick Motor Co.案确定了产品的生产者对于产品最终使用者承担侵权责任。前一案中，法官判决："产品的制造人对于消费者负有一定的注意义务，即该产品在不经中间的检验，也不需要特别的知识来准备，就可以使用，而不会对消费者的生命和财产造成威胁。"[1]后一案件中，被告所制造的汽车的车轮由有缺陷的木材制成，在行驶中车的轮辐碎裂，造成了原告的损伤。[2] 该案中，法官判决："如果一个被完成的，放入市场进行流通的产品，如果不经检验会对使用人的生命造成危险的，如果该产品是在制造中具有过失的，则该产品被视为危险品。如果产品的制造人知道，该产品将会未经检验而被合同的当事人以外的第三人使用，则该产品的制造人有谨慎生产的义务。如果违反，则应对该第三人负

〔1〕 See Donoghue v. Stevenson [1932] A. C. 562, at 599.
〔2〕 See Macperson v. Buick Motor Co. 217 N. Y. 382, at 383.

赔偿责任。"[1]总之,应时代发展的需求,英国和美国的法院都将之前仅适用于危险品的侵权责任,进行了扩张解释,把普通产品也视为可以造成危险的物品,进而将产品责任带入侵权法。但此时,采纳的依然是过错责任的方式。

二、航空产品过错责任总论

航空产品责任也在随后出现,将普通法中"危险物品"的概念做扩大化解释,从而使侵权法中的过错责任也可以扩张适用到航空器制造人身上。在Vrooman v. Beech Aircraft案中,法庭就解决了这个问题。本案中,原告向被告购买了一架Beechcraft Model 53。但该飞机的发动机随后就出现了漏油、撒油的状况,火花塞也出了问题。原告要求被告进行维修。被告在进行检修之后将飞机交给被告。被告以为飞机可以正常运转,但却在随后的起飞当中坠毁。原告起诉被告,认为被告对飞机的检修有过错,应当承担责任。[2] 这个案子本是一个非常普通的案件,但是法官判决中的相关解释却具有很大的权威性。"制造或者被维修的飞机并不是固有的具有危险性。它被设计、制造和维修的目的是在天空中飞翔。除非它自身不存在任何的机械缺陷,否则,在可以预见的范围内,它就是一种危险品。认为飞机只会被购买人或所有者驾驶是一种不合理的看法。生产者应当预见到原告会依赖于它的检查和维修。因此被告应向原告承担过错的侵权责任。"[3]至此,在航空产品责任领域,受害人利用普通侵权向航空器制造人提起赔偿请求的制度正式确立。但是笔者在这里想指出的是,本案有一个细节,即本案所涉及的飞机已经出现了故障,原告已经向被告提出对飞机进行检修的要求。然而在检修之后,该飞机依然不能正常地运转,进而发生了事故。法院对这种反复出现问题的航空产品应当有特别的规定。

---

〔1〕 See Macperson v. Buick Motor Co. 217 N. Y. 382, at 383.

〔2〕 See Vrooman v. Beech Aircraf, 183 F2d 479, at 480.

〔3〕 Ibid., at 481 - 482.

(一)注意义务

Noel v. United Aircraft Corporation 也是一个典型的适用过错责任的航空产品责任案件。本案中,出现事故的飞机在倾倒燃料,准备着陆的时候突然起火,撞到了大海里。[1] 根据后来的记录显示,飞机的二号引擎在飞机坠毁前超速运行了 50 分钟,飞行员无法通过调整相关的制动来对引擎减速。最终,引擎脱离机翼撞向机身,飞机随后失控起火。[2] 法庭判决认为飞机引擎运行速度过快不是一个假设的问题,相反它是真实存在的,根据 Macperson v. Buick Motor Co. 案的相关原理,被告当然负有相关的注意义务。[3] 法庭随后接着指出:"有证据显示被告知道,如果没有一定的控制系统,Lockheed Constellation 型飞机的推进系统在持续地使用之后可以对公共安全造成威胁。尽管被告有能力制造出这样的控制系统,但被告在得知该缺陷之后的 8 年里都没有任何作为,直到事故发生。"[4]本案当中法庭采纳的是典型的过失认定标准,即应注意、能注意而不注意。[5] 被告对于飞机引擎运行过快这一真实的问题具有注意的义务。被告在事故出现前很多年就已经知道危险的存在,并且在其新开发的飞机中针对该危险进行了改进。被告也完全有能力为出现事故的飞机设计相应的改进装置,即被告有能力履行相关的注意义务。然而,飞机的制造商直到事故出现都没有相应的行动,即没有履行注意义务。

本案提出的另一个值得关注的问题是,产品生产者注意义务的持续性以及形式。原告指称被告航空器制造商没有对飞机的动力系统进行改善,也没有履行相关的警示义务。被告在随后的庭审当中辩称该公司仅对航空器交付给买受人时的状况负责。航空器制造人并没有一种持续地对已出售飞机

---

〔1〕 See Noel v. United Aircraft Corporation, 342 F2d 232, at 233.

〔2〕 Ibid., at 235.

〔3〕 Ibid., at 236.

〔4〕 Ibid.

〔5〕 参见曾世雄:《损害赔偿法原理》,中国政法大学出版社 2001 年版,第 79 页。

进行改进的义务。法院最终判决被告具有持续性的对于飞机引擎的改进义务。[1] 然而这一个判决在 Brainiff v. Curtiss-wright Corporations 案中受到了否定。该案法官认为:"我们没有必要采纳 Noel v. United Aircraft Corporation 案中的判决,要求制造人在涉及人命安全时,有持续地改进其产品的义务。很显然的是,当一个产品销售出去之后,才出现一个危险性的缺陷时,制造人有义务就该缺陷进行补偿。如果完全的不可行,制造人应当给予使用人相应的警告。"[2]同样都是航空产品责任案件,两个案子的主审法官都认为航空器制造人对于被侵权人的注意义务是持续性的。但是,在注意义务的形式方面给出了不一样的解决方案。航空器制造人应当对航空器潜在的危险,在自己能力范围之内负有持续改进的义务,还是仅仅予以警告就算是履行了对消费者的注意义务呢?笔者更加赞同 Noel v. United Aircraft Corporation 案的做法。笔者认为法律应当规定航空器制造人具有持续改进的义务。航空产品属于高精尖产品,结构复杂、零件众多,制造商即便向使用人提供了警告,鉴于产品的专业性,也会束手无策。另外,规定该义务有利于促进生产者对于缺陷的不断改进,增加对消费者及其他第三人生命财产的保护。但一定也有人会提出,这样的保护水平太高,会对产品的生产者造成极大的财政负担,从而抑制航空工业的发展。笔者认为,法律规定航空器生产者有改进义务的同时,可以规定航空器的所有人也应当承担一定的费用。

(二)因果关系

航空产品责任中,因果关系也是非常重要的一个环节。因为经常对事故发生的原因存在争议,法院常常被卡在飞行员的飞行责任和航空器生产者责任之间,难以作出决断。因果关系,即原因和结果之间所具有的联系。因果关系的学说主要包括条件说、相当因果关系说、预见说及法规目的说。所谓条件说,即一事物构成促使另一事物发生的条件之一。前事物即为后事物之原因。相当因果关系说即在通常情况下,一事物的发生能引起另一事物的出

---

〔1〕 See Noel v. United Aircraft Corporation, 342 F2d 232, at 237.

〔2〕 Brainiff v. Curtiss-wright Corporations, 299 U. S. 304 (1936), at 454.

现,则可以视为存在相当的因果关系。预见说则认为法律上的因果关系以当事人的可预见为条件。法规目的说则认为,因果关系的存在要依据法律制定的目标来决定。[1] 笔者赞同法规目的说。

20 世纪 80 年代发生了举世震惊的大韩航空 007 客机案。该韩国客机飞离预定航线,进入苏联空中禁区,该客机随后被苏联军队击落。遇难乘客的家属向飞机导航系统的提供商提起诉讼。法院判决称:"即便假设,大韩航空客机的导航系统确实存在缺陷,该导航系统的制造商存在过错,导致飞机偏离预定航线并最终被击落。该制造商依然不能对乘客的死亡承担赔偿责任。因为这并不是飞机出现事故的近因。"[2] 笔者并不同意这样的看法。如果是普通的产品出现了缺陷,该缺陷没有直接导致事故的发生,确实可以认为不存在因果关系。但是航空器是用于飞行的精密仪器,一旦出现故障发生事故的可能性会很高。本案中,由于被告的过错,使飞机导航系统出现故障。高空飞行的飞机,导航系统出现故障,则飞机出现事故的可能性会大大增加。即便不被苏联空军击落,也可能以其他的途径发生事故。笔者认为,应当将产品责任和航空产品责任在因果关系认定上做出区分。由于航空产品故障所导致事故具有高度危险性,航空产品责任的因果关系认定上应当扩大生产者可预见的程度和范围,以有效保障被侵权人的权利。

但是,因果关系的扩张也不是无限的。在 Doyen v. Cessna 案中,原告所乘飞机的急救信号发射器出现了故障,被从飞机上卸下,拿去维修。原告和其他几位乘客在没有该发射器的情况下,在雾天飞行,最终飞机坠毁。原告状告急救信号发射器生产商,要求其承担责任。[3] 法庭判决称:"即便是信号发射器确实有故障,我们也不认为制造人在本案的情况下应当承担责任。很明显,信号器与飞行和导航无关。被告也没有理由认为,飞机在没有该信

---

[1] 参见曾世雄:《损害赔偿法原理》,中国政法大学出版社 2001 年版,第 95 ~ 101 页。
[2] Re Korean Airline Disaster of September, 1985 DC Dist Col.
[3] See Doyen v. Cessna, 416 So. 2d 1337, at 1339.

号器的情况下可以飞行。总而言之,我们认为发射器和损害没有联系。”[1]

(三)惩罚性赔偿

在Walter v. Cessna Aircraft 121 Wis. 2d 221案中,原告购买了一架被告生产的Cessna 195B型飞机。该飞机在淋雨之后的飞行中坠毁。原告认为是原料系统进水,而油箱没有安装底壳排水泵,最终导致飞机坠毁。原告认为,被告明知油箱没有安装排水泵却不予以相应的警告,因而当负惩罚性赔偿。[2] 怎样就构成了惩罚性损害赔偿呢?

我国《民法典》第1207条规定了产品责任中的惩罚性损害赔偿,即如果生产者和销售者明知产品存在缺陷,仍然将其投放市场,对被侵权人造成死亡或者严重的健康损害的时候,该被侵权人可请求惩罚性赔偿。由于惩罚性的损害赔偿同民法填补损害的旨趣相违背,因此一直都颇受争议。但总体的趋势是对该制度进行保留并限制。我国法律对其的限制包括:主观上,生产者、销售者对于缺陷的存在明确知道;损害的范围限于死亡或者严重的健康损害;损害实质上是指已经存在的损害。

上述Walter v. Cessna Aircraft 121 Wis. 2d 221案中,法庭提出了认定惩罚性赔偿的五要件:(1)对于公共安全存在的威胁以及程度;(2)将该风险降到可以接受的程度,所需的费用及可行性;(3)制造人对于危险,危险的程度,可行的纠正办法的认识;(4)制造人不能发现危险并且减轻风险的性质和持续时间;(5)制造人故意制造危险的范围。[3] 最终,因为该案没有满足所有要求,原告的诉讼请求被部分驳回。

关注我国《民法典》的规定,惩罚性赔偿和普通的过错责任的界限并不是非常明晰。生产者会有动辄得其咎的危险。另外,以“死亡或严重的健康损害”作为限制性的因素,即以结果论责任的责任认定方式,不能很好地起到限制生产者在生产中恣意妄为的作用。因为一个缺陷所可能引发的损害是

[1] Doyen v. Cessna, 416 So. 2d 1337, at 1344.
[2] See Walter v. Cessna Aircraft 121 Wis. 2d 221, at 225.
[3] Ibid., at 229.

一种面向未来的、不可知的事物。它不能对生产者的行为作出有效的约束。这种缺陷在航空器生产者的身上体现得尤为明显。航空产品事故非常容易造成“死亡或严重的健康损害”的后果。“明知”作为前提,太过苛刻。就是说航空器生产者只要知道缺陷的存在,即应当立即制止。笔者认为法庭在审理航空产品责任案件的时候,应当将费用、可行性以及对危险的反应时间考虑在内。另外,我国航空业正处于起步阶段,对惩罚性赔偿作出限制似有必要。

笔者可以想象来自读者这样的疑问,即法律已经规定了关于产品的严格责任,在严格责任项下,被侵权人可以绕过生产者、销售者是否具有过失这一麻烦的论证过程,只需要证明产品存在缺陷,即可以获得赔偿。那似乎放弃严格责任而选择过错责任是一个非理性的活动。然而为什么实践中,航空产品责任案件里还存在那么多关于过错责任的诉讼呢?美国曾经的一个有趣的法庭实验回答了这个问题。该项研究成果发现:(1)模拟法庭的陪审员中,听审严格责任案件的陪审员会更倾向于不给予原告经济上的赔偿。26%的严格责任案件的陪审员会裁定经济赔偿,而在过错责任的案件中,这个数字上升到了38%。(2)在过错责任的案件中,陪审员平均裁定的赔偿数额为49,750美元,而在严格责任中,平均的赔偿数额只有27,571美元。(3)在对比中发现,严格责任案件中的陪审员更倾向于认为产品的设计具有合理的安全性能。(4)严格责任中,陪审员更倾向于认为不存在合理的替代性的设计。[1] 虽然,我国法院庭审中的陪审制度和美国不同,但该研究成果依然具有一定的启发性。我们发现产品责任案件当中,采纳过错责任胜诉的概率要大于采纳严格责任。并且在赔偿的金额方面,过错责任赔偿的数额也远远高于严格责任。凡是由人作出的判断,或多或少都存在一定的主观性。而航空产品责任的案件中,往往会牵涉众多的被侵权人以及高额的赔偿,这种区别造成的效果会在航空产品责任案件中被成倍放大。同英美法系国家不同,我

〔1〕 See Cupp & Polage, *The Rhetoric of Stirct Products Liability Versus Negligence*, 77 New York University Law Review, Vol. 77, 2002, p. 874, 937 – 938.

国法律并不允许对同一个案件既提起过错责任诉讼,又提起无过错责任诉讼。鉴于此种情况,笔者建议被侵权人在证明航空产品责任义务人过错方面有比较大的把握的时候,应当提起过错责任的诉讼。这样一来,无论是在胜诉的概率还是获赔的数额方面都会有比较明显的优势。

三、航空产品担保责任

(一)担保责任发展历程

在产品责任出现以前,缺陷产品致人损害都是通过保证责任来实现赔偿的。保证责任源于"虚假陈述",后被合同法吸收。所以担保具有合同法和侵权法的双重特征,但其主要还是表现为一种合同责任。担保责任分为明示担保和默示担保。明示担保,是指"产品的制造商或销售商对于产品性能、质量或所有权的一种声明或陈述"。〔1〕默示担保,是指法律推定买方交付的货物所应达到的基本标准"。〔2〕然而,不论是明示担保还是默示担保,它们的适用都因为合同的相对性问题受到了很大的限制。

最先出现突破的是默示担保。在 Mazetti v. Armour 案中,原告从第三人处买了被告制造的肉食制品,用于自己所开餐厅的营业中。此时,该制品已经坏掉,顾客在吃过之后立即当着所有人的面公开指责原告给顾客提供有毒的食品,导致原告商誉受到毁损,经营受到影响。原告认为被告违反了出售产品的默示担保责任。〔3〕针对被告提出的原告并非其直接交易人,故不应负保证责任的说法,法庭判决"在货物封装好之后,没有人有机会在货物销售的途中检验该货物。根据理性和正义,任何一个受到伤害的主体都有权利绕过中间人而直接向第一个施害人要求赔偿"。〔4〕如果我们换一种角度观察法院的判决可以得出这样的结论,即法院将直接购买人的身份拟制适用到了

〔1〕 刘静:《产品责任论》,中国政法大学出版社2000年版,第62页。
〔2〕 同上。
〔3〕 See Mazetti v. Armour 75 Wash. 622, at 623.
〔4〕 Ibid., at 630.

最终消费人的身上。因为货物从被卖出到打开消费之前,任何中间人都无从知道或改变货物的品质状况。这样一来,最终的消费者跟第一顺位购买人在实质上并没有特别大的差别。因此,予以拟制也是合情合理的状况。但该案件的局限性在于,针对的是当时在美国问题极为突出的食品问题。在而后的 Spence v. Three Rivers Builders & Masonry Supply 案中,法院将合同相对性的突破适用到了普通产品中。本案中,原告从第三人处购买了被告生产的建筑用砖,并用以修建其在湖滨旅游风景区的一处房产,但该房产所用的砖头出现断裂剥落,并且散发出红色粉状污染物。原告认为被告生产的砖头不具有可销售性,违反了默示担保的责任。[1] 被告引用合同相对性进行对抗。法院判决称:"现在是时候做出这样的决断,即这个总体性的规则(默示担保中合同相对性)不再存在。该原则是不理想的,它趋向于造成不公正的结果。这种做法在其他法域已经被抛弃。现在,我们普通法国家应当抛弃之。"至此,默示担保的合同相对性要求被完全抛弃。

明示担保合同相对性的突破是 Baxter v. Ford Motor Co. 案。本案中原告向被告经销商购买了一辆福特牌汽车。该经销商和福特公司都宣称所购买汽车安装的是不可碎玻璃。然而原告在购买后的驾驶中,一颗飞来的碎石打中了挡风玻璃。挡风玻璃上的碎片飞到了原告的眼中,造成了视力的损伤。[2] 被告福特公司提出合同相对性抗辩。法院判决称:"被告宣称挡风玻璃即便是遭到严重撞击也不会碎。一个普通人借助传统的办法并不能检测出来,挡风玻璃是否真的具有这样的特性。原告有权依赖被告的陈述作出购买决定,即便他跟福特公司之间没有合同关系。"[3] 至此,在普通法上担保责任突破合同相对性,要求制造者对购买者直接承担责任的法律体系完全形成。担保责任跟侵权责任的相似度也变得更高。但是总体来讲,担保责任还是在合同法的体系内运作。即便是突破了合同相对性的限制,还存在对于保

[1] See Spence v. Three Rivers Builders & Masonry Supply, 90 N. W. 2d 873 at 122.
[2] See Baxter v. Ford Motor Co., 168 Wash. 456, at 456.
[3] Ibid., at 463.

证内容认定等局限性的因素。引入侵权法的相关原理来处理产品责任问题则会顺畅许多。但是,既然如此,为什么保证责任并没有被淘汰,却被保留下来,直到现在,在英美法中都有广泛的使用?因为它是被侵权人就纯粹经济损失进行索赔的重要通道。我国《民法典》第1202条规定,“因产品存在缺陷造成他人损害的,生产者应当承担侵权责任”。但是,这里的他人损害所涵盖的具体范围是什么,是不是包括产品自身的损害,法律并没有明确。“当损失是基于品质担保法意义上的物的瑕疵时,发生于某物的损害是否属于损害财产所有权,尤其难以确定。”[1]德国法上甚至是提出“只有当受到损害的利益,是超出品质担保法所保护的使用和等值利益的、侵权责任所涉及的、所有权人的完整性利益时,才可以要求由侵权行为法对财产所有权进行保护”。[2] 总之如果在大陆法系,这个问题要经过细致的区分后,分别依据合同法和侵权行为法来解决。但英美法上的担保责任,既突破了合同相对性限制,又可以名正言顺地提出缺陷产品造成自身损害的赔偿。因此,该项制度较大陆法系,更为妥当。

(二)航空产品担保责任

英美法上,担保责任同严格责任以及过错责任并立。但是,笔者认为担保责任是对过错责任的重要补充。故在此一并论述。在Salmon Rivers Sportsman Camps v. Cessna Aircraft Company案中,原告购买的飞机在起飞时出现故障,迫降造成飞机本身的损失。原告诉请法院判决被告违反担保责任,要求赔偿飞机所受损失。法庭判决:“一个产品责任诉讼最后的结局取决于原告提出的是怎样的诉求。原告在产品责任案件里,可以提起人身损害赔偿,财产损失赔偿以及纯粹经济利益损失的赔偿。尽管人身损害赔偿一目了然,但后两者有必要作出清晰区分。财产损失包括除了交易对象以外的财产。而经济损失则包括对于缺陷产品修理和更换的费用,以及不适当的价格

---

〔1〕[德]马克西米利安·福克斯:《侵权行为法》,齐晓琨译,法律出版社2006年版,第22页。
〔2〕同上书,第26页。

的商业损失及其可能的利益损失。"[1]而在另一个案件 Mid Continental Aircraft Corp. v. Curry County Apraying Service 当中,被上诉人购买了上诉人一架单引擎飞机进行喷洒作业。但该飞机有一次在仅使用 30 小时之后就出现了引擎熄火,导致飞机的机身及机翼严重受损。法庭拒绝适用严格责任。法庭判决认为:"在产品责任领域,侵权中的严格责任同合同有着纠缠不清的关系。在得克萨斯州,严格责任仅涵盖人身损害和交易产品以外的财产损失。而不包括纯粹经济损失……由商品交易产生的损失,应当由合同法来解决。"[2]两大法系,都不把产品自身损害包括在侵权法中,是因为侵权法管辖的是不法行为对完好财产权的侵害。而产品缺陷造成产品本身的损失这种情况,所交易的财产本身就存在问题,不存在被再一次损害。因此这种问题通常都是通过合同责任来解决。但是,在大陆法系国家,如果争议涉及财产中途被转卖,买受人只能向前手要求赔偿,而不能向生产者直接提起诉讼请求。

四、结论

本文对于航空产品责任中的过错责任认定问题进行了深入探讨。在过错责任中,笔者认为法律应当规定航空器制造人具有持续改进的义务,但应规定航空器的所有人就改进也承担一定的费用。另外,应当将产品责任和航空产品责任在因果关系认定上作出区分。由于航空产品故障所导致事故具有高度危险性,航空产品责任的因果关系认定上应当扩大生产者可预见的程度和范围,以有效保障被侵权人的权利。笔者认为,法庭在审理航空产品责任惩罚性赔偿案件的时候,应当将费用、可行性以及对危险的反应时间考虑在内。另外,我国航空业正处于起步阶段,对惩罚性赔偿作出限制似有必要。英美法系的担保责任,既能在合同法的体系里解决问题,又可以突破合同相对性的限制,对于受损害产品的最终买受人的保护殊为周全,对我国航空产品责任法律体系的完善颇有借鉴意义。

---

〔1〕 Salmon Rivers Sportsman Camps v. Cessna Aircraft Company, 544 P2d 306, at 310.

〔2〕 Mid Continental Aircraft Corp. v. Curry County Apraying Service, 553 SW2d 935, at 942.

美国反异族通婚法的兴与衰

侯美竹*

英文中的"miscegenation"一词原意指异族个体间存在的媾和与通婚关系,但本文将在讨论中围绕该词在异族通婚层面的含义展开,而非意指该词在英语国家语境中被广泛应用的两性性关系层面的意义,因为通婚关系才是美国反异族通婚法所针对的核心。[1] 本文旨在通过梳理回顾美国史上的反异族通婚法律传统和最具里程碑意义的若干反异族通婚案件,言简意赅地呈现美国反异族通婚法的兴衰脉络。这些案件对美国各地反异族通婚法规的最终废除和社会传统的嬗变带来了无可估量的贡献。本文作者认为,美国反异族通婚法的兴衰过程总体可以分为三个阶段。在这三个阶段中,美国律师对这些法律的合宪性采用了全然不同的挑战策略,美国各州所对应采取的行动也在随之不断变化。

引　言

异族通婚的禁令在美国领土上被持续沿袭了3个多世纪。[2] 在奴隶制时期,白人奴隶主和黑人奴隶间的跨种族关系并不少见。然而,他们间的婚

---

* 侯美竹,英国剑桥大学法学硕士(LL. M.),美国圣路易斯华盛顿大学法学博士(J. S. D.)候选人。

〔1〕 See Peggy Pascoe, *Miscegenation Law*, *Court Cases*, *and Ideologies of* "*Race*" *in Twentieth-Century America*, 83 J. Am. Hist. 44, 49 (1996).

〔2〕 See Peter Wallenstein, *Tell the Court I Love My Wife*: *Race*, *Marriage & Law—An American History* 253 (2002).

姻却极为少见，因为白人奴隶主可以从黑人奴隶那里得到他想要的一切，因此二者间的关系不需要由婚姻维系。[1] 马里兰州于1664年通过了第一部奴隶法以禁止白人与黑奴通婚，规定任何“黑人或其他奴隶所生的孩子在他们的一生中都应像他们的父亲一样成为奴隶”（any children born of any negro or other slave shall be slaves as their fathers were, for the term of their lives），并规定嫁给黑奴的白人妇女将“在她的黑奴丈夫在世期间同样为奴隶主服务”（serve the master of such slave during the life of her husband）。弗吉尼亚州紧随其后制定了反对异族通婚的法律。尽管当时跨种族关系仍被视为禁忌并为法律禁止，但它们确实时有发生，尤其是在白人女仆和黑人奴隶之间——爱尔兰裔女仆内尔和黑人奴隶查尔斯的爱情故事和婚姻在17世纪60年代成为马里兰州著名的跨种族关系。[2] 美国各州先后在其法规中加入了禁止异族通婚的条文，美国法律史上一度有41个州出现过此类规定。[3]

在这些州的州法中，通婚被视为重刑罪（felony）级别的法定犯罪，将被“处以最高10年的监禁和最高2000美元的罚款”。[4] 所有这些法规都明令禁止白种人与“黑人”或“黑白混血儿”（mulatto）之间的婚姻关系，但有些法规也禁止白种人与印度人、马来人和其他亚洲人之间的联姻。因许多州都将亚洲人视为白人，且大多数州也并未强制执行白人与亚洲人之间的婚姻禁令，本文将主要讨论白种人与黑人间的异族通婚情况。

---

〔1〕 See Ashleigh N. DeLuca, *A Historian's Perspective on* "12 *Years a Slave*", https://blog.nationalgeographic.org/2013/10/23/a-historians-perspective-on-12-years-a-slave/ (last visited Mar. 10, 2020).

〔2〕 See Meredith Newman, *Before the Lovings, there was Nell and Charles*, https://www.capitalgazette.com/lifestyle/ph-ac-cn-irish-nell-1104-20161105-story.html (last visited Mar. 10, 2019).

〔3〕 See Peggy Pascoe, *Miscegenation Law, Court Cases, and Ideologies of "Race" in Twentieth-Century America*, 83 J. Am. Hist. 44, 49 (1996).

〔4〕 Cyrus E. Ⅳ Phillips, *Miscegenation: The Courts and the Constitution*, 8 Wm. & Mary L. Rev. 133, 134 (1966).

一、对于《宪法》第十四修正案的弃置

在 19 世纪 80 年代及以前,美国的异族夫妇倾向于依据所在州宪法、各项民权法案(civil rights bills)和《宪法》第十四修正案[1]在通婚案件中为自己辩护。然而,因当时这些新制定的法律文件所传载的平等理想与美国社会根深蒂固的反异族通婚传统水火不容,因此有关这些平等理念的讨论常被法院刻意回避。一些法院表示,婚姻是一种民事合同,各州有权像管理其他合同一样规范其类型和方式。[2] 一些法院裁定,根据《宪法》第十修正案和第十四修正案,公民婚姻的管理受各州控制,法院永远不会削弱此类法律的有效性。而另一些法院指出,虽然《宪法》第十四修正案可在异族通婚案中适用,但州法规并未违反该修正案中的平等保护条款(Equal Protection Clause),因为州法规对异族联姻里的双方(黑白两个种族个体)施加了相同的惩罚。虽然《宪法》第十四修正案后被证明是可以根除和遏制美国反通婚法施行的最有效工具,但在这一阶段里,其应用从未得到过来自法院的支持。

(一)吉布森案——State v. Gibson (1871)[3]

"吉布森案"是美国反异族通婚法第一阶段的代表性案例。该案是关于黑人男性托马斯·吉布森(Thomas Gibson)与白人女性珍妮·威廉姆斯(Jennie Williams)之间的异族通婚,前者被描述为"拥有八分之一或更多的黑人血统"(having one-eighth part or more of negro blood)。当时印第安纳州的一项州法于第 47 条定义了重刑罪,其中禁止白人与拥有八分之一及以上

---

〔1〕 美国《宪法》第十四修正案第 1 款规定:"所有出生于美国或通过归化加入美国国籍且遵从美国司法的管辖的人,都被视为是美国及其所在州的公民。任何一州皆不得制定或执行任何可能削弱美国公民特权或豁免的法律;未经适正当的法律程序,任何一州不得能剥夺公民的生命、自由或财产;亦不得否认辖区内任何人在其治下受法律平等保护之权利。"(All persons born or naturalized in the United States and subject to the jurisdiction thereof, are citizens of the United States and of the State wherein they reside. No State shall make or enforce any law which shall abridge the privileges or immunities of citizens of the United States; nor shall any State deprive any person of life, liberty, or property, without due process of law; nor deny to any person within its jurisdiction the equal protection of the laws.)

〔2〕 See Scott v. State, 39 Ga. 321 at 328. State v. Kennedy, 76 N. C. 251 (1877).

〔3〕 See State v. Gibson, 36 Ind. 389 (1871).

黑人血统的人通婚。联邦地区法院依被告人提起的《宪法》第十四修正案抗辩理由撤销了对被告人的公诉。控方律师随之提起上诉。然而,印第安纳州最高法院却推翻了初审法院的判决,裁定第 47 条的反异族通婚禁令合宪。印第安纳州最高法院认为,《宪法》第十四修正案的“没有以任何方式或在任何程度上损害、削弱或剥夺保留给各州的任何权利,因为这些权利已经自联邦政府创建之初业已存在并得到各国家政府部门的充分承认”。〔1〕 法院认为,婚姻是上帝赐予的公民关系,应由各州单独监管。

(二)佩斯诉亚拉巴马案——Pace v. Alabama (1883)〔2〕

在该案中,原告黑人男子托尼·佩斯(Tony Pace)和白人妇女玛丽·考克斯(Mary Cox)是亚拉巴马州的居民,二人于 1881 年因异族关系违反亚拉巴马州的反异族通婚法规被捕。他们被指控“在通奸或淫乱状态下”(living with each other in adultery or fornication)共同生活,于 1882 年被分别判处两年徒刑。该判决后来得到美国联邦最高法院的确认,联邦最高法院裁定,由于法律对白人被告人和黑人被告人适用相同的惩罚,亚拉巴马州州法第 4189 条并未违反《宪法》第十四修正案中的平等保护条款(Equal Protection Clause)。尽管“佩斯诉亚拉巴马案”只涉及异族两性间的同居关系而不是异族通婚关系,考虑到这两种情况的巨大相似性,我们不难合理管窥联邦最高法院在这一时期如何解释和规避《宪法》第十四修正案的挑战,并可以由之预测假使存在涉及异族通婚关系的案件,当时的法院将以类似的方式作出裁定。

二、文化主义与科学种族主义的交锋

值得注意的是,惩罚异族夫妇通婚的首要条件是控方需展示出该段婚姻中的异族因素。虽然从 19 世纪 80 年代到 20 世纪 20 年代,为异族夫妇辩护的律师常通过援引《宪法》第十四修正案和对种族身份的判断提出争议来为

〔1〕 See State v. Gibson, 36 Ind. 389 (1871) at 394.

〔2〕 See Pace v. Alabama, 106 U. S. 583 (1882).

夫妇辩护,但是他们从未成功挑战种族分级的必要性。在 20 世纪 20 年代,一支由文化人类学家弗朗茨 · 博阿斯(Franz Boas)领导的现代学派在社科学者中兴起,该学派坚信人应通过文化差异得以区分。[1] 他们的文化主义论点充分挑战了根据生物性体貌特征对人进行分类的传统科学种族惯例(种族主义)。

文化主义者的两个不相容论点对于推翻旧的种族主义范式具有重要意义——第一个论点是种族作为种族主义的焦点概念根本没有生物学意义,第二个论点是种族“只不过是纯粹的生物学概念”。[2] 这两大论点奠定了由刻意否认种族存在的“消除种族主义”所建构的后期意识形态的基础。[3] 第一个论点试图否定通过观察一个人的生物学外观来对一个人的种族进行分类的科学种族主义方法。第二个论点则坚持认为,“种族差异”仅取决于“诸如头发质地、体毛量、鼻子或头部的形状、眼睛和皮肤的颜色等非必要因素”。[4] 因而从这个角度来说,人的道德、智力等内在特质与种族本身没有任何联系,因此种族分级是荒谬的和不合理的。

与此同时,同文化主义者相对立的科学种族主义者也提出了新一代的种族主义概念,即该时期新出现的优生主义(eugenics),优生主义者不遗余力地保护“白人纯洁”,倡导用优生分类限制同“疯子”(lunatics)、“白痴”(imbeciles)、“愚人”(idiots)和“弱智”(feebleminded)的通婚。[5] 然而,反对科学种族主义的文化主义立场最终被证明是一项巨大的成功。法院在裁决中逐渐自发采纳了文化主义观点,这直接导致了加利福尼亚州最高法院对“佩雷斯诉夏普案”[6] 的开创性裁决,加利福尼亚州由此成为全美第一个裁

〔1〕 See Peggy Pascoe, *Miscegenation Law, Court Cases, and Ideologies of "Race" in Twentieth-Century America*, 83 J. Am. Hist. 44, 49 (1996), at 53.

〔2〕 Ibid., at 53 – 54.

〔3〕 Ibid., at 48.

〔4〕 Ruth Benedict, Race: Science and Politics 12 (1940).

〔5〕 See Charles B. Davenport, Eugenics Record Office Bulletin No. 9: State Laws Limiting Mariage Selection Examined in the Light of Eugenics (1913).

〔6〕 See Perez v. Sharp, 32 Cal. 2d 711, 198 P. 2d 17 (1948).

定其反异族通婚条款违宪的州级法院。

（一）蒙克斯案——Estate of Monks (1939)[1]

玛丽·安托瓦内特·蒙克斯(Marie Antoinette Monks)嫁给了一位白人艾伦·蒙克斯(Allan Monks)，后者是一笔位于波士顿财富的潜在继承人。婚后艾伦·蒙克斯发疯并在不久后去世，留下了两份遗嘱：其中一份偏爱他的老朋友艾达·李(Ida Lee)，另一份偏爱他的妻子玛丽·安托瓦内特·蒙克斯。为了得到这笔遗产，李争辩说，根据亚利桑那州反异族通婚法，[2]这对夫妇的婚姻是非法的。因为玛丽·安托瓦内特·蒙克斯宣称自己是"法国人"，但实际上是黑人。李有五名证人作证说，从玛丽·安托瓦内特·蒙克斯的指甲上白色月亮的大小、手掌的颜色、头发的扭结、脸的形状、手的颜色、她的"突兀的脚后跟"、她小腿的形状，以及她脖子后面的一片"奇特的苍白"应该被认定是黑人。玛丽·安托瓦内特·蒙克斯的律师请出文化主义的专家作为证人，指出仅通过一个人的身体特征来判断其种族的不合理性。在将文化主义论据的模糊性与不确定性与另一方清晰具体的生物学分析进行比较后，法院选择支持李的指控，宣布玛丽·安托瓦内特·蒙克斯是黑人的后裔，她的婚姻在亚利桑那州州法下无效。因此，她不能继承死者的遗产。文化主义者关于种族的理论虽然在本案中并未得到淋漓尽致的应用，最终也没有取得来自法庭的支持，但该案却是美国异族通婚法律史上文化主义力图推翻传统科学种族主义的一次不容小觑的大胆尝试。它的出现为文化主义在"佩雷斯诉夏普案"中的大获全胜做了充分的铺垫和准备。

（二）佩雷斯诉夏普案——Perez v. Sharp (1948)[3]

在本案中，洛杉矶的婚姻登记处文员拒绝向想要结婚的白人女性安德里亚·佩雷斯(Andrea Perez)和黑人西尔维斯特·戴维斯(Sylvester Davis)颁

[1] See Estate of Monks, 4 Civ. 2835 (Cal. Ct. App. 1939).

[2] See Ariz. Code Ann. § 2166 (1928).

[3] See Perez v. Sharp, 32 Cal. 2d 711, 198 P. 2d 17 (1948).

发结婚执照和结婚证书。该文员以《加利福尼亚州民法典》[1]第69条为由拒绝颁发执照,该法典第69条规定"……不得颁发许可授权白人与黑人、混血儿、蒙古或马来族裔通婚"。该法典第60条规定,白人与上述种族的人之间的婚姻将是非法和无效的。因此第69条是对第60条的具体实施规范。因为这对夫妇都是天主教徒,而异族通婚并没有被天主教会禁止,因此辩方律师选择使用《宪法》中的宗教自由条款(Freedom of Religion Clause)为这对夫妇辩护。这是一场颇具战略性质的辩护,因为当时的许多法院已经裁定,对一个人的宗教自由所施加的任何负担都必须采用严格审查标准(strict scrutiny)进行审判。

然而,当这对夫妇的律师在法庭上提出他们宗教自由的论点时,也就是对方律师尚未开始挑战这些论点之前,一位颇不耐烦的助理法官罗杰·特雷诺(Roger Traynor)插话说:"有没有考虑过法律的平等保护?"[2]在与控方律师的几轮谈话中,特雷诺法官在询问了什么是混血儿(mulatto)之后,指出了人类学家通常否定种族的存在这个观点。他还询问一个文员如何决定谁是黑人、谁是白人。他的话无疑启发了这对异族夫妇的律师,他立即在他的下一份文书中加入了文化主义立场——种族是生物学上的无稽之谈。律师引述专家的观点,即种族是一场虚构(myth),以种族为基础的法律是民间信仰和守旧迷信所导致的非理性偏见。最终法院裁定,由于第69条过于模糊和不确定性,无法对婚姻权等基本权利起到规范作用。同时法院认为,仅以种族为由损害个人的婚姻权利并且任意无理地歧视他人,也违反了《宪法》第十四修正案的平等保护条款(Equal Protection Clause)。该决定成为州法院裁定本州反异族通婚法违宪的首个判例。这也标志着一个新时代的来临——在这个新的时代里,消除各州的反异族通婚法将不再是毫无希望。

---

〔1〕 Cal. Civ. Code § 69.

〔2〕 罗杰·特雷诺法官的原本的英文表述为:"What about the equal protection of the law?"

三、《宪法》第十四修正案的复兴

历史中关于美国异族通婚法律的第二阶段已清楚地向我们充分地展示了文化主义立场战胜传统科学种族主义的趋势，而文化主义者和科学种族主义者基于人类文化性与生物性间长达几十年的辩论使美国法院和公民逐步形成一种意识——在这些案件中区分白人和黑人是毫无必要的，其中的种族分级概念不仅不合理、而且是根本错误的。"佩雷斯诉夏普案"为美国反异族通婚法史第三阶段的开辟与发展提供了一个良好开端，在这一案件中，法院突然意识到"故意不承认种族在法律适用中的差异"是消除种族主义的关键。第二阶段见证了美国法院对《宪法》第十四修正案在异族通婚案件中的态度，逐步从第一阶段的不容忍到第三阶段持欢迎态度的过渡。同时，第二阶段同时也见证了美国社会在异族通婚案件中，对种族差异和平等保护条款的理解的演变。此前的过时理解为，种族分级制度自身合理，但基于《宪法》第十四修正案的存在，政府仍需给予不同种族人士平等对待。而如今的理解则是，种族分级这一概念本身在《宪法》第十四修正案下就是不合理的无稽之谈，每个人都应该在《宪法》的庇佑下享受同等水平的保护，无论这个人隶属于什么种族、他或她具有什么样的肤色。因此，在 20 世纪 60 年代开始的第三阶段中，对两个种族的夫妻双方施以平等的惩罚不再成为法院规避平等保护条款的有效借口，因为稍有理智的人就会明白，平等保护条款在此类案件中所解决的重心根本不在于白人与黑人（独立案件中的异族夫妻）是否在触犯该类法规后会罹受同等惩罚，而是种族差异是否能够作为认可与衡量婚姻有效性的决定性因素。

（一）麦克劳克林案——McLaughlin v. Florida (1964)[1]

在"麦克劳克林案"中，这对异族情侣因违反了佛罗里达州州法[2]中异

[1] See McLaughlin v. Florida, 379 U. S. 184 (1964).
[2] Fla. Stat. Ann. § 798.05.

族情侣夜间分房居住的规定而被定罪。[1] 这项佛罗里达州州法禁止异族非婚情侣习惯性地夜间共同居住在同一个房间中。佛罗里达州最高法院确认了对这对情侣的定罪,并驳回了他们根据《宪法》第十四修正案提出的抗辩。然而,当案件上诉至美国联邦最高法院后,联邦最高法院的法官推翻了原判。法院认为,根据平等保护条款进行的司法审查不会以法规在人群中得到平等适用而终结,法院必须确保作出任何分类本身的目的是合理的。在本案中,法院表示不再使用佩斯诉亚拉巴马案中"平等惩罚等于平等保护"这种狭隘的观点解释种族在平等保护条款中的应用。相反,法院认为应将法律作为一个整体来确定不同分类是否在同一法律下遭受了差别对待来解释平等保护条款。也就是说,在有关种族的案例中,对平等保护条款进行违宪审查的标准不是某一特定法律是否平等地适用于不同的种族,而是整个法律本身在禁止某些行为时是否因种族的划分而产生差别对待。尽管该案中的二人是情侣关系而非夫妻关系,但佛罗里达州给出的区别对待异族情侣的原因依然沿用了各州在处理异族通婚案件时所常用的平等惩罚的借口。虽然在该案中联邦最高法院没有明确地对反异族通婚法律的有效性作出裁决,但它却在实质上对美国各州于此前类似的异族通婚案件中所惯用的理由作出了非法化解释,即平等惩罚不能再作为各州处理异族关系时用以通过《宪法》第十四修正案平等保护条款审查的理由。

[1] 该案详细案情为:1962年,来自洪都拉斯的迈阿密海滩酒店搬运工杜威·麦克劳克林(Dewey McLaughlin)和育有一子的白人女服务员康妮·霍夫曼(Connie Hoffman)是一对同居的未婚情侣。他们的女房东多拉·古德尼克(Dora Goodnick)只将公寓租给了霍夫曼,当她得知麦克劳克林的个人情况后,并不希望这对异族未婚夫妇住在公寓里。为了将他们赶走,古德尼克向迈阿密海滩警方抱怨霍夫曼的儿子在午夜后在街上闲逛。警方对此事展开调查,并在这对情侣承认他们未婚并同居后,检方在佛罗里达州法院指控二人犯有一名黑人和一名白人妇女习惯性地在夜间居住并占据同一房间的罪行。陪审团对此作出了有罪判决,判定二人在县管监狱服刑30天,并对每个被告处以150美元的罚款。

（二）洛文案——Loving v. Virginia（1967）[1]

美国联邦最高法院终于在"洛文案"中对有色人种女性[2]米尔德里德·洛文（Mildred Loving）和白人男性理查德·洛文（Richard Loving）之间异族通婚的合法性作出了具有历史性的判决。由于弗吉尼亚州的反异族通婚法《1924年种族融合法令》[3]禁止异族通婚，这对异族夫妇选择在华盛顿特区结婚，然后返回弗吉尼亚州居住。在他们合法结婚并返回弗吉尼亚州后，弗吉尼亚州警方于一天傍晚突袭了他们的家并逮捕了这对夫妇。他们被给予两个选择：接受监禁或接受长达25年的流放。因此他们被迫再次回到首都华盛顿，并在那里住了5年。后来因为妻子非常想念她在弗吉尼亚州的生活，这对夫妇不得不搬回到了弗吉尼亚州。正如他们事先所料想的那样，他们再次被捕。弗吉尼亚州最高法院确认了对于他们的指控和定罪。随后，这对夫妇向美国联邦最高法院提出上诉。他们的律师开始依据《宪法》第十四修正案对《1924年种族融合法令》发起挑战，认为该州的反异族通婚法违反了平等保护条款，在婚姻许可的问题上使用了种族分级，并且该法律也违反了正当法律程序条款（Due Process Clause）——结婚是一项受正当法律程序条款保护的个人权利，弗吉尼亚州带有不合理种族分级的反异族通婚法侵犯了这一权利。经联邦最高法院的大法官们一致通过，该判决被推翻，法院裁定该条款违反了《宪法》第十四修正案中的正当法律程序条款和平等保护条款从而实质违宪。法院认为，仅仅对白人和黑人平等适用反异族通婚法规这一事实并不意味着法院需要遵循以往在种族歧视案件中惯常采取的方法，平等保护条款要求法院确定一项法规所作出的分类是否传递了"任意和令人反感的歧视"（an arbitrary and invidious discrimination）。此案是联邦最高法院就反异族通婚州法规作出的第一例违宪判决，标志着异族通婚在美国的全面

[1] See Loving v. Virginia, 388 U. S. 1 (1967).

[2] 据记载，米尔德里德·洛文是黑人和美洲土著人的混血后裔。可参见 Brian Duignan, Loving v. Virginia—United States law case, https://www.britannica.com/event/Loving-v-Virginia (last visited July. 10, 2021)。

[3] Racial Integrity Act of 1924.

合法化。

结　语

自1967年美国联邦最高法院"洛文案"后,异族通婚在全国范围内合法化,异族夫妇可以在美国任何地方自由结婚。然而,许多州仍然选择在其州法中保留反异族通婚条款。2000年,亚拉巴马州取消了对异族通婚的禁令,这意味着美国最后一个实施反异族通婚法律的州对婚姻自由与人人平等新趋势的最终妥协。这同时也为美国民众反异族通婚法漫长而艰难的斗争故事画上了一个圆满的句点。[1] 根据皮尤研究中心的民意调查数据,在2000年有31%的美国人反对异族通婚,而在2017年,只有一小部分(9%)的美国人认为异族通婚是一件坏事。[2] 从这一研究结果可大致看出,在美国,异族通婚不再是一个不可接受的法律概念,也不再被认作是一项卑鄙的社会怪物。美国的异族夫妇在《宪法》的庇佑下已可以像其他同族夫妇一样,维系一份体面又幸福的家庭关系。

---

〔1〕 See Aaron Blake, Alabama was a final holdout on desegregation and interracial marriage. It could happen again on gay marriage, https://www. washingtonpost. com/news/the-fix/wp/2015/02/09/alabama-was-a-final-holdout-on-desegregation-and-interracial-marriage-it-could-happen-again-on-gay-marriage/?noredirect = on&utm_term = . 7fce13412934 (last visited Mar. 15, 2020).

〔2〕 See Gretchen Livingston and Anna Brown, Intermarriage in the U. S. 50 Years After Loving v. Virginia, http://www. pewsocialtrends. org/2017/05/18/2 – public-views-on-intermarriage/ (last visited Mar. 18, 2020).

有限责任公司股权转让的释义困境与法经济学方法探析

沈志韬*

长久以来,公司法中的有限责任公司股权转让制度是理论界和实务界共同讨论的热点议题。[1] 从司法实践来看,股权转让纠纷是商事审判实践中最为常见、数量最大的公司诉讼类型。梳理其中涉及有限责任公司股权转让纠纷的数据发现,[2] 有限责任公司股权纠纷案例大量集中在2014年至2019年,并呈现逐年上升趋势。从2014年开始激增,2020年有所下降;有限责任公司股权转让纠纷案件比例整体略高于股份有限公司股权转让纠纷案件;[3] 有限责任公司股权对外转让产生的纠纷远超内部转让产生的纠纷。[4] 在司法实践中,大量关于股权转让的新型和疑难问题在规范分析层面难以找到依据,或者无法达成有说服力的判决,导致传统裁判思路下处理

* 沈志韬,上海外国语大学法学院副院长,法学博士。

〔1〕 参见蒋华胜、魏胜艳:《股权转让的代理成本问题及其法律规制研究》,载《法治论坛》2020年第2期;王艳芳:《对有限责任公司股权转让制度的再认识——兼评我国新〈公司法〉相关规定之进步与不足》,载《法学》2006年第11期;段威:《有限责任公司股权转让时"其他股东同意权"研究》,载《法律科学(西北政法大学学报)》2013年第3期。

〔2〕 数据来源于北大法宝、无讼网、北大法意科技资源库、律商网平台,并人工剔除了与本文明显无关的数据。

〔3〕 以北大法意为检索平台,输入"股权转让纠纷"为案由进行检索,检索到判决书84,823份。在上述结果中以"有限责任公司"为关键词,检索到判决书29,636份(占比34.9%)。以"股份有限公司"为关键词检索,检索到判决书有13,002份(占比15.0%)。

〔4〕 以无讼网为检索平台,以"对外转让股权"为关键词,共检索到2416篇文书,其中判决书为2186篇,裁定书为227篇;以"对内转让股权"为关键词,共检索到46篇,其中判决书为41篇,裁定书为5篇,明显少于对外股权转让案件数量。

这一类纠纷不断面临矛盾与挑战。从理论研究来看,学者针对有限责任公司股权转让制度的探讨主要聚焦在三个方面。一是关于股权转让的合同效力问题,即公司章程中股权转让合同效力存在效力待定说、可撤销说、无效说和有效说等争议;[1]二是关于公司章程限制股权转让规定的正当性问题,即公司章程对股权转让自由限制的正当性如何,如何创设股权转让"选入式"的公司法规则;三是关于同意权条款与优先购买权条款如何适用的问题,即同意权与优先购买权"双重限制"与"单一限制"立法模式与适用法律争议。[2]上述问题有两个共性:其一,都不是纯粹的立法技术难题,而涉及理论和价值判断,这些问题背后的核心命题在于,如何厘清股权转让中的合同自由与国家强制的边界,[3]对此仅在法学范畴内讨论恐怕难以形成定论。其二,这些问题实际上也折射出当前法教义学体系下商事裁判面临的方法论困境,当前商事裁判的方法论仍然停留于传统法教义学的规范分析范式,法官在面对日益复杂的商事纠纷和日新月异的市场创新时,一旦在实体法上找不到依据,便会陷入力不从心的窘境,[4]而这两个共性又息息相关,互为因果。本文将从有限责任公司股权转让的核心规范入手,提炼释义思维下的争议和困境,然后提出运用法经济学分析方法为妥当处理此类问题提供价值和方法上的补足。

一、核心法律规范的释义与争议

股权转让制度的基础规范以《公司法》第三章第 71 条为主,出于健全公司治理、加强股东权利保护的迫切需要,2017 年施行的最高人民法院《关于适用〈中华人民共和国公司法〉若干问题的规定(四)》(以下简称《公司法司

---

[1] 参见蒋华胜:《创设有限公司股权转让的公司法规则:立法表达与司法适用》,载《黑龙江省政法管理干部学院学报》2015 年第 6 期。

[2] 参见王东光:《论股权转让的双重限制及其效力》,载顾功耘主编:《公司法律评论》2010 年卷,上海人民出版社 2010 年版,第 37 页。

[3] 参见罗培新:《抑制股权转让代理成本的法律构造》,载《中国社会科学》2013 年第 7 期。

[4] 参见詹巍:《论商事裁判的法律经济学分析进路》,载《东方法学》2016 年第 4 期。

法解释(四)》)(已修改)以股东权利为主线,重点聚焦股东权利纠纷中存在的法律适用难题,其中第 17 条至第 21 条成为细化股权转让制度的重要依据。但即使规则基础不断细化,上述条文的内容依然无法涵盖现实中的各种新情况、新问题。

(一)核心法律规范的释义

1.《公司法》第 71 条确立了股权转让的基本规则

《公司法》第 71 条设定了有限责任公司股东对内转让和对外转让股权的主要规则。第一,股权以自由转让为原则。中共中央　国务院《关于完善产权保护制度依法保护产权的意见》明确要求,将股权与物权、债权、无形财产权并列保护,并强调了同股同权、同股同利等基本原则。[1] 这一规定明确了股权权能包含财产性权利,因此股权原则上可以自由转让。

第二,视内部转让或外部转让,自由程度有所不同。基于保护有限责任公司的人合性和封闭性属性的要求,若股权转让发生在公司内部,则立法采用绝对自由模式(第 71 条第 1 款);若股权转让至公司外部,则立法通过赋予内部股东"同意权"和"优先购买权"予以限制(第 71 条第 2、3 款)。这种通过法定程序限制外部转让,从而保护有限责任公司人合性的立法方式也是世界各国立法的通行做法。[2]

第三,公司可以通过章程约定改变股权转让的限制规定。公司法规范可以分为强制性规范和任意性规范,前者是指必须严格执行,不得违反和改变的条款,后者则是指当事人可以选择适用,可以在法律的规定外另作约定,从而排除规定的条款。[3] 第 71 条第 4 款明确了《公司法》第 71 条前 3 款规定属于可选择适用的任意性规范,即公司法提供了默认的标准安排,但也允许

[1] 关于发布最高人民法院《关于适用〈中华人民共和国公司法〉若干问题的规定(四)》的新闻发布稿,https://www.pkulaw.com/lawexplanation/1d4a4430c834403207de857ad4a14209bdfb.html,最后访问时间:2020 年 10 月 29 日。

[2] 参见蒋华胜:《创设有限公司股权转让的公司法规则:立法表达与司法适用》,载《黑龙江省政法管理干部学院学报》2015 年第 6 期。

[3] 参见赵旭东:《新公司法的突破与创新》,载《国家检察官学院学报》2007 年第 1 期。

股东通过章程自行议定股权转让规则,[1]从而改变前3款的规定。

上述规则虽确立了有限责任公司股权转让的基本理念,但由于实践情况的复杂程度远超规则的含义,导致对该条款的理解矛盾重重,即使是针对上述三项基本规则,司法裁判在具体实践场景中也会陷入“公说公有理,婆说婆有理”的两难之地。

第一个疑问,既然股权以自由转让为首要原则,股权与物权、债权同属私权,股东能否处分其部分权能?例如,投票权是否可以买卖,或者说投票权买卖能否尊重其意思自治?有学者认为,依据股权可以自由转让的基本法理,“股东可将自己在特定期间内的表决权让渡或处置给他人”,只要“表决权的买方在行使表决权时依法行事,恪守诚实信用原则,其行使的表决权不得逾越有权处分股东的表决权范围”。[2]

第二个疑问,设置“同意权”和“优先购买权”作为限制股份外部转让的两重门槛是否过于严苛?尤其对于优先购买权的设置,理论界向来争议不断。认同的一方认为,有限责任公司具有较强的人合性,股东之间基于相互信任而共同投资。为此,股东向公司股东以外的人转让股权时,其他股东享有在同等条件下优先购买转让股权的权利。这是股东维护其合性利益的应有设置。反对的一方则认为,虽然大多数国家都对有限责任公司股权外部转让有所限制,但立法模式和限制宽严程度各不相同,且优先购买权在实践中存在股权出让方面对其他股东主张同等条件下的优先购买权时,能否“反悔”并撤销以该条件出让股权,以及如何理解“同等条件”,还有关于股东优先购买权的行使通知、行使方式、行使期限、损害救济等分歧,对此公司法都没有具体规定,目前对于优先购买权在价值和技术设定上都过于简单,这也是诉讼高发的重要原因。

第三个疑问,既然章程可以限制股权转让,是否可以做任意规定。例如,

---

[1] 参见罗培新:《抑制股权转让代理成本的法律构造》,载《中国社会科学》2013年第7期。

[2] 刘俊海:《论有限责任公司股权转让合同的效力》,载《第二届公司法司法适用高端论坛论文集》。转引自罗培新:《抑制股权转让代理成本的法律构造》,载《中国社会科学》2013年第7期。

某有限责任公司章程规定,“职工若生育二孩,则要强制收回职工股”,这类规定注定引发舆论争议,但除了公序良俗外折射出一个问题,章程限制股权自由转让的正当性如何论证,即使正当,其边界又要如何设定?

2.《公司法司法解释(四)》第17条至第21条细化了股东优先购买权

针对《公司法》第71条的不足,尤其是对于股东优先购买权的法律适用难题,2017年施行的《公司法司法解释(四)》重点聚焦股东权利纠纷,其中第17条至第21条成为细化股权转让制度,尤其是股东优先购买权的重要依据。

一方面,《公司法司法解释(四)》细化了行使股东优先购买权的程序规则,从技术上弥补了《公司法》第71条的粗疏。比如规定转让股东应当以书面或者其他能够确认收悉的合理方式,将转让股权的同等条件通知其他股东;股东优先购买权的行使期限,应当按照章程规定期限、转让股东通知期限和30日最低期限的先后顺序确定;明确了判断“同等条件”应当考虑的主要因素,包括转让股权的数量、价格、支付方式及期限等。这样一来,优先购买权在通知义务、权利主体、行使期限上都更为具体和细致。具体参见表1。

表1 《公司法司法解释(四)》对有限责任公司股权转让在程序上的细化

<table>
<tr><th rowspan="2">事项</th><th colspan="2">权利</th></tr>
<tr><th>其他股东的同意权</th><th>其他股东的优先购买权</th></tr>
<tr><td rowspan="3">通知义务</td><td>第一次通知</td><td>第二次通知</td></tr>
<tr><td>内容:股权转让事项</td><td>内容:转让的同等条件</td></tr>
<tr><td>方式:书面或者其他能够确认收悉的方式</td><td>方式:书面或者其他能够确认收悉的方式</td></tr>
<tr><td>权利主体</td><td>其他股东</td><td>其他股东(包括之前不同意的股东)</td></tr>
<tr><td rowspan="2">行使期限</td><td>自接到书面通知之日起</td><td>自接到书面通知之日起</td></tr>
<tr><td>法定期限30日</td><td>1. 先看章程
2. 再看通知
3. 最后法定</td></tr>
</table>

另一方面,《公司法司法解释(四)》明确了股东优先购买权的行使边界和损害救济制度,赋予股东“反悔权”,从价值上进一步明晰了有限责任公司股权转让制度的内涵。《公司法司法解释(四)》第20条规定:“有限责任公司的转让股东,在其他股东主张优先购买后又不同意转让股权的,对其他股东优先购买的主张,人民法院不予支持,但公司章程另有规定或者全体股东另有约定的除外。”该条确认,在公司章程和全体股东没有除外规定和约定的情况下,转让股东可以在面对内部股东主张优先购买权后,“又不同意转让股权”。也就是说,立法支持转让股东的“反悔权”,即其他股东不具有强制缔约的权利。这是因为股东优先购买权制度的立法宗旨,在于维护公司股东的人合性利益,而非保障其他股东取得转让股权。该条不仅解决了司法实践中对于拟转让股东反悔情况是否应当被支持的争议,也有利于人们理解和厘清拟转让股东、拟受让的其他股东、拟受让的外部第三人这三方主体之间的利益配比。具体参见表2。

表2 《公司法司法解释(四)》对有限责任公司股权转让在利益平衡上的细化

其他股东	拟转让的股东	
	放弃转让(反悔)	损害优先购买权
强行优先购买	No	Yes(期内)
请求损害赔偿	Yes	Yes(误期)
单独确认转让无效	—	No

同时,为了防止转让股东恶意利用该规则,损害股东优先购买权,《公司法司法解释(四)》第21条明确规定,转让股东未就股权转让事项征求其他股东意见,或者以欺诈、恶意串通等手段,损害其他股东优先购买权的,其他股东有权要求以实际转让的同等条件优先购买该股权。但为了维护交易秩序和公司稳定经营,《公司法司法解释(四)》对股东优先购买权被侵害后,股东行使相关权利的期限做了适当限制。

但是,《公司法司法解释(四)》又带来了新的疑问。首先,《公司法司法解释(四)》在规则上确认了拟转让股东的“反悔权”,但并未平息法理上的争议；其次，关于损害股东优先购买权的股权转让合同效力的实践争议，《公司法司法解释（四）》认为，对此类合同的效力公司法并无特别规定，不应仅仅因为损害股东优先购买权认定合同无效、撤销合同，而应当严格依照合同法规定进行认定。正是基于此类合同原则上有效，法院支持其他股东行使优先购买权的，股东以外的受让人可以请求转让股东依法承担相应合同责任。因此，“股东以外的股权受让人，因股东行使优先购买权而不能实现合同目的的，可以依法请求转让股东承担相应民事责任”。但是从转让股东的角度来看，转让股东真实意思表示系欲转让股权给外部第三人，无奈因内部股东主张优先购买权，导致股权无法对外转让，对此转让股东无法拒绝，却仍要承担责任，应如何解释？

此外，《公司法司法解释（四）》对于投票权能否买卖、章程限制股权转让的正当性和边界争议并无回应，主要是因为这两类争议并非涉及简单的技术论证，更多的是价值上的辨明，尚无法通过出台具体规范来进行“一刀切”式的明确。

（二）争议归纳与原因反思

经过对核心规范的分析可以发现，当前公司法及其司法解释虽然已经确立了股权转让制度的基础规则，也在立法技术和制度体系上不断完善，但依然存在技术上的不足和价值上的矛盾，技术上的不足尚可伴随司法实践的累加不断地更新完善，价值上的不足则更需要反思与辨析。本文认为，关于投票权买卖的争诉、关于优先购买权中各方利益失衡的争诉、关于章程限制股权转让的争诉便是三类典型的内含价值冲突的问题，这些问题之所以在司法裁判中极易陷入困境，原因主要有两点：

其一，从浅层来看，源自规范层面“依据缺失”。无论是投票权买卖、出让股东的“反悔权”还是章程对股份转让所作的限制，这些行为在现有成文法的规范层面都欠缺对应的具体规则。如上文所析，这些具体规则恐怕也无法被一一创制，因为这些问题涉及的不是技术难题，而是价值冲突，缺乏规范依据的背后更核心的是股权转让涉及的私权自治与国家强制之间的边界如何厘定这一问题,在个案中如何逐一确认。法官对公司治理的有限介入原则已经成为公司案件审判实践中的共识。但问题在于,此等边界何在?要解决这一本质问题,既然无法仰赖确定的规范,裁判的方法论就成为关键。法官唯有在准确把握股权转让涉及的交易结构和经济功能的前提下,依据一定的价值指引和裁判方法,才能作出妥善的裁判方案,并在"找法"的过程中参照援引最为契合的原则或规范。

其二,从深层来看,源自商事裁判的"系统性瑕疵"。当前我国商事裁判的基本方法论来自法教义学的规范分析范式。法教义学是对实体法秩序的研究与解读,它通过对现行法律规范的解释、补充、完善、弥补漏洞与冲突,力图构建一个逻辑自足的理论体系,为裁判提供依据,是典型的"规范"法学的理论范式。其最大的优点在于为裁判提供了确定的指引,节约了裁判的成本。易言之,其通过对以往相同情形处理的类型化总结,极大地节约了法官裁判的判断成本。然而,将价值判断固定在概念与规范之中,虽然减轻了法官的思维负担,但同时也使价值判断形成的过程(方法论)模糊不清。法教义学以教义规范为裁判之指引,突出了形式逻辑推理的法律技术,而忽视了实质判断方法论的构建与运用,导致在面对新类型案件时,一旦教义缺失(规范依据缺乏,裁判规则缺失,主流理论缺位),法官便缺乏独立有效的价值判断方法论来寻求处理方案,常常束手无策。即使是裁判中常常运用的法学方法论或民法解释学,也主要是形式逻辑的推演,依然缺乏实质(价值)判断的有效范式。上述三个股权转让纠纷案件处理中的疑问,其根源就在于教义缺失情形下的有效方法论的缺位。因此,对于当前商事司法裁判的这一困境,需从外部予以打破,以开放的态度从其他学科理论中引入可以弥合瑕疵的价值指引和方法论参照。

二、法经济学为司法裁判提供价值和方法补充的可能性

法经济学被引入司法裁判的正当性基础在于两方面。一是理论上的确认。根据科斯定理,"法院就可以被看作是市场机制的一种自然而言的

延伸”。[1] 也就是说,法院在作出裁判时就应当考虑判决方案对当事人权利义务的安排,是否是最有效率的。自此,法律、司法裁判与经济运行的效率紧密地联系在一起,法经济学成了司法裁判的方法论来源。二是实践上的确认。事实上法经济学一经诞生,就迅速被公司法吸纳,极大地改变了公司法的研究范式,为公司裁判提供了全新的方法论基础。在交易费用概念的指引下,公司合同理论、产权分析方法、合约经济理论、交易费用经济学等诸多新制度经济学的理论,都已然成了公司法研究的有力武器。

但问题在于,公司法的法经济学研究文献浩如烟海,法官在探求裁判方案时不可能一一研读。要使法经济学成为法官裁判的有效方法,第一步需要从公司法的法经济学研究理论体系中寻找可咨运用的理论工具,并提炼出可用于司法裁判实务的分析框架,这一框架必须与法律规范紧密联系,同时又能弥补规范释义的价值和方法论不足。

首先,从新古典经济学理论出发,法经济学的成本收益分析和价格机制的运用可以构成基本分析方法。成本收益分析的最终目标是实现最有效率的安排,以实现社会总收益的最大化。因此,公司裁判的法经济学分析进路所追求的净收益,并非某一个市场主体的个体收益,而是指社会总收益。这一要旨,对于公司裁判而言具有重要的指导意义。在传统法教义学的语境下,法官在作利益权衡时常常会纠结究竟应该保护哪一方的利益,或者说追求哪一种价值目标。典型的便是围绕《公司法》第71条展开的有限责任公司股东向外部转让股权,案件通常横跨公司内外部关系,拟转让股权的股东、拟受让股权的内部股东以及拟受让股权的外部第三人之间的利益权衡更让法官揪心。如果依照成本收益分析的方法,引入效率目标,就要求法官不要单独考虑某一方主体的利益,而是要仔细斟酌其裁判方案是否会在总体上给社

〔1〕［美］罗纳德·H.科斯:《社会成本问题》,载科斯:《企业、市场与法律》,盛洪、陈郁译校,格致出版社、上海三联书店、上海人民出版社2014年版,第113页。

会带来净收益,而不是带来更大的成本。[1]

其次,从有限理性的理论出发,法经济学的交易成本视角可以为上述基本框架提供更深刻的补充。交易成本是公司裁判追求效率目标的重要"支点",它认为公司裁判的实质在于交易费用视角下的制度选择。从这一角度出发,可以对《公司法司法解释(四)》针对优先购买权的完善有更深入的理解。第一,从交易成本的视角来看,优先购买权是一种附条件的形成权,一经行使,股东之间的股权转让交易即告成立。因此,在股权转让跨过了"同意权"这第一道门槛后,拟转让股权的股东可以与公司现有股东以外的第三人就股权转让价格进行磋商,但双方达成初步一致后,拟转让的股东必须将双方的交易条件告知公司股东,只要公司任一股东(无论是否同意转让)提出要求行使同等条件下的优先购买权,则意味着该股东和拟转让的股东已经就股权转让达成一致,这便是"优先购买权"这第二道门槛。但在这道门槛下,拟转让的股东与第三人之间的缔约过程所耗费的交易成本即付之东流。所以,《公司法司法解释(四)》要着重细化规定其他股东优先购买权行使的程序和期间,其实就是尽量避免其他股东恶意拖延行使优先购买权,从而降低第三人的交易风险,减少双方交易关系的不稳定性。第二,现实中,第三人为了交易成功往往需要花费其他的成本以确定其他股东是否会行使优先购买权,否则第三人辛辛苦苦与拟转让股权的股东开展磋商,好不容易达成购买条件,却被内部股东以优先购买权"截胡",无疑是一种极大的交易成本的浪费,这会降低第三人与拟转让出资的股东之间进行谈判和达成合意的积极性,也正是现实股权交易中股权价格不断下挫的原因之一。所以,《公司法司法解释(四)》要明确股东优先购买权的行使边界和损害救济制度,并赋予股东"反悔权",其实是对第三人交易成本的损失予以弥补,但这一弥补对于拟转让股东来说亦是负担。因此,也有交易成本理论的拥趸者认为,应当取消股东优先购买权,因为这往往为其他股东不正当干涉对外转让出资提供口

[1] 参见[美]莱纳·克拉克曼等:《公司法剖析:比较与功能的视角》,罗培新译,法律出版社 2012 年版,第 29 页。

实，虚增交易成本，从而为交易关系的稳定性埋下隐患。更何况即便股东没有优先购买权，也一样可以参与交易磋商，这样反而对拟转让股权的股东、其他股东以及第三人都更加公平。

当然，法经济学进入司法裁判也面临挑战，最普遍的质疑便是，任何情况下都以效率为唯一目标或是首要重要目标被认为并不妥当，为了纠正某种不公平的状态，法律也可能偏离效率的标准对某些权利义务的配置方式予以平衡。因此，如何在效率和公平之间找到平衡点，如何在具体裁判中适当引入代理成本分析方法来更妥帖地弥合股权转让纠纷中的价值冲突，更是一个需要深思的问题。

三、以代理成本分析的方法处理股权转让纠纷的具体进路

（一）逻辑起点：以遏制代理成本的法律对策为考量

公司是由一系列契约作为链接的机构，其中，股东享有的股权也是契约的一种。股东按照比例享有股权、行使股东权利，看似公平合理。但在股东行使股权时，常因为信息的不对称，导致一方股东被另一方压榨，最常见的就是控制性股东和非控制性股东的表决权差异。此时就产生了经济学上的代理问题，信息不对称的程度越大，代理成本就越高。从公司整体利益考虑，降低代理成本，才有利于公司利益的最大化。耶鲁大学汉斯曼等教授认为，控制代理成本的法律对策可以分为“监管策略”和“治理策略”。[1] 监管策略，是指根据实体法规范，直接约束控制性股东的行为，从而降低沟通成本；治理策略，是指通过公司章程等内部措施，提升非控制性股东对控制性股东的控制能力，如任免权、激励措施等。值得注意的是，就遏制代理成本的效果而言，监管策略和治理策略不存在简单的优劣之分，针对不同的问题，可能侧重的策略不同，或者综合运用。前文提出的实践中存在的三大有限责任公司股权转让问题，从代理成本角度来看，可以归纳成监管策略缺失、监管策略与治

〔1〕 参见［美］莱纳·克拉克曼等：《公司法剖析：比较与功能的视角》，罗培新译，法律出版社2012年版，第39页。

理策略冲突等问题。因此,可以尝试运用法经济学作为现有法律规定的理论补充,从降低代理成本的目标与对策出发,重新审视上文的三个疑问,并创制出相应的减少交易成本、鼓励交易效率的法律策略。

(二)创制禁止股权分离规范

股权所包含的某一项权利,比如投票权、股东大会召集权等是否可以单独进行转让,公司法并没有规定,在法教义学中也很难找到理论支撑。按照商事审判一贯尊重契约自由的原则,似乎法无禁止即可为。传统的法教义学方法论也认为,财产权利可以将其中的部分予以转让,除非该权利具有人身属性或者法律明确规定不得转让。按照这个理论,股权中的财产性权利自然可以转让,并且可以独立于整体股权单独转让。然而各国在公司领域又有"一股一权"的共识,如允许公司股东单独将自己股权对应的投票权予以转让,似乎与"一股一权"的原则相矛盾。对此矛盾,我们可以尝试从股权的经济属性切入,从遏制代理成本角度出发,寻找法经济学依据。

首先,股东行使投票权本身就蕴含代理成本。"在经济学意义上,股权是一种成本极其高昂的'信任型'产品,其形式存在着相当大的代理成本。"[1]股东(大)会作为公司的意志机构,一方股东在投票环节利用自己信息优势地位成为"代理人",而决定其他"委托人"股东的收益,就产生了第一重代理成本。股东行使股权,对应的不仅是其自身的利益,更会因为其对公司治理和管理的影响,对其他股东的利益产生影响,也就是经济学上的外部性。在这第一重代理成本下,"代理人"股东为了自己的利益,可能给其他股东造成损害,就构成了经济学意义上的负外部性。负外部性的产生对于公司而言,就是增加代理成本的迹象,应予以遏制。

其次,单独转让股权的某一部分权利(如投票权)会产生双重的代理成本问题。"股东的投票权与股东在公司中的剩余索取权是密切联系的,剩余索取权的相等比例必须与同样权重的表决权相匹配。否则会给公司治理带

〔1〕 罗培新:《抑制股权转让代理成本的法律构造》,载《中国社会科学》2013年第7期。

来不必要的代理成本。”[1]股东能否正确行使投票权，取决于公司治理与其自身收益之间的关系，实质上股东是基于自身利益行使投票权。共益权溢出自益权，股东就并非完全基于自身利益进行表决，其作出的表决结果并非全部由其自身承担，可能导致股东表决行为对于公司整体的不负责任，对于承担外溢后果的股东而言，就产生了负外部性，并由此产生了不必要的第二重代理成本。

股东投票机制的设立，本身可以降低股东与管理层之间的代理成本，股东通过表决可以选举或者罢免管理层，迫使管理层为公司与股东尽到勤勉义务。而投票权的单独转让，不仅不能减少代理成本，反而导致了双重代理成本。在处理单独转让投票权的案件中，出于遏制代理成本的考虑，应认定单独就投票权进行买卖的合同无效。

(三)肯定出让股东的“反悔权”

《公司法司法解释(四)》的出台，在法律规定的层面对“反悔权”进行了肯定，使法官对“反悔权”案件的裁判有法可依。但这仅是从结果的层面进行肯定，业界对于“反悔权”的理论争议始终存在，依然需要对其正当性进行证成。

支持王泽鉴教授意见的学者，主张不应赋予股东“反悔权”，认为优先购买权为形成权，[2]股东一旦作出优先购买的意思表示，其与出让股东之间股权转让的买卖合同关系即成立。合同成立后，出让股东自不可再无故撤销，故不应赋予“反悔权”。从这个角度来理解，似乎顺利否定了出让股东的“反悔权”。然而，深究形成权的相关规定后发现，形成权的行使均基于法律的明文规定，并非通过对法律的解读来确定，那么优先购买权属于形成权的说法又不足以支撑其观点。主张应赋予出让股东“反悔权”的，大多认为应形成

〔1〕 Easterbrook F. H. & Fischel D. R., *Voting in Corperate Law*, in Journal of Law and Economics, Vol. 26, p. 395 - 427.

〔2〕 参见王泽鉴：《民法总则》，中国政法大学出版社2001年版，第97页。

价格拍卖机制,从而最大限度地保护出让股东的利益。[1] 并且,基于合同自由原则,股东有权决定是否转让股权,股东转让股权是其他股东行使优先购买预案的前提。若股东不转让股权,该前提消灭,优先购买权当然无法行使。[2] 可见,对于“反悔权”的理论支持,单纯从规范法学的角度来说理,未免说服力不够。本文尝试结合新的范式——法经济学来进行解释。

首先,优先购买权旨在降低公司的代理成本。依照前文阐述,只要存在信息不对称,就存在代理问题,而公司的治理应遏制不必要的代理成本。外部人员进入公司成为股东,与原股东之间存在较大的异质偏好,要将新股东的意志与原股东的意志协调统一,需要付出更多的协调成本,协调过程中的信息不对称加剧,产生了更多的代理成本。于是为了维护公司的效率,公司法赋予股东优先购买权,来减少这种代理成本。优先购买权行使过程中,出让方与买受方谈妥转让条件,股东在与这个转让条件同等的前提下,享有优先购买权。出让方与买受方的谈判中,产生了谈判成本,这是出让方与买受方为了达成合同目的付出的必要成本,为减少股权转让后公司内部的代理成本,法律规定了出让方需将转让条件告知公司其他股东。公司其他股东得以在不付出谈判成本的情况下,享有优先购买权。至此,制度的设置目的均系为了控制公司的代理成本。

其次,“反悔权”遏制了交易的整体代理成本。股东要求行使优先购买权后,如不存在出让方反悔的情形,公司依然保有原股东,股东与股东之间的异质偏好降到最低,协调成本、代理成本降到最低。现出让方在股东明确要求行使优先购买权的情形下,撤销了与外部人之间的转让协议。从表面来看,公司同样不再需要接纳外部人员,不存在破坏人合性的威胁,但不论是外部人还是内部股东,均已经付出了成本。第一,外部人牺牲的是为了达成转让协议而付出的协商成本,以及为了达到转让条件可能做的前期准备成本。

---

〔1〕 参见蒋大兴:《论股东优先购买权行使中被忽略的价格形成机制》,载《法学》2012年第6期。

〔2〕 参见施天涛:《商法学》(第5版),法律出版社2018年版,第163页。

一旦出让方行使“反悔权”,外部人的损失可依据合同法向出让方追讨,这部分成本由出让方承担。第二,行使优先购买权的内部股东虽没有付出协商成本,但对其来说,内部股东需要在极短的时间内筹措到股权对价资金,这部分筹措的成本将因为出让股东的“反悔权”而付诸东流。对于该损失,《公司法司法解释(四)》已经规定了可以向出让股东进行追讨。由此可见,一旦出让股东行使“反悔权”,外部人和内部股东的损失都将由其承担,公司、外部人、内部受让股东,这三方均不承担代理成本,从法经济学的角度分析,既避免了外部人进入公司后产生的负外部性,又将整体代理成本降到了最低。从制度设计的角度出发,公司的人合性亦得以维持。

最后,《公司法司法解释(四)》规定由出让股东承担责任,亦有利于降低代理成本。出让股东在与外部人的磋商过程中付出了成本,又因行使“反悔权”可能要对外部人和内部股东承担赔偿责任,貌似其利益受损。但是从更高收益的角度考虑,出让方撤销出让股权的意思表示,必然是为了追求更高的转让收益,其行使“反悔权”也是基于代理成本考虑,这更是其作出“反悔”所需付出的代价。该部分成本,在制度设计的时候应放在末位予以考虑。

通过比较可以看出,允许转让股东行使“反悔权”的整体代理成本要低于不允许行使“反悔权”的成本。故不论从规范法学的维护有限责任公司人合性角度考虑,还是从法经济学的“降低代理成本”角度考虑,“反悔权”均应予以支持。

(四)区分限制股权转让条款的效力认定

《公司法》第71条第4款通常被理解为公司章程可以任意限制股权的转让,在实践中也存在不少有限责任公司章程就对单个股东的持股比例进行了规定。但其中蕴含了一个价值判断的矛盾之处:对待章程的基本原则是尊重契约自由,股东的基本权利之一是可以依法转让股权,当这两个基本原则相互冲撞,即公司章程的限制条款与法律赋予的股权转让自由产生了冲突,何种价值更高?要解答这个问题,单从《公司法》第71条规定出发很难找到答案。

从实践情况来看,有限责任公司章程中公司股权转让的情况可谓五花八门,但大致而言可分为“禁止股权转让”“强制股权转让”“其他限制”三类。其中,第一类禁止股权转让在实践中表现为章程直接禁止和间接禁止,前者如章程直接规定在任何情况下均不得转让股权,后者虽不直接表述,但设置了重重障碍,实质上也导致股东无法转让股权。第二类强制转让股权则相反,即在章程中规定某些情况下,股权强制转让而不论股东是否同意。触发强制转让的具体事由各不相同,典型的如股东离开公司、股东违法、女性持股者怀孕等。第三类其他限制则是除了上述两种极端情况下的其他情形。多样的限制条款在实践中要如何处理?在美国公司法上,“判断限制股份转让是否有效的普通法标准是,它必须‘没有不合理地限制或者禁止流通性’”。[1] 但是何为合理?需要一套更有实践价值的判断标准,才能在司法中厘定股权转让的“合理”边界。

第一,禁止转让类条款是否侵害少数股东的退出权。公司章程若完全禁止股东自由转让股权,相当于“封闭”了公司,加剧大股东与小股东之间的代理问题。大股东通过自己的优势地位压榨小股东,导致小股东的表决权实质上起不到作用,无法体现其意志。如小股东的股权转让权被限制,直接导致的后果是大股东有恃无恐继续压榨,无疑增加了大股东与小股东之间的代理成本。为了避免大股东滥用权利,小股东的退出权是极为重要的救济机制。“在封闭式公司中,对于少数股东而言,退出权相当重要,因为如果没有退出权,他们的利益就处于由居于控制地位的股东的行为带来的极大风险之中。”[2] 因此,禁止转让类条款是否有效,应取决于转让限制是否配置了必要的退出机制。

第二,强制转让类条款是否违反法律政策精神。以类似“职工若生育二孩,则要强制收回职工股”这样的强制性转让条款为例,有观点认为,约定时双方对于条件及后果都有充分预见,并不违背合同各方的意愿,而且不会产

〔1〕 [美]罗伯特·W.汉密尔顿:《美国公司法》,齐东祥等译,法律出版社2008年版,第218页。
〔2〕 同上。

生负的外部性等代理成本。但该条款明显与国家的"开放二孩政策"之精神相背驰,不宜认定该强制转让类条款有效。

第三,其他限制类条款应满足合理与善意原则。有限责任公司因其人合性特质,通过章程约定限制股权转让,也是遏制股东异质化转换中的代理成本的合理手段。但正如在 Tu-Vu Drive 公司诉 Ashkins 案中,大法官布林纳提出,公司章程不得不合理地限制股权转让。[1] 在考虑其他限制股权转让类条款是否有效时,在尊重公司自治的基础上,综合考虑是否是治理公司的必要、是否保证相应的信息披露等因素。

值得注意的是,对于第二类在一定条件下强制转让股权,以及第三类对股权转让设置其他限制性条件,在司法实践中还应区分是章程的初始条款抑或后续修订条款。因为在公司成立之初,公司参与方为了吸引出资人,需要通过谨慎权衡和博弈,自主议定章程条款,这种情况下市场机制的作用发挥得比较充分,可以将章程内容视为各方达成的最优选择。然而,在经营过程中修改章程,公司参与方的合意却远不够充分,加上我国公司法没有关于允许股东对公司章程有保留条款的规定,所以更容易产生股东被盘剥的可能。或许未来,可借鉴《德国有限责任公司法》第 53 条第 3 款的规定,在章程规定的股东义务之外再行设定股东义务时,必须经全体股东的一致同意,从而降低其中可能产生的风险。通过上述分析,也可以对《公司法》第 71 条有更深刻的理解。第 71 条最后一款实质上是对股东行使优先购买权的补充性规定,即允许通过公司章程来排除或者限制股东的优先购买权。

四、结语

有限责任公司股权转让的基础规范近年来不断完善,但司法实践的困境却并未显著缓解。究其原因,是规范体系的改良往往从技术角度推进,蕴含价值冲突的问题如投票权买卖问题、优先购买权涉及的反悔权及各方主体的

---

〔1〕 See Tu-Vu Drive-In Corp. v. Ashkins, 61 Cal. 2d283, 391 P. 2d 828(1964).

利益平衡问题、章程限制股权转让问题,则无法简单通过规则释义予以解答。这时,法经济学的代理成本理论可以被恰当引入,它既让我们对当前股权转让的核心法律规范有更深入的理解,也为具体的司法裁判提供价值和方法论的补充,帮助我们明晰三类问题的答案:表决权买卖使投票权与股东身份分离产生负外部性,导致激励错配,对公司制造"双重代理成本";《公司法司法解释(四)》允许出让股东在其他股东主张优先受偿权后撤回同等条件报价,这一规则设计通过代理成本理论可以被更好地解释和证成;而基于控制代理成本和公司长期合同之下股东缔约自由意志局限性的考量,应摒弃契约严守原则,否定章程禁止股权转让条款的效力。

论不动产物权变动规则下的婚内房产处分

马海蓉*

一、问题的提出

《民法典》出台后,我国物权变动采用债权形式主义为原则,债权意思主义为例外的模式,即无论是动产还是不动产其物权发生变动,均需要以有效的债权行为为前提,再完成法定的公示方法。不动产通过登记、动产通过交付对外展现权利归属,而追究其内部的真实意思可能与外部的公示表象并不一致,故需探究当事人之真意来确定物的真正归属。在现实生活中下列情形颇为常见:父母将其全额出资购买的房屋登记在子女名下;夫妻约定财产归属将自己名下的房产转归配偶所有(未过户);夫妻双方在离婚确定财产分割条款时基于各种原因将共有或者是一方所有的房产协商归子女所有,以此作为离婚的条件之一,但离婚后又反悔拒不过户。上述情形均属于婚内房产处分过程中体现出的外在公示内容与内在真意不一致而产生的纠纷,本文以婚内房产处分为例,探究不动产物权变动过程中的法律物权及事实物权,从而保护真权利人和第三人的合法权益。

二、我国现行的不动产物权变动规则

所谓物权的变动,是指物权的设立、变更、转让和消灭。物权变动是市场

* 马海蓉,上海外国语大学法学院副教授。

交易的基本表现形式,许多交易过程就是物权变动的过程。由于各种交易都可能涉及和发生物权的变动,因而物权变动的规则是市场经济最基本的法律规则。[1]

(一)物权变动模式

在大陆法系国家,物权变动主要有以下三种模式:

(1)债权意思主义模式,是指只要当事人意思表示一致就发生物权变动,不需要登记或交付为生效要件,代表国家是法国和日本。这种模式的优点是程序简单、交易迅捷,短处是缺少对外公示的约束,易发生一物多卖从而损害买方的利益,不利于交易安全。

(2)债权形式主义模式,该模式要求除当事人间达成一致合意外,还需要履行登记或交付的公示方式物权变动才生效。代表国家是瑞士、奥地利等。这种模式增加了公示步骤,克服了债权意思主义模式易发生的一物多卖的缺点。

(3)物权形式主义模式,是指物权变动法律效果的发生,除了债权意思以外,还必须有物权变动的意思表示,并履行登记或交付的法定方式。[2] 代表国家是德国。这种模式要求当事人订立债权合同只能发生债权法上的权利义务关系,还不能产生物权变动的效力,而发生物权变动必须要签订物权合同,以物权合意为基础,并完成登记或交付等行为,最终才能发生物权变动。[3] 这种模式有利于买方及交易安全,不易产生纠纷,但程序复杂,影响交易的快速便捷,同时忽视了对卖方利益的维护。

(二)《民法典》规定的不动产物权变动模式

我国2017年《物权法》(已失效)借鉴瑞士的立法模式,确立了债权形式主义为原则,意思主义为例外的物权变动模式,《民法典》物权编同样承继了这一规则。《民法典》第209条第1款规定:“不动产物权的设立、变更、转让

---

〔1〕 参见王利明主编:《民法》(上册),中国人民大学出版社2020年版,第245页。

〔2〕 参见谢哲胜:《财产法专题研究》,台北,三民书局1995年版,第83页。

〔3〕 参见[德]鲍尔、施蒂尔纳:《德国物权法》,张双根译,法律出版社2004年版,第71、86页。

和消灭，经依法登记，发生效力；未经登记，不发生效力，但法律另有规定的除外。”此处的法律另有规定主要是指土地承包经营权（第333条）、地役权（第374条），这两项用益物权自土地承包经营合同及地役权合同生效时即设立，登记不是生效要件，只是对抗善意第三人的前提。可见，我国不动产物权变动的模式通常是有效的债权行为加登记的法定公示方式，特殊情形只需有效债权行为即可，登记仅起对抗作用的二元模式。此种模式平等保护了买卖双方的利益，同时也有利于交易安全和迅捷。

三、婚内不动产物权变动的法律适用

婚内不动产物权变动是婚后夫妻财产归属变动的一种体现。夫妻财产制，是指关于夫妻婚前财产和婚后所得财产的归属、管理、使用、收益、处分，以及债务的清偿、婚姻关系解除时财产清算等方面的法律制度。[1] 其中每一个环节的变动不仅要符合《民法典》婚姻家庭编的规定，同样受财产法规则即物权和合同的规制，并且由于《民法典》的这三个分编法规的法理基础、立法目的及原则各有不同，因此婚姻家庭编规定的不动产物权变动规则极可能与物权编和合同编产生冲突。由于婚内不动产主要体现为房产，故以房产为例主要体现在以下几个方面：

（一）夫妻通过约定将个人房产变动为夫妻共有或反之

我国《民法典》规定夫妻财产制分为法定财产制和约定财产制，法定财产制的法律依据是《民法典》婚姻家庭编第1062条和第1063条，分别规定了共同财产和个人财产的主要类型。而第1065条又规定约定财产制即男女双方可以约定婚姻关系存续期间所得的财产以及婚前财产归各自所有、共同所有或者部分各自所有、部分共同所有。因此现实中夫妻既会约定将个人房产转归夫妻共有，也会约定将共有房产转归某一方个人所有，该约定对双方均

[1] 参见李志敏主编：《比较家庭法》，北京大学出版社1998年版，第109页。

具有约束力。[1] 根据第 1065 条第 2 款的规定,该约定即产生房屋所有权变动的效力,不需要通过过户登记来进行公示。而物权编第 209 条却规定不动产物权变动经登记才发生效力,未经登记不发生效力,法律另有规定的除外。就夫妻法定财产制而言,由于有法律规定这一事实依据,可以归入上述物权法规则的例外情形,物权变动不必以公示为生效要件,对此学者已达成共识,可以说婚姻家庭编和物权编没有冲突。[2] 但是,夫妻间约定的房屋产权变动在未办理过户登记前是否发生物权效力学术界存在一定的争议。其一认为登记制度不应成为判断不动产物权变动的唯一标准,其在夫妻财产契约中的强势地位应当予以弱化。[3] 其二认为婚前之一般共同制约定属物权契约,婚后当然发生物权变动的效力,无须另行经过物权变动程序。[4] 其三认为在当事人通过夫妻财产制契约将婚后所得财产或一方名下的婚前财产约定为双方共有时,夫妻双方可以直接依法律的规定取得共有权,而不必履行公示程序。[5] 其四认为在当事人将一方的婚前财产约定为双方共有的情形,应当视为一方对另一方的赠与。物权变动应当以登记为要件。在登记完成前,不仅物权未发生变动,赠与方还可以依原《合同法》的规定行使任意撤销权。[6]

笔者认为既然婚姻家庭编规定了夫妻约定财产制的效力,那么只要是合法有效的约定对双方都应有约束力。夫妻间关于房屋产权变动的约定不仅是财产问题更是与家庭成员间的情感伦理扶助等密切相关,夫妻间的房屋归属变更与普通房屋买卖产权转让具有急迫性和形式性(过户登记)有很大差别,出于各种原因夫妻间可能将其视为隐私,暂时不愿公开。因此只要仅涉

---

〔1〕《民法典》第 1065 条第 2 款:"夫妻对婚姻关系存续期间所得的财产以及婚前财产的约定,对双方具有法律约束力。"

〔2〕参见裴桦:《夫妻财产制与财产法规则的冲突与协调》,载《法学研究》2017 年第 4 期。

〔3〕参见姚辉:《夫妻财产契约中的物权变动论》,载《人民司法》2015 年第 4 期。

〔4〕参见许莉:《夫妻财产归属之法律适用》,载《法学》2007 年第 12 期。

〔5〕参见田韶华:《婚姻领域内物权变动的法律适用》,载《法学》2009 年第 3 期。

〔6〕杨晓林:《婚姻财产约定中不动产是否需要履行物权变动形式——兼谈我国夫妻财产约定制度的完善》,载《婚姻家庭法律律师实务》(第 3 辑),中国法制出版社 2008 年版。

及夫妻间的房产变更，没有第三人利益涉及的话，不应以公示为绝对要件，而仅考察夫妻间对房产归属的约定即可。上述第四种观点认为夫妻间将一方拥有的婚前财产婚后约定为共有的情形等同于赠与，在完成登记前可按合同编的规定而撤销。笔者不认可这种说法，从《婚姻法》到目前的《民法典》婚姻家庭编，对婚姻关系存续期间的赠与行为认定一直有严格的规定，必须有明确的赠与内容及对象的意思表示，并且以赠与合同的形式出现，〔1〕否则不认定为赠与，当然也不能以合同编规则认定物权变动的结果。

（二）夫妻间以赠与方式发生的房屋产权变动

如前所述，夫妻间将共有财产约定为个人所有不能等同于赠与，因此不适用合同法的规定。赠与合同是《民法典》合同编规定的一类典型合同，夫妻间对房产通过赠与的方式变更产权，必须同时符合合同编及物权编的规定。夫妻间房产赠与需有明确的书面赠与协议（办理过户时必须出示书面的赠与合同）。双方在合同中明确将一方个人所有的房产赠与给对方，对方明确表示接受。夫妻间房产赠与因赠与人之间有特殊的身份关系而不同于普通赠与合同，需对下列情形考量具体的法律适用：

民法典将赠与合同规定为诺成性合同。〔2〕夫妻间意思表示一致，房产赠与合同即成立。而房产移转所有权，还需办理过户登记手续。〔3〕可见，夫妻间房产赠与通常来说需同时符合合同编及物权编的规定。特殊之处在于在物权变动前能否撤销，根据《民法典》第658条的规定：赠与人在赠与财产的权利转移之前享有任意撤销权。故最高人民法院《关于适用〈中华人民共和国民法典〉婚姻家庭编的解释》第32条也规定了在赠与房产变更登记前可

---

〔1〕参见《民法典》第1063条："下列财产为夫妻一方的个人财产：（一）一方的婚前财产；（二）一方因受到人身损害获得的赔偿或者补偿；（三）遗嘱或者赠与合同中确定只归一方的财产；（四）一方专用的生活用品；（五）其他应当归一方的财产。"

〔2〕参见《民法典》第657条："赠与合同是赠与人将自己的财产无偿给予受赠人，受赠人表示接受赠与的合同。"

〔3〕参见《民法典》第659条："赠与的财产依法需要办理登记或者其他手续的，应当办理有关手续。"

以撤销赠与,除非已进行过公证。[1] 另外已变更登记的赠与房产能否请求返还,根据是婚前赠与还是婚后赠与适用法律有所不同。如果是婚前赠与已过户登记但婚姻最终未能缔结,可依据《民法典》关于附条件民事法律行为的规定,以该赠与以缔结婚姻为条件,条件不成就则赠与不生效为由请求返还财产。而婚后已办理登记的赠与通常不能请求返还,除非符合《民法典》第 663 条规定的法定撤销权:严重侵害赠与人或者赠与人近亲属的合法权益;对赠与人有扶养义务而不履行;不履行赠与合同约定的义务;因受赠人的违法行为致使赠与人死亡或者丧失民事行为能力的,赠与人的继承人或者法定代理人可以撤销赠与(第 664 条);赠与人的经济状况显著恶化,严重影响其生产经营或者家庭生活的,可以不再履行赠与义务(第 666 条)。可见夫妻间房屋赠与产权变动规则主要适用不动产物权变动的公示规则及赠与合同的相应规定。

(三)夫妻共同出资产权登记在未成年子女名下的房屋归属

根据婚姻家庭编夫妻法定财产制的规定,夫妻婚姻关系存续期间共同出资购买的房屋无论登记谁的名字都是夫妻共同财产,然而现实生活中由于种种原因如限购、担心征遗产税、隐藏购房信息甚至逃避债务等,不少夫妻购房时将房子写了未成年子女的名字。如若夫妻感情没有变故此种状态通常维持不变,房屋归登记名义人即子女所有。但实践中出现当夫妻离婚时一方或双方试图收回该房产,将其当作共同财产进行分割;另外夫妻对外欠债其共同财产成为被执行对象时,此房屋能否作为共同财产同样被强制执行也在司法实践中有很大争议。一种观点是此房屋归子女所有,父母离婚时不得将其作为共同财产分割,同样不能作为父母的共同财产被强制执行。理由是根据物权公示原则,父母出资该房屋登记在子女名下,视为对子女的赠与,为子女

---

[1] 最高人民法院《关于适用〈中华人民共和国民法典〉婚姻家庭编的解释(一)》第 32 条:"婚前或者婚姻关系存续期间,当事人约定将一方所有的房产赠与另一方或者共有,赠与方在赠与房产变更登记之前撤销赠与,另一方请求判令继续履行的,人民法院可以按照民法典第六百五十八条的规定处理。"

的合法财产，离婚时无权将其作为夫妻共有财产进行分割，当然也不能成为父母共同债务的执行对象。另一种观点是不能仅按照产权登记内容将房屋一概认为是未成年子女的财产，还应审查夫妻双方真实意思。

笔者认同第二种观点，应考察夫妻双方在购房时的真实意思表示结合未成年子女的实际情况确定该房屋归属，而不是仅看登记簿的记载。如果未成年子女年龄还小没有任何经济能力，全部购房款均由父母提供，只是借子女名义买房，不符合赠与的构成要件，房产及证明文件全部由父母管理，事后父母又主张是共有财产的，应视真实状态确定其归属，并确定能否纳入父母被执行财产的范畴。

司法实践中法院也是这么判的：[1]汕头市中级人民法院“本案被上诉人李某、周某2作为上诉人周某1的父母，在离婚时二次的《离婚协议书》中双方均将讼争房产作为夫妻共同财产予以分割，证明李某与周某2均认同讼争房产是夫妻共同财产，未将该讼争房产赠与女儿周某1。周某1在《离婚协议书》中作为见证人签名确认并在周某2承诺讼争房产待手续可办，转签李某名下的书面承诺上再次签名确认，证明周某1认可讼争房产是父母的夫妻共同财产，父母有处分该财产的权利。另，2014年李某、周某2购买讼争房产时，周某1才13周岁，无收入来源，生活靠父母抚养，讼争房产购买后也是供一家人共同居住，没有将房屋交付周某1管理、使用。父母离婚后，讼争房产由母亲李某管理、使用，权属证书也存放李某处。父母没有出资为子女购买房产或购买房产赠与子女的义务。周某1未能提交其他证据足以证明李某与周某2存在赠与的意思表示，一审判决认定李某与周某2才是讼争房产的真实权利人，有权对讼争房产进行分割并无不当，本院予以维持。”[2]北京市第二中级人民法院“本案中，一、二审已查明，隗某2及张某在购置案涉房产及离婚诉讼期间，均无证据显示双方有将该案涉房赠与隗某1的共同意思表

---

〔1〕 参见最高人民法院民事审判第一庭编：《民事审判指导与参考》（总第43集），法律出版社2011年版，第237页。

〔2〕 汕头市中级人民法院（2018）粤05民终623号。

示,且隗某2在离婚诉讼的一、二审以及再审审查程序中均要求将案涉房产按夫妻共同财产进行分割,而隗某1亦未提供充足证据证明隗某2、张某存在赠与案涉房屋的共同意思表示。故从案涉房产的出资情况及隗某2、张某的陈述等来分析,夫妻双方自始至终并未形成将该房产赠与隗某1的合意,本案房产的真正权利人并非隗某1,而是隗某2、张某,故一审法院认定案涉房屋为隗某1父母即隗某2、张某的共同财产,并予以处理并无不妥,应予维持”。[1] 最高人民法院“裁判要旨:案涉房屋虽登记在未成年子女名下,但法院可在综合分析房屋的购买时间、产权登记时间、购房款支付和购买后的使用情况等因素的基础上,认定房屋应为其父母的家庭共有财产。并据此认定该子女对案涉房屋的权利不足以排除强制执行”。[2]

四、涉第三人利益的婚内房产处分特殊规则

婚内房产处分不仅仅是夫妻双方之间的物权变动,有时会涉及第三人的利益,此时秉承何种规则探究房屋归属,下面结合司法实例作进一步探讨。

(一)涉及继承人利益的婚内房产分割协议效力

先看案例:甲乙为夫妻,生子丙,甲与前妻生女丁,由前妻抚养。甲乙共有ABCD四套房子,其中A房屋产权证写的是甲的姓名。甲父母均已去世。2010年10月,甲与乙签订《分居协议书》,双方约定:“两人感情已经破裂,为了不给儿子心灵带来伤害,决定分居。AB房子归乙拥有。乙可以任何方式处置这些房产,甲不得阻挠和反对,并有义务协办相关事务。CD房产归甲所有。甲可以任何方式处置这些房产,乙不得阻挠和反对,并有义务协办相关事务。”甲于2011年9月在外地出差期间突发疾病死亡,未留下遗嘱。甲去世时,A房屋仍登记在甲名下,尚欠银行贷款87万余元未偿还。丁起诉乙丙,要求共同继承A房产,乙丙拒绝。一审判决A房屋为甲乙共同财产,乙

〔1〕 北京市第二中级人民法院(2018)京02民终198号。
〔2〕 (2020)最高法民申6800号。

丙丁三人均有继承权。二审判决A房屋归乙所有,丁无继承权。[1]

本案涉及的《分居协议书》的性质有所争议,北京市第三中级人民法院二审认为是夫妻双方通过订立契约对采取何种夫妻财产制所作的约定,即夫妻约定财产制。[2] 而有学者认为"甲与乙的分居协议属于婚内财产分割协议,而非离婚财产分割协议。二审法院的观点值得赞同。二审法院将婚内财产分割协议直接等同于夫妻约定财产制,则不太妥当。该协议只是夫妻之间从事的具有财产法内容的法律行为,即婚内财产分割协议,并不是甲乙李某某对财产制的约定即夫妻约定财产制"。[3] 该分居协议的性质不是本文讨论重点,无论该分居协议的性质是什么,对本案的判决结果没有大的影响。下文要讨论的是此分居协议对A房屋分配结果的效力。

按照前文所述夫妻对婚内房产做出归属约定属于夫妻内在真实意志的外在体现,对双方具有约束力。甲乙双方均认可对共有四套房屋的分配结果,自该约定生效时即发生物权变动的效力,尽管未完成过户登记的公示步骤,但此处的房产分配协议相当于非基于法律行为发生的物权变动,不以登记为生效要件。只有当对房产进一步处分时才需要登记,否则不发生物权变动的效力。[4] 因此本案中尽管甲是A房屋的登记名义人,但乙才是事实上的真权利人。而这种名实不符的婚内房产处分只在当事人之间产生效力,通常不对第三人产生约束力,除非第三人明知夫妻间对财产的特别约定。假如甲瞒着乙将房子以市场价卖给第三人戊,戊不知晓甲乙间关于该房屋的约定归属,并办理了过户登记手续,此时房屋属于戊所有,乙持《分居协议书》无权请求戊返还该房屋,即善意第三人由于信任登记簿上的记载内容而进行的交易受到法律的保护,此所

---

〔1〕 本案载《中华人民共和国最高人民法院公报》2014年第12期(总第218期),第31～35页。本文作简化改编。

〔2〕 参见北京市第三中级人民法院(2014)三中民终字第09467号。

〔3〕 程啸:《婚内财产分割协议、夫妻财产制契约的效力与不动产物权变动——"唐某诉李某某、唐某乙法定继承纠纷案"评释》,载《暨南学报(哲学社会科学版)》2015年第3期。

〔4〕 《民法典》第229条:"因人民法院、仲裁机构的法律文书或者人民政府的征收决定等,导致物权设立、变更、转让或者消灭的,自法律文书或者征收决定等生效时发生效力。"第232条:"处分依照本节规定享有的不动产物权,依照法律规定需要办理登记的,未经登记,不发生物权效力。"

谓物权变动中公信原则对交易第三人的保护。而本案中丁是甲的继承人,并不知晓甲乙间对房屋产权变更的内部约定,照理说应按登记簿上体现的结果有权继承甲名下的A房屋,然而由于丁并非交易第三人,缺乏为了交易安全而将丁作为第三人保护的必要性,故最终丁对A房屋没有继承权。

综上所述,婚内房产处分的约定若已办理过户登记手续,则按照公示内容对继承人产生效力;反之若未公示,由于继承人非交易第三人,不受登记公信力的保护,仍按照婚内财产协议的结果决定是否有继承权。

(二)离婚协议中将共有房产"赠与第三人"条款的效力

无论是协议离婚还是诉讼离婚,夫妻在协商时必然考虑的是财产分割、子女归属等事项,其中子女利益的维护也是重点。实践中的离婚协议在约定承担子女抚养费条款之外,普遍存在将夫妻共同财产分割给子女或对子女给付一定财物等条款。这些条款为离婚协议相对方之外的第三人设定了利益,对于第三人利益条款的合法性、第三人直接请求权的享有、当事人变更、撤销第三人利益条款的权利等法律问题,在审判实践中存在广泛争议。[1] 本文要探讨的是夫妻在离婚协议中约定将原本共有的房产部分或全部过户给子女,事后一方反悔拒绝过户的情形。如上海市第一中级人民法院审结的"小高诉高某房屋赠与纠纷案":2007年华某与高某结婚后生一子小高,2016年两人因感情破裂决定离婚。双方在离婚协议中约定将夫妻共有房产归高某和小高共有,各占50%,高某须在离婚一周后在房产证上加上儿子的名字。然而离婚后高某以撤销赠与为由拒绝配合办理房屋更名手续,无奈小高起诉高某。一审法院认为高某应该诚信履行生效的离婚协议,判决高某败诉。高某不服上诉,坚持认为在夫妻共有房屋上加儿子姓名,是对儿子的赠与,根据《合同法》(已失效)第186条规定在更名前自己有任意撤销权。上海市第一中级人民法院认为高某与小高间的房屋加名协议并非合同法上的赠与,而属于利他合同的范畴,应当履行该协议,判决高某配合办理产权变更手续。

---

〔1〕 参见龚明辉、赵文清:《离婚协议中第三人利益条款法律效力研究》,载《法律适用》2009年第4期。

1. 离婚协议约定房产给予子女条款的性质

(1)赠与合同说

采用此观点的通常是拒绝履行更名义务的父或母一方,他们认为将本来是夫妻共有的房产加子女姓名或变更为子女姓名,是对子女的赠与,在实际履行变更手续前可撤销赠与。司法实践中有的法院也将此类案例的案由定为"赠与合同纠纷"。[1]

(2)利他合同说

利他合同,又称为第三人利益合同,是指当事人为第三人设定了合同权利,由第三人取得利益的合同。[2] "协议离婚时之财产给予,亦得为第三人利益。"[3] 承认离婚协议中第三人利益条款既体现了对当事人意思自治的尊重,也是保护未成年子女利益的需要。[4]

(3)离婚协议整体利益说

此观点来源于最高人民法院,"于某某诉高某某离婚后财产纠纷案"被列为2015年12月最高人民法院公布的婚姻家庭纠纷典型案例,并阐明了其典型意义:"本案中双方争议的焦点是在离婚协议中约定将夫妻共同共有的房产赠与未成年子女,离婚后一方在赠与房产变更登记之前是否有权予以撤销。在离婚协议中双方将共同财产赠与未成年子女的约定与解除婚姻关系、子女抚养、共同财产分割、共同债务清偿、离婚损害赔偿等内容互为前提、互为结果,构成了一个整体,是'一揽子'的解决方案。如果允许一方反悔,那么男女双方离婚协议的'整体性'将被破坏。在婚姻关系已经解除且不可逆的情况下,如果允许当事人对于财产部分反悔,将助长先离婚再恶意占有财产之有违诚实信用的行为,也不利于保护未成年子女的权益。因此,在离婚后一方欲根据原《合同法》第186条第1款之规定单方撤销赠与时,亦应取得

[1] 参见北京市第二中级人民法院(2017)京02民终7325号。

[2] 参见崔建远:《合同法学》,法律出版社2015年版,第23页。

[3] 王泽鉴:《民法学说与判例研究》(第7册),中国政法大学出版社1998年版,第151页。

[4] 参见龚明辉、赵文清:《离婚协议中第三人利益条款法律效力研究》,载《法律适用》2009年第4期。

双方合意,在未征得作为共同共有人的另一方同意的情况下,无权单方撤销赠与。"[1]

笔者认为离婚协议将父母拥有产权的房屋加上未成年子女姓名与赠与合同的特征不符,因为赠与是无偿的,需要受赠人接受,而离婚协议将房产给予子女的约定与子女抚养权、抚养费、过错赔偿、经济帮助等因素密切相关,并非真正的无偿。并且子女由于年幼无法理解或根本不知情该约定,对赠与的接受也无从谈起,因此不是赠与合同。

《民法典》出台前学者们根据原《合同法》第64条和第65条的规定把离婚协议中将房产给予子女的约定视为利他合同,是不准确的。因为合同法的上述规定虽然也涉及了第三人,但该第三人在合同中既不能享有权利,也不负担义务,这显然与利他合同、负担合同的法律属性不符,而完全属于第三人履行规则问题。而《民法典》第522条[2]的规定则修改了规则,现属于真正的利他合同,因此笔者认同利他合同说。当父母在离婚协议中约定将房产变更为子女部分或全部所有,子女即成为利他合同中的第三人,当父或母某一方拒绝履行该约定时,子女可以请求拒绝方履行债务也可以请求承担违约责任。子女可以作为有独立请求权的一方直接起诉父或母。

2. 离婚协议约定房产给予子女条款的法律适用

既然离婚协议将婚内房产给予未成年子女不构成一般意义上的赠与合同,因此不适用《民法典》第658条关于赠与合同任意撤销权的规定。笔者认为解决此种纠纷的途径有两种:

(1)将夫妻间的离婚协议视为与婚姻等有关的身份关系的协议,在婚姻

[1] 《最高人民法院12月4日公布婚姻家庭纠纷典型案例》,载最高人民法院官网,http://www.court.gov.cn/zixun-xiangqing-16211.html,最后访问时间:2021年7月1日。

[2] 参见《民法典》第522条:"当事人约定由债务人向第三人履行债务,债务人未向第三人履行债务或者履行债务不符合约定的,应当向债权人承担违约责任。法律规定或者当事人约定第三人可以直接请求债务人向其履行债务,第三人未在合理期限内明确拒绝,债务人未向第三人履行债务或者履行债务不符合约定的,第三人可以请求债务人承担违约责任;债务人对债权人的抗辩,可以向第三人主张。"

家庭编对此没有具体规定的情形下，适用合同编的规定。[1] 正如前文所述视为利他合同，适用《民法典》第522条的规定，当父或母不履行该协议时，未成年子女作为受益的第三人享有独立请求权，有权请求反悔方履行协议即配合变更登记或承担违约责任。

(2)在离婚协议中约定将房产过户给子女视为一种附条件的民事法律行为，适用《民法典》第158条的规定。[2] 前文所列举的“小高诉高某房屋赠与纠纷案”中，妻子华某表示由于高某同意离婚后把儿子名字加在原来由高某和华某共有的房产上，华某才愿意放弃分割该房产，将自己名字去除。实质上是华某将自己的份额赠与给儿子小高，或者是华某以放弃该房产50%份额为条件签署离婚协议，目的是将房产变更为高某和小高共有。同样前面“于某某诉高某某离婚后财产纠纷案”中，高某某表示正因为于某某同意将房屋赠与儿子高某，自己才同意离婚协议中加重自己义务的条款，如离婚后单独偿还夫妻共同债务4.5万元，这同样可视为一种附条件的民事法律行为。条件已成就，义务方应按协议履行，不能反悔，否则整个离婚协议均将失效，实质上是不可逆的。这其实也是最高人民法院整体利益说的内在理由。

因此，最高人民法院在回复“双方协议离婚后，一方不愿按照离婚协议约定，将自己名下的房屋赠与子女或者他人时，另一方请求法院判决一方按照协议约定办理房屋过户手续是否支持?”问题时，回答如下：最高人民法院《关于适用〈中华人民共和国民法典〉婚姻家庭编的解释(一)》第69条规定，当事人依照《民法典》第1076条签订的离婚协议中关于财产以及债务处理的条款，对男女双方具有法律约束力。登记离婚后当事人因履行上述协议发生

---

〔1〕 参见《民法典》第464条：“合同是民事主体之间设立、变更、终止民事法律关系的协议。婚姻、收养、监护等有关身份关系的协议，适用有关该身份关系的法律规定；没有规定的，可以根据其性质参照适用本编规定。”

〔2〕 参见《民法典》第158条：“民事法律行为可以附条件，但是根据其性质不得附条件的除外。附生效条件的民事法律行为，自条件成就时生效。附解除条件的民事法律行为，自条件成就时失效。”

纠纷提起诉讼的,人民法院应当受理。离婚协议中有关房屋赠与的约定并不构成一般意义上的赠与合同。在相对方已经按照约定与赠与人解除婚姻关系的情况下,赠与人也应当按照约定履行给付房屋的义务,否则构成违约,离婚协议相对方有权请求法院判决其履行房屋交付义务。〔1〕

五、婚内房产处分中登记名义人与真权利人的冲突及解决

婚姻家庭的团体性特征决定了夫妻之间关于财产制的规定或约定不宜由物权法过度调整,其财产权的变动不应适用物权法关于物权变动的一般规则。〔2〕约定财产制、以子女名义买房、夫妻间赠与、离婚协议中房屋加子女名等婚内房产的种种处分行为均会产生登记名义人和真权利人不一致的冲突,此时绝对地适用物权变动的普遍规则即登记是物权变动的公示方法并不合理,登记制度不应成为判断不动产物权变动的唯一标准,其在夫妻财产契约中的强势地位应当予以弱化。〔3〕现实中法律物权和事实物权〔4〕可能存在不一致的特殊情况,此时应区分是否涉及第三人利益而分别处理。

第一,不涉及第三人利益时以保护真实物权为出发点。通常指夫妻间通过约定财产制、婚内财产分割、非常夫妻财产制以及赠与等方式将婚内房产变更归属,由于只是内部基于夫妻之间的人身伦理关系引起的财产变动,不以登记为物权变动生效要件,其取得物权的时间可借鉴《民法典》第229~232条规定的非基于法律行为引发物权变动的效力规定,即从上述变更协议生效时起物权发生变动。《民法典》第217条规定"不动产权属证书是权利人享有该不动产物权的证明",而第220条又规定权利人、利害关系人认为不动产登记簿记载事项错误的,可以申请变更及异议登记。因此,只要权

〔1〕 最高人民法院司法案例研究院:《常见婚姻家庭18问题详细解析》(含《民法典》及婚姻家庭司法解释新规),载https://mp.weixin.qq.com/s/3iPPQvv3I4J8ho6JG8sxeA,最后访问时间:2021年7月5日。

〔2〕 参见刘耀东:《论基于夫妻财产制契约发生的不动产物权变动——非基于法律行为的物权变动解释路径》,载《时代法学》2016年第1期。

〔3〕 参见姚辉:《夫妻财产契约中的物权变动论》,载《人民司法》2015年第4期。

〔4〕 参见孙宪忠、常鹏翱:《论法律物权和事实物权的区分》,载《法学研究》2001年第5期。

利人同意或有证据证明登记确有错误的，登记机构应当予以更正。对于法院而言，当利害关系人异议登记起诉时，法院应根据房产的真实状态予以确认。[1]

第二，涉及第三人利益的分两种情形处理。这里的第三人是指依法律行为与登记名义人发生物权变动的当事人。如果此第三人与登记名义人之间存在交易关系如买卖、互易、抵押等，则从保护交易安全出发，基于公信原则，应赋予公示的登记物权以法律推定力，根据《民法典》第311条规定的善意取得原则认定第三人从登记名义人处通过既受方式取得物权，即立法和司法保护的基本出发点是法律物权，而真权利人只能向登记名义人请求损害赔偿。如果第三人是基于继承、赠与等非等价有偿方式请求房屋产权利益的，因其并非交易第三人而不予保护，即保护事实物权——真权利人的利益。

〔1〕 参见最高人民法院《关于适用〈中华人民共和国民法典〉物权编的解释（一）》第2条："当事人有证据证明不动产登记簿的记载与真实权利状态不符，其为该不动产物权的真实权利人，请求确认其享有物权的，应予支持。"

我国意定监护制度的由来、特色与完善*

华瑀欣**

一、我国意定监护制度的由来

监护制度是一人对他人进行监督和保护的法律制度。履行监护职责的人称为监护人,受到监护的人称为被监护人。虽然古今中外立法对监护范围和内容有不同规定,但是监护制度本身包含监督和保护两层含义。由于未成年人不具有丰富的社会经验、健全的逻辑思维和独立的经济来源,因此一般法律规定由其父母担任监护人。历史上,奴隶属于财产范畴,不具有法律人格,因此奴隶主对奴隶的监督和保护,并不属于监护范畴。从古罗马残留的《十二铜表法》(Leges Duodecim Tabularum)来看,第五表集中体现了监护的内容。首先,出嫁妇女属于丈夫的亲属,不具有完全、独立的民事行为能力,因此普遍受到丈夫监护,妻子不得单独参与市场交易。[1] 其次,出于保护家族财产的目的,对于精神病人或者浪费钱财的人,法律设定监护人,褫夺其管理财产的权利。[2] 这一制度也称为禁治产制度,而被设定监护人的成年人统称为禁治产人。禁治产制度貌似严苛,但也具有一定合理性。一方面,家族利益高于个人利益,适度限制个人自由并无不可;另一方面,古代人类平均

---

* 本文系国家社会科学基金青年项目"意定监护制度实证比较研究"(19CFX069)阶段性成果。

** 华瑀欣,上海外国语大学法学院讲师,法学博士。

〔1〕 参见《十二铜表法》第五表之一及之二。

〔2〕 参见《十二铜表法》第五表之七。

寿命较短,禁治产实施的时间不会过长。监护制度由立法确定,由家族实施,并不尊重被监护者的个人意愿,因此并不存在意定监护。总之,在监护制度萌芽并发展的很长一段时期,未成年监护是常态,成年监护是特例,法定监护是主流,意定监护并未出现。

中世纪宗法制度逐渐解体,个体逐步获得了市场主体地位,大陆法系对应的民事制度也开始注重个人权利。例如,1938 年法国开始承认已婚妇女不再是丈夫的私产,取得独立民事主体地位。[1] 法国在 1968 年废除了禁治产制度,而辅以成年监护、保佐和辅助制度。[2] 三者的划分是以成年人的意思能力为标准的。《德国民法典》1992 年废除了涉及禁治产的第 114 条和第 115 条,第 1896 条则将成年监护和障碍人士的保佐调整为照管制度。[3] 2000 年的《日本民法典》、[4]2006 年的《瑞士民法典》[5]和 2011 年的《韩国民法典》[6]均改革了成年监护制度,不但删除了禁治产部分,而且增设了意定监护。虽然大陆法系或早或晚采取分层辅助的监护改革模式,但是英美法系则致力于创设新型代理关系。英美法的代理关系与法德诸国有所不同,例如,代理成立并不以代理人具有民事行为能力为要件。20 世纪以来,当事人要求在其意志清醒之时设立的代理关系,应当在其丧失意思能力之后继续有

[1] Loi du 18 février 1938 portant modification des textes du code civil relatifs à la capacité de la femme mariée.

[2] Loi n° 68 – 5 du 3 janvier 1968 portant réforme du droit des incapables majeurs.

[3] Bürgerliches Gesetzbuch § 1896 „Voraussetzungen“(1), „Kann ein Volljähriger auf Grund einer psychischen Krankheit oder einer körperlichen, geistigen oder seelischen Behinderung seine Angelegenheiten ganz oder teilweise nicht besorgen, so bestellt das Betreuungsgericht auf seinen Antrag oder von Amts wegen für ihn einen Betreuer. Den Antrag kann auch ein Geschäftsunfähiger stellen. Soweit der Volljährige auf Grund einer körperlichen Behinderung seine Angelegenheiten nicht besorgen kann, darf der Betreuer nur auf Antrag des Volljährigen bestellt werden, es sei denn, dass dieser seinen Willen nicht kundtun kann.“

[4] 『民法の一部を改正する法律(成年後見制度等関連四法)』(平成十一年 12 月 8 日法律第 149 号)。

[5] Botschaft zur Änderung des Schweizerischen Zivilgesetzbuches (Erwachsenenschutz, Personenrecht und Kindesrecht) vom 28. Juni 2006. Message concernant la révision du code civil suisse (Protection de l’adulte, droit des personnes et droit de la filiation) du 28 juin 2006.

[6] 법률제10645 호, 2011. 5. 19.

效。这是对传统代理关系的突破,也是人格尊重的延续。1969年美国法学界刊行《统一持续代理授权法》,[1]实则整合了美国版的意定监护制度。虽然统一法或模范法实际上没有直接法律效力,但是概括一国的大致情形也不失其一般性,对于各州的具体区别尚待后续论文归纳讨论。[2] 英格兰[3]和新西兰[4]于1985年和1988年陆续进行了类似改革。由于联邦制国家将家事法视为地方事务,所以澳大利亚、加拿大等联邦制国家各州和省都出现了类似变化。总而言之,允许当事人自行确立监护人,是20世纪后半叶开始的历史潮流。

与世界潮流相应的是,虽然我国古代立法强调家族本位,但是当代立法以罗马法三代血亲替代儒家五服制度,婚姻与继承法整体上呈现出国家家父主义下的个人权利特征。在监护法领域,我国大致从2000年开始出现对意定监护制度的讨论,早期的借鉴也带有明显日本法移植的色彩。21世纪以来,由于不少发展中国家开始引入意定监护制度,我国2013年《老年人权益保障法》(已修改)首先试点在60周岁以上人群中开展意定监护制度。[5] 2017年《民法总则》(已失效)第33条推广至全体成年人,[6]并被2020年

---

[1] Uniform Durable Power of Attorney Act (1969).

[2] 美国各州为了解决《统一持续代理授权法》未明确的各类事项,纷纷在立法中作出了修正,以至于2006年美国统一法律委员会推出了《统一代理授权法》(Uniform Power of Attorney Act)。实际上,截至2021年9月,美国仍有21个州并未接受该学术成果,包括阿拉斯加州、北达科他州、俄勒冈州、佛罗里达州、佛蒙特州、加利福尼亚州、堪萨斯州、路易斯安那州、罗得岛州、密苏里州、密歇根州、密西西比州、明尼苏达州、纽约州、特拉华州、田纳西州、新泽西州、夏威夷州、亚利桑那州、伊利诺伊州和印第安纳州。详见 https://www.uniformlaws.org/。

[3] See Enduring Powers of Attorney Act 1985.

[4] See Protection of Personal and Property Right Act (1988 No.4).

[5] 参见《老年人权益保障法》(已修改)第26条:"具备完全民事行为能力的老年人,可以在近亲属或者其他与自己关系密切、愿意承担监护责任的个人、组织中协商确定自己的监护人。监护人在老年人丧失或者部分丧失民事行为能力时,依法承担监护责任。"

[6] 《民法总则》(已失效)第33条:"具有完全民事行为能力的成年人,可以与其近亲属、其他愿意担任监护人的个人或者组织事先协商,以书面形式确定自己的监护人。协商确定的监护人在该成年人丧失或者部分丧失民事行为能力时,履行监护职责。"

《民法典》完全承袭。[1]

我国移植意定监护制度，不啻为外力推动的结果，也是国内社会发展的现实需求。一方面，社会发展解放尽可能多的劳动力，但是劳动者要求更广泛的平等。自我意识觉醒，人身权利应当受到保护，财产在身前和身后都需要获得法律认可。例如，《劳动合同法》出台，《民法典》增设了人格权编。如果不允许当事人通过意定监护人继续安排其丧失意思能力后的个人生活和财产，那么个人权利就无法得到充分保障。劳动者追求的不仅是法律能否在实体上做出妥善安排，而且要求国家尊重公民自由选择的意志。另一方面，老龄化社会产生了众多新型课题，需要法定监护之外的制度安排。2021 年我国《第七次全国人口普查公报（第五号）——人口年龄构成》[2]显示，全国 60 周岁以上人口已经超过 2 亿 6000 万，占全国总人口 18.7%。其中，辽宁省和重庆市 65 周岁以上人口已占当地人口 17% 以上。由于寿命延长和人口流动，传统法定监护制度已经不能完全满足现代化社会的需要。不少独生子女在高考后就离开父母，熟悉老人生活习惯的更可能是没有血缘关系的左邻右舍。最后，意定监护制度产生了一些预期之外的社会效果，在自闭症儿童和同性恋群体中尤其显著。

二、我国意定监护制度的特色

虽然我国的意定监护制度带有法律移植色彩，但是在本土化的过程中，也逐步涌现了中国特色。作者认为，监护制度属于地方事务，虽然不可避免地存在世界性的共识，但更多体现了一国一地的历史、文化、道德和社会因素。随着制度的发展，中国特色会越来越多，甚至自成体系。从理论上看，意

---

〔1〕《民法典》第 33 条："具有完全民事行为能力的成年人，可以与其近亲属、其他愿意担任监护人的个人或者组织事先协商，以书面形式确定自己的监护人。在自己丧失或者部分丧失民事行为能力时，由该监护人履行监护职责。"

〔2〕国家统计局：《第七次全国人口普查公报（第五号）——人口年龄构成》，载 http://www.stats.gov.cn/ztjc/zdtjgz/zgrkpc/dqcrkpc/ggl/202105/t20210519_1817698.html，最后访问时间：2021 年 7 月 15 日。

定监护分为成年意定监护和未成年意定监护,本文不特别说明时,均指成年意定监护。

第一,我国的意定监护制度是监护制度的一部分,法定监护是主流,意定监护是补充。我国与西方各国的不同之处在于,我国并未受过禁治产制度的束缚。随着近年来各省公证处的推广,全国各地的公众似乎都已经知晓意定监护制度。虽然意定监护涵盖人身照管,但是财产管理依然是监护的重点,因此在北、上、广等大城市中涌现了一批意定监护案例,但是广大农村地区并未出现意定监护热潮。此外,从我国《民法典》体系来看,第26条至第39条的监护制度默认为法定监护,指定监护和意定监护均作为法定监护的补充形式出现,并且适用法定监护的条款。例如,第36条规定了撤销监护人的条件,虽然该条经常被学者用来讨论意定监护监督制度,但实际上普遍适用于法定监护和指定监护。

第二,我国意定监护秉持最有利于被监护人的原则和最大限度尊重被监护人意愿的原则。我国《民法典》并未专门规定意定监护人的职责,但是在第35条分别规定了上述两个原则。[1]

第三,我国意定监护制度与民事行为能力紧密捆绑。从世界范围内来看,自然人一俟成年,即获得以自己的独立行为获得民事权利、承担民事义务的能力。在我国,年满18周岁且精神健康的公民是完全民事行为能力人。在无相反证据之时,任何成年人无须自证具备民事行为能力。因此,民事行为能力制度的初衷,在于排除精神障碍者,从而保障各方的人身和财产安全。但是,精神障碍或精神疾病系医学概念,而无民事行为能力须经司法鉴定,二者并不一致。

第四,我国意定监护采用的是协商模式。从《民法典》第33条的措辞来

〔1〕 参见《民法典》第35条第1款:"监护人应当按照最有利于被监护人的原则履行监护职责。监护人除为维护被监护人利益外,不得处分被监护人的财产。"第3款:"成年人的监护人履行监护职责,应当最大程度地尊重被监护人的真实意愿,保障并协助被监护人实施与其智力、精神健康状况相适应的民事法律行为。对被监护人有能力独立处理的事务,监护人不得干涉。"

看，意定监护通过协议实现，监护人与被监护人的权利义务关系通过协商确定。因此，意定监护协议是特殊的委托合同。但是《民法典》又规定，监护人是被监护人的法定代理人，[1]因此意定监护协议的受托人同时具备代理权。

第五，我国意定监护制度采用单一制。在现有大陆法系中，德国已经将监护和保佐合并为照管制度，而日本依然保留辅助、保佐和监护制度。根据《日本民法典》的规定，意思能力程度不足适用监护，[2]明显不足适用保佐，[3]欠缺才适用监护。[4] 因此，我国立法似乎存在跳过中间复杂阶段，直接简化监护层次体系的倾向。

第六，我国监护制度实行任意制，只需要意定监护协议生效即可，不需要法院代表国家强制力追认。在实践中，由于民众普遍需要国家机关为协议背书，意定监护协议与遗嘱密切相关，而在《民法典》之前，公证遗嘱具有最高法律效力，[5]因此相较于律师事务所、保险公司、家族办公室和遗嘱库，公证处成为民众的最优选择。2018 年之后，司法部将意定监护列为创新业务，并推出了以上海模式为范本的典型案例。[6] 在实践中，虽然金融机构、医疗机构和养老护理机构都可能质疑意定监护人的权利，但是一旦公证处出具相关身份证明，不少机构也承认其法律效力。例如，《上海市老年人权益保障条

---

〔1〕 参见《民法典》第 23 条："无民事行为能力人、限制民事行为能力人的监护人是其法定代理人。"

〔2〕 『民法』第七条「精神上の障害により事理を弁識する能力を欠く常況にある者については、家庭裁判所は、本人、配偶者、四親等内の親族、未成年後見人、未成年後見監督人、保佐人、保佐監督人、補助人、補助監督人又は検察官の請求により、後見開始の審判をすることができる。」

〔3〕 『民法』第十一条「精神上の障害により事理を弁識する能力が著しく不十分である者については、家庭裁判所は、本人、配偶者、四親等内の親族、後見人、後見監督人、補助人、補助監督人又は検察官の請求により、保佐開始の審判をすることができる。ただし、第七条に規定する原因がある者については、この限りでない。」

〔4〕 『民法』第十五条「精神上の障害により事理を弁識する能力が不十分である者については、家庭裁判所は、本人、配偶者、四親等内の親族、後見人、後見監督人、保佐人、保佐監督人又は検察官の請求により、補助開始の審判をすることができる。ただし、第七条又は第十一条本文に規定する原因がある者については、この限りでない。」

〔5〕 我国业已失效的《继承法》第 20 条："自书、代书、录音、口头遗嘱，不得撤销、变更公证遗嘱。"

〔6〕 司法部公证指导性案例 1 号"老年人意定监护公证"。

例》直接要求意定监护手续通过公证等方式进行。[1]

第七,我国意定监护协议为要式合同,必须书面,当事人通过协议确定权利义务关系,我国法律并未明确意定监护协议的范围和内容。虽然遗赠扶养协议[2]和意定监护协议同为双方意思表示行为,但是受托人的价值取向有所不同。一般而言,委托人活得越久,受遗赠人的利益就越少,而有偿意定监护人的利益却越多。

第八,我国意定监护允许社会组织担任监护人。我国社会组织在民政部门登记成立,因此社会组织实际上在担任具体意定监护人之前也事先获得民政部门的认可。社会组织不但可以通过当事人选择成为意定监护人,也可以通过居委会、村委会或民政部门担任法定监护人或指定监护人。

第九,我国没有规定意定监护监督制度。我国《民法典》规定,监护人伤害被监护人或者失职的,利害关系人和相关组织可以向法院申请撤销监护人或变更监护人。[3] 因此,法院实际上起到了最终监督者的作用。

第十,我国意定监护制度在多元社会中产生了非预期效应。从立法沿革来看,意定监护首先保障的是老年人的权益。理论上来说,不婚、失独、三无和空巢老人应当是重点保障对象。例如,失独老人通过意定监护在众多侄子中确定监护人,或者子女在海外的老人授权长期租客为其监护人。但是,实践中咨询意定监护的同性恋人士也不少,包括男同性恋者、女同性恋

[1] 参见《上海市老年人权益保障条例》第18条规定:"具备完全民事行为能力的老年人,可以在近亲属或者其他与自己关系密切、愿意承担监护责任的个人、组织中协商确定自己的监护人,并通过公证等方式予以明确。"

[2] 参见《民法典》第1144条:"遗嘱继承或者遗赠附有义务的,继承人或者受遗赠人应当履行义务。没有正当理由不履行义务的,经利害关系人或者有关组织请求,人民法院可以取消其接受附义务部分遗产的权利。"

[3] 参见《民法典》第36条第1款:"监护人有下列情形之一的,人民法院根据有关个人或者组织的申请,撤销其监护人资格,安排必要的临时监护措施,并按照最有利于被监护人的原则依法指定监护人:(一)实施严重损害被监护人身心健康的行为;(二)怠于履行监护职责,或者无法履行监护职责且拒绝将监护职责部分或者全部委托给他人,导致被监护人处于危困状态;(三)实施严重侵害被监护人合法权益的其他行为。"

者、双性恋者和跨性别者等。虽然我国1997年《刑法》删除流氓罪[1]已经间接不将同性恋视为犯罪,2001年《中国精神疾病诊断标准》(第三版)已经将同性恋从精神疾病中删除,[2]但是我国并不承认同性婚姻的法律地位。为了解决同居期间的财产问题,同性伴侣在现有法律制度下已经尝试了合伙企业、共同登记不动产[3]和变更保险受益人[4]等方式。虽然在同性恋人士看来房屋所有权证书上的印章代表了国家对其人身关系的认可,但实际上在同居婚姻、医疗救治和诉讼维权等方面,两人互相均无法律关系。

三、我国意定监护制度的完善

第一,由于我国意定监护的立法和现实定位为法定监护的补充,因此完善意定监护首先有个路径选择的问题。一方面,如果法定监护发展完善,则意定监护大致保持现有规则即可。例如,我国《民法典》规定,其他近亲属也可以担任无民事行为能力的成年人的法定监护人。[5] 在我国已经开放三胎的情况下,幼弟照料兄长,也可能成为现实。随着网络和交通的发展,不少年轻人回到父母身边,请求邻居担任监护人的情况也会逐渐减少。另一方面,如果大力发展意定监护,则需要推出细则。意定监护和法定监护的定位问

〔1〕 1979年版《刑法》第160条曾规定:"聚众斗殴,寻衅滋事,侮辱妇女或者进行其他流氓活动,破坏公共秩序,情节恶劣的,处七年以下有期徒刑、拘役或者管制。流氓集团的首要分子,处七年以上有期徒刑。"

〔2〕 1989年我国《精神疾病分类与诊断标准》(第2版)中,同性恋属于第62类的性心理障碍,排列在异装癖、易性癖、露阴癖、窥阴癖、恋物癖和其他性心理障碍之前。

〔3〕 2016年我国《不动产登记暂行条例实施细则》第21条规定,"申请共有不动产登记的,不动产登记机构向全体共有人合并发放一本不动产权属证书;共有人申请分别持证的,可以为共有人分别发放不动产权属证书。共有不动产权属证书应当注明共有情况,并列明全体共有人"。

〔4〕 2015年《保险法》第39条:"人身保险的受益人由被保险人或者投保人指定。"第41条规定,"被保险人或者投保人可以变更受益人并书面通知保险人。保险人收到变更受益人的书面通知后,应当在保险单或者其他保险凭证上批注或者附贴批单。投保人变更受益人时须经被保险人同意。"

〔5〕 参见《民法典》第28条:"无民事行为能力或者限制民事行为能力的成年人,由下列有监护能力的人按顺序担任监护人:(一)配偶;(二)父母、子女;(三)其他近亲属;(四)其他愿意担任监护人的个人或者组织,但是须经被监护人住所地的居民委员会、村民委员会或者民政部门同意。"

题,直接产生了意定监护人和法定监护人何者优先的问题。通说认为,意定监护优先。[1] 一则民法尊重当事人自愿,[2] 二则法定监护若有限则没有规范意定的必要。但问题在于,意定监护人和法定监护人可否并存?支持并存的理由至少有两点。首先,我国法律并未禁止两者并存,甚至并未禁止存在复数监护人。随着社会分工的专业化,部分企业已经出现了家族办公室,由不同专家处置不同事务。因此,同一当事人的不同事项由不同监护人负责,或者法定监护人兼任意定监护人,也并非不可能。其次,实践中有时也需要法定监护人和意定监护人并存。例如,当事人患病住院后意定监护的效力不被医院认可,或者意定监护人行将辞职而当事人需要监护时,法定监护人具有不可推卸的监护责任。

第二,我国意定监护没有规定专门的原则,而适用普遍的监护原则。我国《民法典》第 36 条共 3 款,可以归纳为最有利于被监护人和尊重被监护人意愿的两大原则。前者要求监护人进行权衡,作出客观上最有利于被监护人实现人身和权利的决定;后者要求监护人坚决服从,作出主观上最接近被监护人真实意愿的决定。由于价值判断的多元化以及监护人自身判断能力的限制,这两个原则有时候是矛盾的。例如,被监护人要求癌症晚期放弃治疗,以便免除不必要的痛苦;但是被监护人却必须坚持治疗,以延续被监护人的生命,不然轻则违反民事约定,重则构成刑事犯罪。[3] 矛盾的根源在于,是否依然存在评价监护人是否履行职责的客观标准,但无人能够代替被监护人体会治疗的折磨。又如,被监护人拒绝监护人身前出售其不动产,以便将房屋留作遗产;监护人却发现被监护人账户余额不足,需要出售不动产提供流动资金,保证被监护人的日常起居。矛盾的根源在于,被监护人出售不动产

---

〔1〕 参见孟强:《〈民法总则〉中的成年监护制度》,载《中国人民大学学报》2017 年第 4 期。

〔2〕 参见《民法典》第 5 条规定,“民事主体从事民事活动,应当遵循自愿原则,按照自己的意思设立、变更、终止民事法律关系”。

〔3〕 1997 年我国《刑法》第 232 条规定:“故意杀人的,处死刑、无期徒刑或者十年以上有期徒刑;情节较轻的,处三年以上十年以下有期徒刑。”

属于重大客观资产变化,监护人愿意以自身财产补贴被监护人是传统孝道的体现,但是缺乏流动资金使监护人面临双重经济和精神压力。因此,两个原则可以就具体事项作出优先顺位,法律可以通过列举具体事项增进监护人事务管理的可操作性。

第三,我国意定监护生效的前提,究竟是当事人出现精神疾病,还是无民事行为能力?由于古代寿命较短,区分精神障碍与精神疾病意义不大,精神疾病与无民事行为能力也具有高度一致性。但是,随着晚近以来医学的发展,二者出现了松动的迹象。首先,我国《民法典》规定民事行为能力采取宣告制度,限制民事行为能力与无民事行为能力需要经过司法鉴定程序,最终由法院作出宣告。[1] 因此,即使当事人患有精神疾病,在未经宣告之前,依然被视为具有完全民事行为能力。那么,未经法院剥夺民事行为能力,但又患有精神疾病的当事人,可否设立意定监护?过去通说认为,精神障碍者至少不能完全辨认自己的行为,因此允许其设定自身的监护不具有可行性。但是,实践中出现了多样化的案例。例如,阿尔兹海默症虽然属于无法治愈、不可逆转的中枢神经退行性病变,会造成进行性认知功能障碍和行为损害,但是每个当事人都有特殊性。部分当事人丧失计数功能,但是依然保留情感记忆。因此,他们虽然无法直接进行交易,但是依然能够选择对其有利的监护人。实际上,我国精神卫生领域近年来已经取得长足进展。早年曾发生多起类似"湖北彭宝泉"和"河南徐东林"的强制扭送精神病院事件,2018 年我国《精神卫生法》修订后,精神障碍诊断专业化,[2] 住院治疗遵循

---

〔1〕 参见《民法典》第 24 条:"不能辨认或者不能完全辨认自己行为的成年人,其利害关系人或者有关组织,可以向人民法院申请认定该成年人为无民事行为能力人或者限制民事行为能力人。被人民法院认定为无民事行为能力人或者限制民事行为能力人的,经本人、利害关系人或者有关组织申请,人民法院可以根据其智力、精神健康恢复的状况,认定该成年人恢复为限制民事行为能力人或者完全民事行为能力人。"

〔2〕 参见 2012 年《精神卫生法》(已修改)第 29 条:"精神障碍的诊断应当由精神科执业医师作出。"

自愿原则。[1] 因此,通过实地走访和反复观察,允许精神病人设立意定监护也并非完全不可行。

第四,我国意定监护协议的性质并未被法律完全阐明。从逻辑上来看,意定监护协议首先是委托合同,不仅涵盖法律行为,也包括照顾和管理人身和财产权益相关的事实行为。实践中,意定监护协议已经包括生活照管、医疗救助、财产管理、诉讼代理等方面。在签署意定监护的同时,当事人也可能签署预先医疗指示和遗嘱等文件。但是,委托合同本身并不一定包含代理权的处分,因此意定监护协议可以只包含事实行为的委托,而不包含法律行为的代理。虽然我国民法将法定代理人和监护人混同,但是如果当事人选择复数意定监护人,是否可以只指定某一人为其法定代理人?虽然英美等国将两者截然分开,但是由于我国长期以来实行混同模式,实践证明该模式运行成本较低,不宜整体上作出制度变化。因此,在法律中明确意定监护协议兼具委托和代理的性质,将有助于明确监护人的代理权,并可进一步拓展意定监护信托制度。

第五,我国意定监护只允许设定监护人,是否对部分丧失民事行为能力的当事人存在矫枉过正的可能?从历史上来看,对精神状态不同的当事人设定不同的制度,是大陆法系各国的普遍初衷。例如,旧版《日本民法典》对浪费者实施禁治产制度,对痴呆者适用准禁治产制度;现行《日本民法典》对失能、失智老人,则按照程度轻重分别适用辅助、保佐和监护制度。虽然在施行过程中,日本当事人也难以区分保佐人和监护人,但是从理论上来说,被保佐人依然可以在一定范围内行使自主决定权,保佐人仅就重大事项进行决策。实际上,我国意定监护制度存在粗放的弊端,应分层、分类设定。例如,我国《民法典》并未禁止复数监护人,因此被监护人可以选

[1] 参见2012年《精神卫生法》(已修改)第30条:"精神障碍的住院治疗实行自愿原则。诊断结论、病情评估表明,就诊者为严重精神障碍患者并有下列情形之一的,应当对其实施住院治疗:(一)已经发生伤害自身的行为,或者有伤害自身的危险的;(二)已经发生危害他人安全的行为,或者有危害他人安全的危险的。"第44条规定,"自愿住院治疗的精神障碍患者可以随时要求出院,医疗机构应当同意"。

择财产管理和人身照料监护人各一人，每人在授权范围内行使监护权。因此，监护人甚至可以只在某一领域实施监护权。支持这一做法的理由至少有两点。首先，我国《民法典》第33条采用了与既往不同的区别技术。民事权利能力不再分为“完全”“限制”和“无”，而是分为“具有”、“部分丧失”和“丧失”。其中，“部分丧失”可以理解为当事人被允许部分授权。其次，既然推行意定监护的本意是尊重公民的自我决定权，因此分层、分类监护有助于减少他人意志对监护人的干涉，可以最大限度地保障当事人的基本权利。

第六，我国意定监护协议是否需要公证处事实上代表国家实施，是个比较棘手的问题。从法理上来看，只要意定监护协议符合法定要件，该协议即成立；只要生效条件满足，该协议即生效，监护人开始履行职责。但是，如何证明授权时当事人具有安全民事行为能力，未受胁迫，且不存在重大误解，是实践中比较复杂的问题。大部分意定监护的当事人之间没有血缘关系，如何完整、翔实、妥善地安排意定监护的具体内容，也需要一定经验和专业性。因此，通过专门机构完成意定监护协议，是比较优先的选择。但是当事人是否一定要选择公证处？这又涉及公证处的定位问题。根据法国法通说，公证机构可以行使非讼司法裁量权。依此观点，公证处不但可以草拟意定监护协议，而且可以判断协议生效时间，监督监护事务的履行。实践中，公证机关与当事人分别反复详谈、多次磋商、录音录像，甚至要求专款提存或亲友见证，发展出了一套代表国家行使司法裁量权的程序。但是，公证机关反过来也会强化国家主义的色彩，无形中限缩当事人的自主权。因此，律师事务所或其他专业机构能否共同提供意定监护协议的相关服务，减轻公证机关的责任，也是我国今后可以考虑的发展方向。

在国家保障意定监护制度实施方面，我国各部门尚未形成有效的体制。从理论上来看，既然法定监护、指定监护和意定监护制度并行，那么监护人的管理方式应当类似。例如，根据我国《民法典》第28条，如果配偶、父母、子女或其他近亲属担任非完全民事行为能力的成年人的监护人，则由当事人相关亲属协商自定。实践中,金融机构、医疗机构和老年护理机构也不会深究监护人是否具备监护资格。例如,在金融机构代办业务,需要监护人和被监护人的身份证;[1]医疗机构在门诊、麻醉检查、手术缴费过程中,不称监护人而称家属。如果户口簿不能完全证明监护人和被监护人属于户主和户属关系的,当事人也可以请求辖区派出所开具证明。上述条款还规定,其他个人或者组织担任监护人,须经居委会、村委会或民政部门同意。既然须经这些机构同意,那么也应当赋予上述机构开具法定监护人证明的职权。在民政部门发放的旧版的残疾人证件中,曾特别注有监护人信息。但在一些案件中,监护人通过法院宣判变更后,监护人信息并未在证件中及时更新,因此新版的残疾人证件将监护人改为了联系人,所以民政部门不再主动出具监护人证明。在我国《民法典》第31条的指定监护中,依然是由当事人、居委会、村委会、民政部门和法院确定监护人。由于《民法典》删除了诉前指定程序和单位的指定权,[2]因此在主体和程序上,指定监护和法定监护已高度一致。因

[1] 2007年中国人民银行、中国银行业监督管理委员会(已撤销)、中国证券监督管理委员会和中国保险监督管理委员会(已撤销)发布的《金融机构客户身份识别和客户身份资料及交易记录保存管理办法》第7条第1款规定:"政策性银行、商业银行、农村合作银行、城市信用合作社、农村信用合作社等金融机构和从事汇兑业务的机构,在以开立账户等方式与客户建立业务关系,为不在本机构开立账户的客户提供现金汇款、现钞兑换、票据兑付等一次性金融服务且交易金额单笔人民币1万元以上或者外币等值1000美元以上的,应当识别客户身份,了解实际控制客户的自然人和交易的实际受益人,核对客户的有效身份证件或者其他身份证明文件,登记客户身份基本信息,并留存有效身份证件或者其他身份证明文件的复印件或者影印件。"第8条规定,"商业银行、农村合作银行、城市信用合作社、农村信用合作社等金融机构为自然人客户办理人民币单笔5万元以上或者外币等值1万美元以上现金存取业务的,应当核对客户的有效身份证件或者其他身份证明文件"。第20条规定,"金融机构应采取合理方式确认代理关系的存在,在按照本办法的有关要求对被代理人采取客户身份识别措施时,应当核对代理人的有效身份证件或者身份证明文件,登记代理人的姓名或者名称、联系方式、身份证件或者身份证明文件的种类、号码"。第33条规定,"自然人客户的'身份基本信息'包括客户的姓名、性别、国籍、职业、住所地或者工作单位地址、联系方式,身份证件或者身份证明文件的种类、号码和有效期限。客户的住所地与经常居住地不一致的,登记客户的经常居住地"。

[2] 我国业已失效的《民法通则》第17条规定:"无民事行为能力或者限制民事行为能力的精神病人,由下列人员担任监护人:……(五)关系密切的其他亲属、朋友愿意承担监护责任,经精神病人的所在单位或者住所地的居民委员会、村民委员会同意的。对担任监护人有争议的,由精神病人的所在单位或者住所地的居民委员会、村民委员会在近亲属中指定。对指定不服提起诉讼的,由人民法院裁决。没有第一款规定的监护人的,由精神病人的所在单位或者住所地的居民委员会、村民委员会或者民政部门担任监护人。"

此,当事人理应也可以类似地在居委会、村委会、民政部门或法院的见证和指导下,完成意定监护协议的签署、生效和履行。

拓展意定监护的参与机构有一些现实优点。首先,当事人就近完成,居委会和村委会对当事人情况比较了解。实践中,即使在公证机关办理意定监护手续,公证员也需要到当地居委会和村委会走访调查。其次,民政部门本来就具有兜底功能。在国务院制定部门职责、内设机构和人员编制的"三定规定"中,民政部负责社区建设、养老服务、社会救助、婚姻管理、儿童收养、残疾帮困、社会福利和社会团体管理等事项,我国《民法典》甚至要求民政部门担任临时监护人。[1] 最后,法院属于司法机关,对意定监护协议的效力、监护人的选任、监督人的选任等事项具有天然最终决定权。例如,日本的监护人需要由法院指定。[2] 但是,现实中这些机构并未积极参与意定监护制度的建设。非司法机关不愿主动参与法律事务。居委会和村委会经常拒绝开具证明,由于其社会自治属性,所开具的证明也不会被公安机关等部门认可。民政部门虽然事实上承担了孤老抚恤和残疾人帮困的照管责任,但是对于法律事务依然需要与司法行政部门联合运作。例如,社区矫正由司法局负责,但缓刑人员无收入则由民政局补贴。同性恋社会团体不得随意设立,需要登记为预防艾滋病等事项。因此,民政部门虽然监管社会意定监护组织,但章程中涉及意定监护却需要司法行政部门提出审批意见。由于各个部门谨慎行事,司法部门才将公证处作为当前的重点。因此,如果公证部门依然秉持国家家父主义,提高意定监护办理门槛,则会完全堵上意点监护的发展之路。事实上,在我国整体监护事业的发展中,可以引入更多的参与主体。例如,面对无人抚养、监护人失职、各机构推诿等情况,检察机关应当有权申请法院指定监护人或者撤销监护人,这也有利于减轻当前公证部门等机构的工作压

〔1〕 参见《民法典》第31条第3款:"依据本条第一款规定指定监护人前,被监护人的人身权利、财产权利以及其他合法权益处于无人保护状态的,由被监护人住所地的居民委员会、村民委员会、法律规定的有关组织或者民政部门担任临时监护人。"

〔2〕 『民法』第八百四十三条「家庭裁判所は、後見開始の審判をするときは、職権で、成年後見人を選任する。」

力,赋予意定监护协议真正的司法保障。

第七,我国意定监护协议虽然要求书面,但是其具体内容却缺少法律明确规定。实践中,几乎没有公证处敢于仅仅作出一页协议。大部分公证处需要分别考察双方当事人的社会关系、真实意愿和财产状况,并在意定监护协议之中或之外对预先医疗指示和遗嘱作出安排。由于缺少明确法律支持,相关协议的效力有时是存疑的。例如,即使被监护人明确授权监护人选择临终放弃治疗,由于我国禁止安乐死,所以这一授权并不合法。事实上,虽然意定监护保障当事人根据自身意愿选择监护人的权利,但是意定监护解除和终止的条件、复数意定监护人的顺位、意定监护是否有偿等问题,都需要法律明确。从我国实践来看,不少当事人愿意在日常生活中照料老人,但不愿意担任监护人,因此即使被选为监护人,也愿意提供无偿服务,以免受到觊觎遗产的指责。虽然从实践初期来看,约定无偿既不违反法律,也是当事人的真实意思表示,但是由于没有考虑监护人的现实成本,并不利于监护人事业的整体发展。

第八,我国意定监护组织缺少进一步发展的动力。从历史上来看,我国《民法典》中规定的组织,是监护制度中的既有机构,包括居委会、村委会、学校、医疗机构、老年人组织和民政部门等。但是,这些部门一般都不愿主动担任监护人。例如,如果孤老选择养老机构为其监护人,那么营利性机构将承担额外责任和经济成本。从理论上来看,社会组织担任监护人具有其合理性。社会组织具有高度的组织化特征,不但分工明确、具备专业性,而且通过长期运转可以积累丰富经验并识别潜在风险,尽量避免资金挪用和监护人去世等问题。但是,目前意定监护组织在设立和运行过程中,一直面临审慎监管的难题。例如,监护属于司法行政部门审批的法律事务,而社会组织则由民政部门审批,因此二者双重监管存在职权划分的问题。又如,意定监护社会组织对内和对外应当如何管理?一方面,虽然组织是监护人,但是具体实施日常管理和决定的依然是负责联络被监护人的自然人,因此如何培训、考核和管理组织成员,需要法律明确规定,甚至需要职业监护人从业资格证书。

另一方面,意定监护组织是否可以向被监护人提供有偿服务?是否可以同时提供遗嘱保管和见证服务?随着社会组织的发展,其业务领域也会发生变化,需要法律规范。当然,目前主要的问题是如何放宽社会组织的准入,以后才是更为严格的监管。

第九,我国意定监护制度需要建设相对完善的监督体系。监护人的监督人制度是把"双刃剑"。一方面,监督人可以要求监护人定期提供财产和事务报告,及时发现隐患,阻止不必要的财产转移和不合适的决定,从而保障被监护人的合法权益。另一方面,监督人也存在监督成本,监督自身是否公正合理,也可以被质疑。现实中,不同阶段需要不同的监督人制度。在意定监护制度发展的萌芽阶段,由于当事人普遍不愿意担任监护人,因此更不宜增设监督人,以便减轻监护人的压力。待意定监护制度发展之后,监督人可以起到辅助作用,提高监护人的公信力。因此,监督人也不宜提供有偿服务,待意定监护制度相对成熟之后,再行收费。由此看来,早期的监督人以国家机关或事业单位为宜,例如,公证处、法院或检察院及其选定的社会组织。相应的,意定监护监督也需要细则,以明确监督的内容、方式、职权和收费标准等。

第十,我国意定监护制度需要对非预期效应作出反馈。例如,同性恋人士的合法权益是否可以得到法律保护?实践中,公证处为了调查核实同性恋人士的同居状态,需要了解两人认识的时间、资产的管理方式和周围亲属的情况。举例来说,如果一方因意外事故不幸成为植物人,其监护人意定为其同性伴侣,并非出事方的父母,甚至父母对子女婚恋状态毫不知情,那么是否剥夺了法定监护人的合法权益?因此,上述事项不但必要,而且必须。部分公证处为了保险起见,会要求当事人预留保证金,并要求父母到场同意。但是,不少同性恋人士拒绝"出柜",更不愿父母知晓其个人安排。这就对公证处提出了受理标准的问题。首先,是否应当为同性恋人士办理意定监护公证?从法律上来看,不但并无任何条款禁止同性恋人士互为意定监护人,而且以性取向作为权利行使标准也涉嫌违反法律。其次,是否应当出于保护当事人的目的,为意定监护设立一定门槛?由于我国现阶段并无意定监护统一的标准办理流程,因此既不能认为公证处违法,也不能要求当事人一律执行。与其探讨具体措施,不如分析理论根源。从实务中来看,公证处依然带有国家主义的看护意识,并不允许当事人完全发挥自主决定权。笔者认为,在当前社会价值观多元的情况下,个体权利让渡于公序良俗或社会公共利益也具有一定的合理性。

四、结语

虽然意定监护在世界上已经运行数十年,但是模式并不相同,在我国也属于新生事物,公众接受需要一定过程,体制的选择、机制的设置以及实施细则都需要一定数量的案例支持。因此,在我国意定监护制度的初步发展阶段,有必要总结我国的特色,指出当前存在的困难,并提出一些粗浅的想法,供实务部门参考。在今后的意定监护研究中,本文提出的相关问题都可以从比较法和实证法中进一步探讨,以找到真正适合我国国情并有利于各个阶段监护制度完善的发展之路,从而帮助每一个国民有机会延续自己的意志来保护合法的人身和财产权益。

论地理标记集体商标和证明商标侵权救济的完善

刘海虹*

地理标志是一项独特的知识产权客体，地理标志国际保护的发展一直伴随着以欧洲等为代表的“旧世界”和以美国等为代表的“新世界”之间的争议和分歧。《与贸易有关的知识产权协议》（以下简称 TRIPs）首次规定了“地理标志”（geographical indications）概念，确立了地理标志国际保护全球性的最低标准。中国对地理标志实施保护源于20世纪80年代，经历了从直接根据国际公约通过行政保护措施保护原产地名称，到依据行政规定、规章保护原产地名称，再到依据法律、行政法规和规章保护地理标志几个阶段。〔1〕形成了“商标法体系”、“地理标志产品保护体系”和“农产品地理标志体系”并存的三套地理标志保护体系。〔2〕三套体系之间缺乏衔接，相互冲突、备受

* 刘海虹，上海外国语大学法学院讲师，法学博士。

〔1〕参见《中国地理标志法律制度及成就》，载 http://sbj.cnipa.gov.cn/dlbz/zsjt/201203/t20120312_229181.html，最后访问时间：2021年7月18日。

〔2〕原国家工商行政管理总局于1994年12月30日发布了《集体商标、证明商标注册和管理办法》（已失效），将证明商品或服务原产地的标志作为证明商标的一种类型纳入了商标法律保护范围。该办法于1995年3月1日起实施，商标局正式受理国内外地理标志证明商标的注册申请。2001年10月27日中国为了履行TRIPs的义务，在修订的《商标法》中正式入定了地理标志的概念。2002年8月11日，由国务院重新制定发布的《商标法实施条例》第6条进一步规定，地理标志可以作为证明商标或集体商标申请注册。2003年4月17日，原国家工商行政管理总局重新发布《集体商标、证明商标注册和管理办法》，对地理标志注册程序与管理作出了具体规定。原国家质检总局2005年颁布的《地理标志产品保护规定》从产品质量监督管理的角度建立了地理标志产品登记保护制度；原农业部2007年颁布的《农产品地理标志管理办法》（已修改）从提高农产品市场竞争力和农产品质量安全监督管理的角度建立了针对农产品（来源于农业的初级产品）的地理标志登记保护制度；林业局也于2013年推出了《林产品地理标志管理办法（征求意见稿）》。

诟病。

2018年3月,通过国务院职能机构改革,新组建的国家知识产权局整合了原国家工商行政管理总局和原国家质量监督检验检疫总局在国家层面对地理标志的行政管理职能。[1] 整合后的国家地理标志保护体系依然保留了产品保护和商标注册两种方式。在产品保护方面,主要依据《关于国务院机构改革涉及行政法规规定的行政机关职责调整问题的决定》和《地理标志产品保护规定》,由产品所在地县级以上人民政府指定的申请机构或认定的协会和企业提出,经省级知识产权管理部门初审和国家知识产权局审查批准予以保护。在商标注册方面,主要依据《商标法》《商标法实施条例》《集体商标、证明商标注册和管理办法》,由管辖该地理标志所示地区的人民政府或行业主管部门批准的具有资格的团体、协会或其他组织提出,经国家知识产权局审查核准予以注册集体商标或证明商标。[2] 加强两种保护形式的政策协调、标准衔接,是保证我国地理标志保护高质量发展的关键。

本文从地理标志产品保护和商标注册协调的角度,结合案例分析我国地理标志集体商标和证明商标侵权救济中的问题及其原因,并提出完善建议。

一、地理标志集体商标和证明商标侵权救济中的问题

依据我国《商标法》第16条的规定,地理标志是指标示某商品来源于某地区,该商品的特定质量、信誉或者其他特征,主要由该地区的自然因素或者人文因素所决定的标志。根据《商标法实施条例》第4条的规定,地理标志可以作为证明商标或者集体商标申请注册。但是,《商标法》及有关地理标志和集体商标的相关行政法规中均没有针对地理标志证明商标和集体商标的

---

〔1〕 2020年4月3日,为加强我国地理标志保护,统一和规范地理标志专用标志使用,国家知识产权局发布了《地理标志专用标志使用管理办法(试行)》,第3条规定国家知识产权局负责统一制定发布地理标志专用标志使用管理要求,组织实施地理标志专用标志使用监督管理。地方知识产权管理部门负责地理标志专用标志使用的日常监管。

〔2〕 《〈关于进一步加强地理标志保护的指导意见〉政策解读》,载https://www.cnipa.gov.cn/art/2021/5/24/art_66_159590.html,最后访问时间:2021年7月18日。

侵权作出单独的规定。

司法实践中,对地理标志证明商标和集体商标的侵权均是按照《商标法》对一般商标侵权的规定处理的。但是,由于理论上对地理标志集体商标和证明商标的性质和功能并没有深入的研究,涉及地理标志证明商标和集体商标侵权的司法实践中法院在侵权认定标准、正当使用、非商标使用、地名叙述性使用等侵权抗辩的认定和举证等方面都存在不同的理解。

(一)地理标志证明商标和集体商标的权利范围及侵权认定标准不明确

根据我国《商标法》的规定,商标的基本功能是区分商品或服务的来源,商标获准注册之后,注册商标所有人即享有商标专用权和禁用权。其中,专用权的范围是核准注册的商标和核定使用的商品;而禁用权的范围对于非驰名的商标而言是以制止来源混淆所划定的。

地理标志集体商标和证明商标的权利范围是不是与普通商标的权利范围确定相同呢?是否也是以制止来源混淆作为划定权利范围的标准呢?在射阳大米地理标志集体商标系列维权案〔1〕中,法院在侵权认定时适用的标准与普通商标侵权的标准一样,即来源混淆:考虑到原告"射陽大米及图"集体商标的知名度,被控侵权商标"射场""射阻""射禓""射湯大米"等与原告集体商标近似,消费者在不同场合分别看到被控侵权商标时,容易对使用商标的商品来源产生混淆或误认,或者认为该商品与原告享有注册商标专用权的商品之间具有特定的联系,侵犯了射阳县大米协会的集体商标专用权。

但是,在浙江省农业技术推广中心诉杭州河滨乐购生活购物有限公司等侵害商标权纠纷再审案〔2〕中,法院明确指出证明商标与商品商标不同,并非标示商品来源的标识,而是标示商品的原产地等特定品质的标识。法院认为被告在被诉侵权商品上使用"龙井茶"字样起到了标识商品的原产地等特定品质的作用,容易使公众误认为其生产销售的茶叶系来源于龙井茶种植地域范围,并具有相应的特定品质,该行为侵犯了原告对涉案证明商标的专

〔1〕 参见(2014)盐知民初字第00078号、(2015)苏知民终字第00165号、(2020)苏民终185号。
〔2〕 参见(2016)浙民申1589号。

用权。

因此,地理标志集体商标和证明商标的权利范围是以制止公众对商品的原产地及特定品质发生误认为标准划定的范围,是否侵犯地理标志集体商标或证明商标权利不能以被控侵权行为是否容易导致相关公众对商品来源产生混淆为判断标准,而应以是否误导公众对商品的原产地及特定品质发生误认为标准。〔1〕

(二)地理标志证明商标和集体商标侵权抗辩认定不明确

根据《集体商标、证明商标注册和管理办法》的规定,地理标志如果被注册为集体商标,要享有集体商标的专用权,必须是集体商标所有人的成员;如果地理标志被注册为证明商标,要享有地理标志证明商标的专用权则需要向证明商标所有人申请,符合该地理标志条件的申请才会获得许可。集体商标或证明商标所有人均有义务制定集体商标或证明商标管理规则,有权禁止商品不符合管理规则规定的使用人使用该商标。

如果使用人生产或销售的商品符合地理标志使用的条件,但使用人并非该地理标志集体商标注册人的成员,或者也未向该地理标志证明商标所有人申请许可,该权利人是否可以主张使用人构成侵权呢?司法实践中地理标志证明商标所有人对这类使用人提起侵权之诉的案件很多,被告往往以自己的商品来源于该地理标志标识的原产地属于正当使用地理标志作为抗辩。〔2〕对于该抗辩是否有效,法院观点并不相同。

有些法院对正当使用地理标志的认定比较宽松,在舟山市水产流通与加工行业协会诉北京申马人食品销售有限公司等侵害商标权案〔3〕中,北京市

〔1〕 参见(2018)桂0303民初1786号,(2011)一中民初字第9242号。

〔2〕 该抗辩的法律依据是《商标法实施条例》第4条第2款:以地理标志作为证明商标注册的,其商品符合使用该地理标志条件的自然人、法人或者其他组织可以要求使用该证明商标,控制该证明商标的组织应当允许。以地理标志作为集体商标注册的,其商品符合使用该地理标志条件的自然人、法人或者其他组织,可以要求参加以该地理标志作为集体商标注册的团体、协会或者其他组织,该团体、协会或者其他组织应当依据其章程接纳为会员;不要求参加以该地理标志作为集体商标注册的团体、协会或者其他组织的,也可以正当使用该地理标志,该团体、协会或者其他组织无权禁止。

〔3〕 参见(2012)高民终字第58号。

高级人民法院在终审判决中明确“舟山水产协会作为舟山带鱼商标的注册人,对于其商品符合特定品质的自然人、法人或者其他组织要求使用该证明商标的,应当允许。而且,其不能剥夺虽没有向其提出使用该证明商标的要求,但商品确产于浙江舟山海域的自然人、法人或者其他组织正当使用该证明商标中地名的权利”。

但是,也有法院对正当使用地理标志认定比较严格。在浙江省杭州市西湖区龙井茶产业协会诉广东省广州市种茶人贸易有限公司侵害商标权案[1]中,二审法院认为:“西湖龙井”商标是地理标志证明商标。证明商标的注册人负责管理和监督该商标的使用,使经营者按照规定的条件生产、销售商品,保证商品特定品质,维护“西湖龙井”茶的商誉,从而引导西湖龙井茶产业以及茶叶行业健康、有序、可持续地发展。倘若证明商标的使用脱离注册人的管理监督,那就瓦解了证明商标法律制度的有机体,证明商标法律制度的生命力便荡然无存。对于种茶人贸易有限公司所称其销售的被诉侵权产品中的茶叶来自西湖龙井茶产区的辩解,法院认为,即使种茶人贸易有限公司所称的茶叶的来源地属实,其亦无权未经权利人许可擅自使用与“西湖龙井”相同或相似的证明商标,其仍需向龙井茶协会提出申请并履行该证明商标使用和管理规则中所规定的手续,否则就构成侵害注册商标专用权。[2]

除正当使用抗辩之外,非商标使用也是一些案件中被告主张的抗辩。在黑龙江省五常市大米协会诉黑龙江省永超米业有限公司地理标志证明商标侵权案[3]中,被告生产的大米包装袋的正面上方以红字标有“五常”文字,下面在印花图案上标有黑色“稻花香”文字,左边标有其“海域”商标,最下方标有“黑龙江省优质水稻生产基地”字样。一审法院认定被告行为侵犯了“五常大米”证明商标的商标权,被告不服,二审中抗辩称其产品包装上标注“五常稻花香”仅是表明大米的来源与品种,并不构成《商标法》意义上的

〔1〕 参见(2015)粤知法商民终字第2号。

〔2〕 持相同审理意见的还有(2014)朝民(知)初字第45805号。

〔3〕 参见(2015)济民三初字第923号,(2016)鲁民终812号。

使用。

由于地理标志集体商标和证明商标从形式上一般由“地名+产品名”文字构成,地理标志证明商标侵权案中被告多为零售实体店或网上零售商,被诉侵权的行为常常是以商品标签的形式使用地理标志,一般只标明“产地+产品名+产品价格”,商品或商品的包装上并没有标明产地或产地品质。在这类案件中,被告也会主张自己的使用并非商标使用。对于地理标志证明商标而言,判断商标使用是否同样适用《商标法》第48条规定的“指示商品来源”来判断呢?

在巴音郭楞蒙古自治州库尔勒香梨协会侵害商标权纠纷案〔1〕中,原告主张被告未经原告许可,以营利为目的,在其经营的水果店货架商品的商品名称上擅自使用“库尔勒香梨”字样,使相关公众对该商品的原产地及特定优良品质产生误认,侵犯了原告的商标专用权。法院认为,被告在标价签上以手写的方式,标明“库尔勒香梨”及其价格,是销售商依据商业惯例在标价签上标示商品的简要信息,其主要目的在于标示商品价格,标价签与商品实物同列,在销售中仅起到标示价格的作用,是《商标法》第59条规定的描述和说明自己商品名称、产地的正当使用,并不构成《商标法》意义上的使用。法院还进一步认为:被告能否举证证明其产品来源于原产地与其使用行为是否为商标使用无关。

但是,在湘阴县樟树镇辣椒产业协会提起的两个涉及“樟树港辣椒”地理标志证明商标侵权案件中,法院对被告使用行为是否构成商标使用的认定却与被告能否证明其产品来源于原产地有关。在这两个案件中被告均是在自己饭店的菜单的菜品和价格(“樟树港辣椒炒花猪肉39元/份”和“樟树港辣椒闷鸭49元/份”)中使用了“樟树港辣椒”。就两案中被告的使用是否构成商标使用,法院认为:被告在菜单上直接使用有“樟树港辣椒”字样的菜名对外销售,指向的是辣椒这一特定原料,目的在于使消费者能够识别辣椒的

〔1〕 参见(2018)沪0101民初3086号。

来源并利用“樟树港辣椒”地理标志证明商标这一品牌招揽顾客。菜名客观上具有对外宣传、销售和标识的作用，该菜名也起到了这一作用，且与案涉商标文字部分相同，指向的商品是辣椒，与原告商标核定使用的类别相同，故构成商标法意义上的商标使用。前案中，被告已举证证明其使用的辣椒是其合法取得并说明了提供者，而提供者提供的商品来源合法，法院认定被告的行为不构成商标侵权。而后案中，被告未能证明其使用的辣椒来源于原产地，即被认定侵权。

（三）地理标志证明商标和集体商标侵权的举证责任

按照一般商标侵权规则，商标权人起诉他人侵权应证明被告未经许可使用了其商标，尽管证明商标或集体商标在标识性上与普通商标内容不同，但是其所有人在侵权诉讼中并不负有更高的举证责任。

在司法实践中，有些法院认为原告还应证明被告的商品非来源于地理标志产地，也有法院认为非地理标志产地应由被告举证。在库尔勒香梨证明商标侵权案〔1〕中，上海知识产权法院认为：库尔勒香梨协会虽认为被告的商品并非产自库尔勒的香梨，但并未提供充分证据证明被控侵权商品与证明商标的商品在外观、品质、包装方面的任何差异，也未能证明被告商品并非产自库尔勒地区。因此法院对原告的侵权主张不予支持，二审维持了一审的判决。

但是在另一个“庫尔勒香梨及图”证明商标侵权纠纷案〔2〕中，华联超市哈尔滨第一分公司出售了包装箱正中标有“庫尔勒香梨”字样，文字上方有“西域果王文字、拼音及香梨图案”的标识，包装箱未标注生产单位名称及地址等信息。库尔勒香梨协会认为华联超市哈尔滨第一分公司侵害了其注册商标专用权。法院认为经营者使用地理标志证明商标的，应对其生产、销售的产品来自该证明商标所标示的特定产地承担举证责任。如经营者无法充分证明产品来自特定产地，应承担相应的侵权责任。

〔1〕 参见(2018)沪73民第终387号。
〔2〕 参见(2019)黑民终610号。

龙井茶协会另一个证明商标侵权诉讼[1]中,法院认为龙井茶协会应举证证明被告并非其授权的使用人。如果被告主张其使用证明商标的商品确实来自证明商标所标示的产地应承担举证责任,否则即需承担举证不能的法律后果。

大量案件还表明,在地理标志商标侵权的诉讼中,除了证明产地误认之外,还需要证明品质误认。

二、地理标志集体商标和证明商标侵权救济中问题的原因

司法实践中之所以对地理标志集体商标和证明商标侵权的标准、侵权抗辩及举证责任存在不同的理解,主要是因为对我国通过证明商标和集体商标保护地理标志的特点及有限性的认识还在不断地深入。

(一)地理标志的核心价值与地理标志证明商标或集体商标侵权认定标准

地理标志区别于其他商业标志的核心是产地与产品之间的因果联系,即产地的自然因素或者人文因素决定了产品的特定质量、信誉或者其他特征,它是地理标志最根本的价值。从符号学角度来分析,地理标志的能指一般是由地名+产品名构成,所指则是产地与产品之间的因果关系。通过这个因果关系传达给消费者的信息包括产品的产地,原产于该产地的产品具有的"风土"特征。消费者并不凭借地理标志区分产品的来源(生产者),而是确认产品来源于特定的产地,并凭借地理标志传达的产品与产地之间的因果关系区分具有特定品质的该产地的产品与其他具有竞争性的产品。

通过注册证明商标或集体商标来保护地理标志为确保消费者不会对上述因果关系发生误认,因此,就不能以商品来源的混淆为认定侵权的标准,而应以消费者是否对商品的原产地及特定品质发生误认作为认定地理标志证明商标或集体商标侵权的标准。也有学者强调地理标志证明商标比普通商

[1] 参见(2015)朝民(知)初字第33892号。

标具有更突出的品质保障功能，在侵权认定中应以品质来源混淆为准，先审查被诉侵权产品是否来源于地理标志所标示的地域范围，再审查被诉侵权产品是否符合地理标志证明商标所有人的品质管控要求。[1]

（二）商标权的私权属性与地理标志证明商标或集体商标侵权抗辩及举证

商标的能指是标记本身，所指则是产品与生产者之间的关系。商标权并非对构成商标的符号的垄断，构成商标的符号很多均有第一含义，属于公共资源。叙述性使用商标是商标法规定的一个侵权抗辩事由，其目的是维护公共符号资源，确保人们可以正当地使用构成商标的符号的第一含义。

如上所述，地理标志的能指一般是由地名+产品名构成，地名和产品名本身也是处于公有领域的符号资源，叙述性使用的抗辩应该同样适用于地理标志证明商标或集体商标侵权。但是，地理标志的所指是产地与产品之间的因果关系，而且为了确保地理标志产品的“风土”特征，产地与产品之间的因果关系是要依赖更多公权力的介入予以确认、维护的。产地内符合条件的生产者一般需要履行一定的手续才能使用，其使用也应确保产品生产的工艺、原料等符合规定的要求。如果将地理标志注册为集体商标或证明商标，也要提供当地人民政府和行业协会的批准文件。[2]

如果产品符合地理标志使用的条件，但生产者没有申请使用地理标志证明商标或集体商标，生产者是否构成侵权呢？这个问题涉及在商标法框架下能否有更多公权力的介入。毕竟商标权的属性是私权，即使是证明商标和集体商标，其所有人享有的权利也是私权。对商标权的侵权认定是以消费者的认知为标准的，如果消费者可能对商品来源产生混淆就可以认定商标侵权。因此，如果侧重于私权的保护，就应该按照商标侵权的认定逻辑，直接依据客

〔1〕 参见于波在2021年5月29日江苏省“加强地理标志，助推产业高质量发展”论坛上的主题发言“地理标志证明商标侵权的判断规则”。

〔2〕《集体商标、证明商标注册和管理办法》第6条也规定申请以地理标志作为集体商标、证明商标注册的，还应当附送管辖该地理标志所标示地区的人民政府或者行业主管部门的批准文件。

观的标准,即产品是否来源于地理标志产区来判断。原告只要证明被告并未经过授权即可,而被告如果以其产品来源于地理标志产区作为抗辩,就需要承担证明责任。只要被告能证明其产品来源于地理标志产区,具备特定品质、标志使用的方式正当,即使被告未履行使用地理标志证明商标或集体商标的手续,也不应认定为商标侵权。反之,如果认为需要依赖更多公权力的介入来维护地理标志产品的"风土"特征,而且地理标志集体商标和证明商标在申请注册时必须提交人民政府或行业协会的批准文件和地理标志使用管理办法,地理标志证明商标和集体商标所有人具有监管使用的义务和能力,则可以使用举证责任倒置,由原告初步证明被告的产品非源于地理标志产区。如果被告再主张其产品的确源于地理标志产区,则应负举证责任。而且即使被告产品来源于地理标志产品地属实,仍需提出申请并履行该证明商标使用和管理规则中所规定的手续,否则就构成侵害注册商标专用权。

商标权的私权属性决定了商标侵权在认定中主要以消费者的认知为标准,在地理标志集体商标或证明商标侵权的认定中对除了产地误认之外,是否还需要证明品质误认,该如何分配产地误认和品质误认的证明责任涉及我国商标法保护地理标志的定位,以及地理标志产品保护与商标保护的衔接和协调。

三、地理标志集体商标和证明商标侵权救济的完善建议

地理标志集体商标和证明商标侵权救济是通过商标法保护地理标志的重要环节,司法实践中出现的侵权标准认定不清,正当使用界限不明以及举证责任不明确等问题反映了我们对地理标志本身的性质,地理标志证明商标和集体商标与普通商标的区别以及商标法保护地理标志的局限认识在不断深化。要解决上述问题需要对商标法通过集体商标和证明商标保护地理标志有清晰的定位。

日前国家知识产权局、国家市场监督管理总局发布了《关于进一步加强地理标志保护的指导意见》,以深化地理标志管理改革,强化地理标志保护,

提升地理标志领域治理能力，有力支撑经济高质量发展，推动构建以国内大循环为主体、国内国际双循环相互促进的新发展格局为指导思想；坚持高水平保护、高标准管理和高质量发展为基本原则。[1] 商标法对地理标志保护的定位应该在现有法律框架内遵循指导思想和基本原则，以实现产品保护和商标保护的有效衔接。

明确商标法保护地理标志的定位首先要厘清商标法应保护的法益。我国《民法典》第123条将地理标志规定为与商标并列的知识产权的客体之一，明确了地理标志是一项独立的知识产权。这一规定也是为了履行我国在国际公约上的义务。结合TRIPs的规定，地理标志上受保护的法益包括禁止产地误认、禁止不正当利用产品与产区因果联系、维护地理标志产品品质。[2]

这些法益可以通过不同的法律得到保护，如《标准化法》《产品质量法》《反不正当竞争法》《商标法》《消费者权益保护法》《地理标志产品保护规定》等。但是，不同法律提供的救济是不一样的。比如，对于擅自使用地理标志证明商标，产品非来源于地理标志产区，达不到地理标志产品规定的品质或不符合地理标志产品规定的生产标准的行为，如果依据《产品质量法》，对于伪造产地的行为只能进行行政制裁；对于虚假标识或产品质量问题给消费者带来损害的，消费者可以提起民事诉讼。虽然2019年的《反不正当竞争法》修改时删除了关于伪造产地的规定，地理标志证明商标的权利人还可以依据第8条禁止虚假宣传的规定禁止这种虚假产地标识行为。地理标志证明商标所有人根据《商标法》对擅自使用人提起侵权之诉的话，商标法保护

---

〔1〕 参见《关于进一步加强地理标志保护的指导意见》（国知发保字〔2021〕11号），载https://www.cnipa.gov.cn/art/2021/5/21/art_75_159563.html，最后访问时间：2021年7月18日。

〔2〕 TRIPs第22条第2款规定WTO成员方应采取法律措施以使得地理标志权利人能够阻止他人：(a)在产品命名或介绍中以任何方式表示或暗示其产品来自非真实产地的其他地理区域，如果这将就产品的地理来源误导公众；(b)任何构成《巴黎公约》第10条之二意义上的不正当竞争行为。也有学者总结地理标志保护的法益为：消费者获知商品产地信息而不被误导，生产者群体和消费者将地理标志产品与竞争性产品相区分，生产者群体就其所共同建立的声誉获得保护并从中受益，生产者和消费者通过地理标志来认知特色产品的特征。参见冯术杰：《论地理标志的法律性质、功能与侵权认定》，载《知识产权》2017年第8期。

地理标志不同的定位就有不同的救济结果。

如果商标法定位于对上述所有地理标志的法益均提供较高的保护,地理标志证明商标或集体商标的禁用权范围就不仅应该涵盖可能导致产地误认和品质误认的擅自使用,还应该包括可能淡化地理标志证明商标商誉的跨类注册,以及营销宣传中以产品标签的方式使用地理标志证明商标和在相同或近似产品上使用意译、音译、字译或标注“种类”“品种”“风格”“仿制”等地理标志“搭便车”行为。这种保护为地理标志证明商标或集体商标提供的保护高于普通商标,类似于对驰名商标的反淡化保护,这样就会挤压叙述性使用抗辩的适用空间。为了确保地理标志的品质保障功能,在认定侵权中要对产品品质是否符合地理标志集体商标或证明商标授权时提交的管理规定进行审查,商标法虽然有品质保障功能,但是它并不对产品质量做审查,品质保证通过行政机关监管可能更为适当。鉴于《商标法》有其自身的价值基础,将过多的规范目标强加给它并不合适。建议《商标法》通过证明商标与集体商标保护地理标志定位于禁止产地误认和品质误认的法益保护,在确定地理标志证明商标和集体商标专用权的范围时,应充分考虑公共利益和商标权利的平衡,将其专用权及禁用权范围限定在“具体地名+产品通用名称”的组合使用方式,避免其权利范围扩张到地名或通用名称的单独适用上。[1] 对于营销宣传中使用地名加通用名称或者标注“种类”“品种”“风格”等搭地理标志便车的行为可以通过反不正当竞争法规范。在地理标志集体商标和证明商标侵权认定中应坚持以消费者是否对商品的原产地及特定品质发生误认作为认定地理标志证明商标或集体商标侵权的标准。在举证责任的分配上由原告提出被告的使用未经授权的初步证据,如果被告主张其产品来源于地理标志产地,应承担举证责任,反之,承担举证不能的后果。

---

〔1〕 参见《江苏省高级人民法院侵犯商标权纠纷案件审理指南》(2020年12月29日江苏省高级人民法院审判委员会第36次全体会议通过)第6.1.4条就商标侵权抗辩之地理标志使用问题。

民事检察听证制度研究

曹 坚 龙 潭*

自党的十八届四中全会出台《中共中央关于全面深化改革若干重大问题的决定》以来，推进司法公开、提高司法透明度被提到了前所未有的高度。最高人民检察院（以下简称高检院）围绕顶层设计要求，迅速出台了《关于全面推进检务公开工作的意见》。其中，将“完善公开审查制度”作为“完善、创新检务公开的方式和方法”的重点内容之一，提出探索实行公开审查、规范审查程序等要求。近年来，检察机关对于公开审查的探索，多集中于刑事案件审查逮捕、不起诉、申诉审查等办案环节，民事、行政办案环节运用较少。随着“四大检察”工作新格局的形成，高检院规划了做强民事检察的路线图，尤其注重在理论研究、工作机制等方面强化基础建设，补齐短板。其在发布的《2020 年全国检察机关民事检察工作要点》中，明确提出了“全面推开公开听证程序适用”的要求，选取“公开听证”作为公开审查制度探索的侧重点和试验田。沿着这一指明的方向，各级检察机关都不同程度地开展了公开听证的实践，积累了一定的经验。由于缺少具体的操作性指引，实践探索有待规范，关于该制度的基础理论、运行模式和完善措施等深层次问题亟待厘清，是本文的出发点。

---

* 曹坚，上海市静安区人民检察院副检察长，全国检察业务专家；龙潭，上海市静安区人民检察院第五检察部主任。

一、检察听证制度概述

(一)听证的基本概念

“听证”(Hearing)是一个外来词汇。《布莱克法律词典》中对 Hearing 一词的解释可译作:(1)通常为公开的,以解决事实、法律争议或听取证词为目的而举行的司法程序;(2)行政法上受行政决策影响的人向决策机关提出申辩的机制;(3)立法实践中,立法者在法案通过前听取立法建议的程序;(4)衡平法中的审判程序;(5)英国法中的口头辩论程序。[1] 我国《现代汉语词典》中对“听证”一词的解释是:(1)法院为公正执法公开听取当事人的说明与证词;(2)立法机关为保障法律、法规的合法性和合理性,直接听取各方面的意见;(3)行政机关为实施行政决定公开听取公众意见和接受质询。[2] 无论哪种解释,都反映出听证的核心内涵是“听取意见程序”,其外延则涉及立法、司法、行政三大领域,衍生出立法听证(legislative hearing)、司法听证(judicial hearing)、行政听证(administrative hearing)三个子概念。

(二)听证制度的发展沿革

最初的听证指的就是司法听证,即诉讼中法官必须听取各方的意见方能作出裁判。尔后该制度被“移植到立法和行政中,作为增加立法和行政民主化以及有关当局获取信息的主要方法”。[3] 尤其是进入 20 世纪后,行政权力的不断扩张引起人们深刻反思,行政听证制度被视为限制行政权行使的有效手段,并发展为现代行政程序法的核心制度。[4] 作为起源的司法听证概

---

〔1〕 See Black's Law Dictionary (8th ed. 2004), p. 2108 – 2109: hearing. 1. A judicial session, usu. open to the public, held for the purpose of deciding issues of fact or of law, sometimes with witnesses testifying. 2. Administrative law. Any setting in which an affected person presents arguments to an agency decision-maker. 3. In legislative practice, any proceeding in which legislators or their designees receive testimony about legislation that might be enacted. 4. Equity practice. A trial. 5. English law. Oral Argument.

〔2〕 参见《现代汉语词典》(第 7 版),商务印书馆 2016 年版,第 1306 页。

〔3〕 许华、王郸:《立法听证制度初探》,载《人大研究》2002 年第 4 期。

〔4〕 参见皮纯协主编:《行政程序法比较研究》,中国人民公安大学出版社 2000 年版,第 202 页。转引自曹文海:《民事检察听证研究》,华东政法学院 2003 年法学硕士学位论文。

念逐渐被淡化,逐渐被“司法审判”概念替代,如今我们通常意义上的听证概念指的就是行政听证。

在我国,1996 年出台的《行政处罚法》(已修改)首次以法律形式规定了行政听证制度。[1] 2000 年《立法法》(已修改)的出台,标志着立法听证制度的确立。[2] 为了适应司法公开的需求,法院在一些非审判活动中也尝试引入了听证制度。比如最高人民法院《关于人民法院执行公开的若干规定》确立的执行听证制度,[3] 以及各地法院自行探索的复查听证制度[4] 等。

随着听证被运用于检察办案实践,检察听证的概念应运而生。检察听证是指检察机关在办理疑难复杂、社会影响较大等案件中,广泛听取各方意见,确保案件得到依法正确处理而采取的一种办案方式。检察听证糅合了司法听证(司法审判)与行政听证的程序,既有行政听证所不具备的“两造”对抗性,在听证结论的约束力方面又有别于司法听证。这是由检察权兼具司法权和行政权的双重属性所决定的。

(三)民事检察听证的特征

尽管在核心内涵上,民事检察听证与其他听证不无区别,但其有自身独特的个性:

(1)在性质上,民事检察听证是检察权运行的产物,是检察机关行使民事审判监督职能的行为,是一种司法行为。从司法属性角度考量民事检察听证程序,其当然具备了公开性(保障公众知情权和监督权)、中立性(检察机关中立地位)、证据性(基于证据而判断)、亲历性(保障当事人参与权)、专业性(检察人员专业化)等司法权运行的基本要素。这是与行政听证、立法听证的不同之处。另外,平等原则作为民事诉讼的基本原则,自然贯穿于民事法律监督活动始终,“两造”的“平等性”也是民事检察听证与刑事检察听证

[1] 1996 年《行政处罚法》第三节“听证程序”。

[2] 2000 年《立法法》第 34 条、第 58 条。

[3] 2007 年最高人民法院《关于人民法院执行公开的若干规定》第 11 条、第 12 条、第 14 条。

[4] 海南省人民法院早在 1998 年就率先开展申诉复查听证制的探索,后被积极推广。上海市高级人民法院专门出台了《民事申请再审案件复查听证操作规范》。

的重要不同。

(2)在程序启动上,民事检察听证具有一定的"主动性",由检察官根据案件需要判断是否启动,非依当事人申请,也非依法律直接规定。在这一点上与司法听证、行政听证存在不同。司法听证遵照诉讼法的明确规定,以开庭审理为原则,行政听证的启动在一定条件下也具有法定的被动性。比如根据《价格法》中对价格听证的规定,涉及公用事业价格、公益性服务价格、自然垄断经营的商品价格等政府指导价或政府定价应当举办听证会。[1]

(3)在听证内容和程序上,民事检察听证包含事实陈述、证据质询、论辩、当事人和解等,并设置相应程序环节,不局限于听取意见,这点显著区别于以开言纳谏为主的立法听证。

(4)在听证的功能任务上,民事检察听证的最根本任务是通过听取双方当事人的意见,帮助作出是否监督的决定和判断。在个案中,听取意见的过程也可能伴随着查明事实、化解纠纷的任务。这一点与法院的复查听证相似。但司法听证的任务以查明事实真相、厘清是非为主,带有明显的争讼特征。

(5)在听证效力上,民事检察听证效力的有限性主要体现在两方面:一是听证过程中陈述和举证的效力有限,其效力不足以正式推翻原审的陈述和举证。即使再审程序得以因此而启动,是否被采纳仍由法院决定。二是听证结论的效力有限,对检察决定的作出仅具有参考意义而非决定意义,与法院庭审活动的效力不同。

(6)在听证效果上,民事检察听证不涉及实体利益的处置,与法院的复查听证一样仅具有程序上的法律效果,影响再审程序的启动。而无论立法听证、行政听证还是司法听证,均会对当事人、利害关系人乃至社会大众产生实体上的影响。

从某种意义上来说,民事检察听证更接近于法院的复查听证。这是因

[1] 1997年《价格法》第23条。

为,法院的再审复查与检察机关对生效裁判、调解书的监督一样,都属于审判监督程序的组成部分,所承载的功能是一样的。只不过,检察权还具有监督性,在民事检察听证的过程中,还兼具调查和监督审判人员违法行为的任务,即使该违法行为不足以引起再审。这点是法院再审复查听证所不具备的。

二、民事检察听证的制度基础

(一)民事检察听证制度的法理基础

1. 自然公正原则与正当程序理论

听证制度属于舶来品,最早源自英国的自然公正原则(the doctrine of natural justice)。自然公正原则包含两个方面内容:一是听证规则(audialter-ampartem),即当事人在其利益受到某决定影响的时候,作决定人应当充分听取其意见;二是避免偏见规则(nemojudex in causasua),即某案件的裁决人不得对该案持有偏见和拥有利益。[1] 前者被视为听证的本源。

受自然公正原则的影响,西方法律史上萌生出了程序正当化的理念,并逐渐形成正当程序理论(dueprocess)。正当程序理论发轫于英国。英国1215年的《自由大宪章》第39条规定:"凡自由民除经其贵族依法判决或遵照国内法律之规定外,不得加以扣留、监禁、没收其财产,剥夺其法律保护权或加以放逐、伤害、搜索或逮捕。"被认为是"正当程序"成文法的雏形。正当程序理论最终勃兴于美国,并进一步深化了听证的理论基础。美国在1791年《权利法案》中,传承了英国自然正义的法律理念,明确规定"未经正当法律程序不得剥夺任何人的生命、自由和财产",将该规则上升为公民宪法性权利。"正当法律程序"一开始主要用以规范法院司法审判行为和约束司法审查权的行使,后该观念逐渐"向行政法领域渗透,逐步形成了行政性正当程序法律规范,并最终导致了1946年《联邦行政程序法》的颁布"。[2] 正是在该法案

〔1〕 参见杨寅:《普通法传统中的自然正义原则》,载《华东政法学院学报》2000年第3期。

〔2〕 刘红英、郝宏伟:《正当法律程序与美国行政法》,载《湖北广播电视大学学报》2004年第5期。

中,美国创设了行政听证程序。

2. 人民民主原则与依法治国理念

听证制度在我国本土虽缺乏深厚的法哲学渊源,但仍有其赖以生存的理论土壤:

一是人民民主原则。《宪法》第2条第1款规定:“中华人民共和国的一切权力属于人民。”第27条规定:“……一切国家机关和国家工作人员必须依靠人民的支持,经常保持同人民的密切联系,倾听人民的意见和建议,接受人民的监督,努力为人民服务……”人民民主原则强调的是国家一切权力的属性、来源、行使去向都是人民群众,体现了宪制理念和以人为本的人文精神,正好契合了听证制度的发展需求。检察权是国家权力的一部分,同样来源于人民,需要接受人民的监督,更需要服务于人民。检察听证制度以开放的程序吸纳民意,保障当事人的表达权、知情权、参与权、监督权,充分体现了人民民主原则。

二是依法治国理念。1997年,党的十五次全国人民代表大会首次将“依法治国,建设社会主义法治国家”确立为治国理政基本方略。1999年,依法治国原则被写入《宪法》,成为中国社会主义法治理念的核心内容。依法治国的根本要义就是维护私权,限制公权,让权力在法治的框架内运行,可以说与听证制度背后的正当程序理念不谋而合。检察权带有行政权的色彩,其权力运行对于审判权而言稍显神秘和封闭。听证制度的引入也展现了检察机关自我约束权力运行的决心。

(二)民事检察听证制度的立法依据

总体而言,民事检察听证制度在法律层面缺乏直接依据,只有在高检院的规范性文件或内部规章中予以了规定。

1. 关于开展民事检察听证的原则性规定

最早可追溯到高检院1999年出台的《人民检察院办理民事行政抗诉案件公开审查程序试行规则》(已失效)。比如该文件第15条规定:“根据案情或者当事人的请求,可以分别或者同时听取当事人陈述。当事人委托代理人的,应当通知其代理人参加,听取代理人的意见。"虽未使用"听证"概念,但可认为包含听证的形式。后高检院又于2015年出台《关于全面推进检务公开工作的意见》,提出"……提起抗诉的案件以及不支持监督申请的案件,探索实行公开审查。研究制定公开审查的操作性指引,规范公开审查的程序"。该意见可认为是推行民事检察公开听证工作的政策动因。2017年高检院《关于实行检察官以案释法制度的规定》第16条规定,"向社会公众以案释法可以通过下列方式进行:……(五)通过案件公开复查、举行听证会、建立警示教育基地等开展以案释法……",明确释法说理是举行检察听证的目的之一。2020年9月最高检出台《人民检察院审查案件听证工作规定》,是目前针对检察公开听证最新的专门性规定。其中第4条明确检察机关在办理民事诉讼监督等案件中,"在事实认定、法律适用、案件处理等方面存在较大争议,或者有重大社会影响,需要当面听取当事人和其他相关人员意见的,经检察长批准,可以召开听证会"。该条对民事检察听证会召开的条件作了限定,但因普遍适用于"四大检察"办案,故缺乏针对性。

2. 关于开展民事检察听证的操作指引

高检院2013年出台的《人民检察院民事诉讼监督规则(试行)》(已失效)第五章第二节,用8个条文明确了组织听证、参与人员、具体程序、违反听证纪律后果等内容。

总的来说,现行立法依据较为稀少。高检院最新出台的《人民检察院审查案件听证工作规定》,是目前对检察听证制度规定最为详尽的文件。该规定以23个条文,明确了听证会召开的条件和形式、听证会参加人的范围和资格、听证会的准备、听证会的具体程序等内容。但因该规定并非专门针对民事检察监督,故内容相对而言仍然较为原则,对于新证据出示、和解等体现民事办案特性的环节并未予以规定。民事检察部门在具体执行的过程中,有必要结合案件特点作进一步的细化。

(三)民事检察听证制度的现实需求

(1)强化检察权司法属性的要求。民事检察是以抗诉、检察建议等形式对法院的民事审判活动和执行活动进行监督的一项业务,行使的是检察权中的诉讼监督权,属于典型的司法办案活动。但与法院民事诉讼活动相比,民事检察办案以书面审查为主,审查过程相对封闭,当事人参与程度较低。而检察改革的一项重要命题就是对检察权运行机制进行司法化改造,传统的民事检察办案方式与司法化要求相去甚远。引入听证制度,增强当事人的亲历性,促进检察权运行的客观中立,契合了检察改革的目标。

(2)促进司法公正,提升司法公信力的内在驱动。“正义不仅要实现,而且要以人们看得见的方式实现。”程序公开是程序正义的应有之义,也是提升司法公信力的重要途径。缺少公开度与透明度的司法,不仅会影响司法公正,导致司法腐败,削弱司法权威,而且还可能掩盖司法的错误,限制群众行使监督司法的权利,最终导致对司法失去信任。〔1〕以往检察机关多强调检察决定的信息公开、结果公开和说理公开,决定过程的公开做得不够,听证制度的引入弥补了这一不足。

(3)检察职能重塑性改革的呼唤。推动“四大检察”全面协调充分发展,是当前检察机关的任务和使命。高检院为此提出了做强民事检察的工作要求。全面推进听证制度的适用,是对民事检察监督司法化、诉讼化改造的尝试,以强化监督的透明度和精准度,最终提升检察监督水平。

(4)服务社会治理大局,促进纠纷化解、维护和谐稳定的需要。民事检察监督所设置的相关办案程序,其目的既在于依法监督法院行使审判权,又在于通过监督程序的运转,依法保护当事人的合法权益并实质性地化解双方当事人之间的矛盾纠纷。〔2〕听证为当事人搭建了一个沟通的平台,通过双方意见的表达、证据开示及检察机关的释法说理,构建了良好的和解基础,最终促成当事人的息诉罢访。

〔1〕 参见倪寿明:《倾听司法的文化述说》,载《人民法院报》2011年11月15日,第1版。

〔2〕 参见冯小光:《努力实现民法典学习贯彻与民事检察创新发展“同频共振”》,载《检察日报》2020年8月5日,第7版。

三、民事检察听证制度的实践探索及存在问题

(一)民事检察听证制度的实践探索

由于顶层设计的不足,于是各地检察机关充分发挥主观能动性,积极探索开展民事检察听证实践,并制定了具体的实施细则。如《上海检察机关民事诉讼监督案件公开审查实施办法(试行)》(以下简称《上海公开审查办法》)、《山东省检察机关民事行政诉讼监督案件公开听证办法(试行)》(以下简称《山东公开听证办法》)、《重庆市人民检察院关于民事行政检察监督案件公开审查实施细则》(以下简称《重庆公开审查实施细则》)、《南京市检察机关案件公开审查实施办法》(以下简称《南京公开审查办法》)等等。

总而言之,实践中对于民事检察听证程序的探索存在共性之处,主要体现在:

(1)邀请第三方参与听证程序。基本遵照《人民检察院民事诉讼监督规则》(以下简称《民事诉讼监督规则》)的规定,在当事人之外邀请无利害关系的第三方作为特邀听证员参加听证。

(2)明确专门听证场所要求和必要时同步录音录像的形式要求。新冠肺炎疫情暴发后,不少检察院在实践中增加了远程听证形式,取得实际效果。

(3)听证准备程序、听证顺序、听证笔录等基本程序设计均参照了《民事诉讼监督规则》的规定,各地做法无太大出入。

(4)建立集中评议制度,即在听证活动结束后,听证员需在主持人的组织下开展集中评议,形成评议意见。

(5)强调了回避制度的适用,确保听证员的客观中立性。

当然,各地检察机关也存在不同的做法,主要表现为:

(1)听证原则不一。如《山东公开听证办法》明确了依法、公开、公正、必要四项原则。《重庆公开审查实施细则》规定的是公开、公平、公正和诚实信用原则。《南京公开审查办法》提出了司法公正,公开透明;司法民主,权利平等;实事求是,有错必纠等三项原则。

(2)适用范围不一。《民事诉讼监督规则》对于听证适用的范围没有具体规定,由检察官对必要性作出判断而启动。各地对于"确有必要"的案件自行解释,但普遍将事实认定和法律适用存在争议的疑难复杂案件,以及有较大社会影响的案件纳入听证的范围。比较而言,《上海公开审查办法》相对细化,包含:①原审案件系一方当事人未到庭而缺席审判的;②因检察机关调查取得或当事人提交新的证据材料,发现原判决、裁定可能存在错误的;③双方当事人有和解意愿的;④其他检察人员认为有必要进行公开审查的情形。《山东公开听证办法》关于听证范围的规定与上海又有明显不同,具体包括:①人民检察院依法调取证据以及申请人或者其他当事人提供新的证据的;②原判决、裁定、调解书认定的基本事实缺乏证明的;③原判决、裁定、调解书认定事实的主要证据可能是伪造的;④原判决、裁定、调解书认定事实的主要证据未经质证的;⑤原判决、裁定适用法律存在较大争议的;⑥其他需要进行公开听证的情形。该规定似乎涵盖了大部分再审条件的法律规定内容。

另外,涉及国家秘密、个人隐私、商业秘密的案件,是否适用公开听证制度,各地做法不一。有的允许适用,但限制旁听,如上海市。有的则禁止适用,如重庆市、南京市、山东省。

(3)听证员的组成不一。实践中对于听证员的组成有两种模式:一是检察人员单独作为听证员的模式。根据《民事诉讼监督规则》第54条的规定,与案件没有利害关系的社会人士属于"可以"而非"必须"邀请参与的人员。二是检察人员和特邀听证员共同参加的模式。该模式在实践中运用比较普遍,既能体现专业性,又能实现有效的监督。

(4)评议形式不一。绝大多数听证评议采取的是汇总制,即由书记员制作评议笔录,如实记录每位听证员的意见,尔后参加评议的听证人员审阅后签名或盖章。但也有少数突破了《民事诉讼监督规则》的规定,吸收了合议制的经验而采取表决制,如《南京公开审查办法》第31条规定:"第三方参与人员根据案件事实和证据,发表对案件的处理意见并进行表决,形成评议意见。"

(二)民事检察听证实践的问题分析

当前,民事检察听证呈现出实践先行,但理论研究不足、立法规定笼统的状态,制度发展整体处于起步阶段。总结实践中出现的问题,主要有以下几方面:

(1)对听证意义和必要性的认识不足。高检院2015年推行民事检察听证制度以来,实践探索的热度未得到持续。直到2020年以后,高检院从上至下作为工作要点而大力推进,并开展专项调研,相关的工作宣传和机制创建才蓬勃起来。这种积极性的调动,多数源于工作考核评价的驱动。不少民事检察办案人员仍习惯于传统的书面审查形式,认为听证不过是走过场、搞宣传。

(2)启动方式单一。目前民事检察听证由检察人员视必要依职权启动,缺少当事人申请启动的路径。民法调整的是平等主体的法律关系,以充分尊重当事人处分权为原则,民事检察监督的理念应与之相适应。在听证程序的启动上,完全忽视当事人的选择权,显然违背了这一基本原则。

(3)听证案件适用范围不明确,缺少规律性的总结。由于高检院的规定较为笼统,实践中对听证案件适用范围的把握缺乏标准,导致听证程序的启动较为随意。从各地关于公开听证的机制规定来看,在听证适用条件的列举上也显得力不从心,有的寥寥二三条笼统规定,有的照搬再审条件规定,有的各项标准混乱看不出规律。

(4)滥用缺席听证制度。《民事诉讼监督规则》第57条规定:"参加听证的当事人和其他相关人员应当按时参加听证,当事人无正当理由缺席或者未经许可中途退席的,不影响听证程序的进行。"即所谓的缺席听证制度。缺席听证制度是处分原则的具体体现,适用于当事人自行放弃听证权利的情形。但实践中,出现了一定程度的滥用。检察机关将单方听取意见的形式视为开展听证,实则损害了另一方当事人的参与权和辩论权。听证的价值本就在于兼听则明,滥用缺席听证制度对于检察机关准确作出决定无益。

(5)程序烦琐,且与庭审程序高度雷同。实践中,一方面,在已经听取意见并分别制作笔录的基础上,再次开展听证。听证与调查核实措施中的询问当事人一样,都具有听取意见的功能。在办案过程中,可以择一选取,而不必重复开展。另一方面,听证程序繁简不分,与庭审程序高度雷同,开展不必要的事实调查和证据质询,实际上是混淆了听证程序和庭审程序的任务和性质。

(6)忽视和解程序运用。长期以来,民事检察工作以监督成效作为主要的评价指标,忽视了促进和解和服判息诉工作的重要性。实际上,私法自治是从事民事司法工作者应当坚守的基本理念,除非涉及国家利益、公共利益,民事检察监督权应当尊重当事人的处分权。如当事人愿意一次性彻底解决纠纷而放弃再审诉求,检察机关应当予以尊重。但实践中,因当事人和解将产生终结审查的效果,不乏检察人员为了监督成果而忽视对和解意愿的探寻。

(7)听证评议流于形式。听证评议结果对检察决定只具有"参考意义"已成为共识。然而这不代表听证评议可以完全沦为形式主义。对听证评议,不强求一定要采取表决制,但一定要体现对评议活动和结果的尊重。但实践中,普遍存在对评议意见只记录不反馈,或未采纳不说理的情况,导致听证员缺乏参与感,检察机关全程唱"独角戏"。

四、完善民事检察听证制度的具体建议

(一)转变办案理念,加强对听证工作的重视

公开审查已成为司法机关办案方式的转型方向。以法院执行为例,因执行权行使时具备主动性和单向性,因此,客观上产生了很多不当运用的现象,侵害了被执行当事人和被执行利害关系人的合法权益。目前法定的执行救济仍然局限于"权力制约权力"途径,而执行听证的运用则使"权利制约权力"成为可能。[1] 故而近年来法院系统逐渐开始重视执行裁决权的规范运用,探索在执行异议与复议、执行分配方案确定等环节中开展听证。除却法

---

〔1〕 参见许琥申:《我国法院执行听证程序探析》,华东政法大学 2007 年硕士学位论文。

院,检察机关本身也在积极探索办案方式转变的实践。近年来,不起诉听证、未成年人附条件不起诉听证、审查逮捕公开听证、羁押必要性审查听证、刑事申诉案件公开听证等探索如火如荼,形成了相对成熟的经验做法。与此相对的是,民事检察听证制度发展自2015年以后几乎陷入了停滞状态。

以往的民事监督案件以书面审查为主,处理流程和过程透明度不高,在作出检察决定特别是不支持监督申请决定的同时,办案人员往往承担着较大的息诉压力。这是因为当事人对于过程的参与度不高,容易对检察机关的客观中立和依法办事产生怀疑。无论从强化司法属性还是提升检察公信力角度,检察机关都应主动适应办案方式调整,推进听证工作的常态化运用。必要时,可以通过检察工作考核、检察官业绩考核等激励机制发挥引导作用。

(二)赋予当事人程序启动权

在涉及民事案件争议的处理时,应贯彻当事人主义原则,检察听证亦不例外。当事人主义是意思自治原则在程序法上的具体应用,体现在听证制度中,应理解为程序选择权、自由处分权、申诉抗辩权等实体性和程序性权利等得到充分的尊重。《民事诉讼监督规则》仅规定了依职权启动的方式,存在局限,实践中已经不乏有突破做法。笔者认为,应当从立法上拓展现有的听证启动方式,赋予当事人申请的路径,以充分保障当事人程序选择权的行使。但从防止权利滥用和兼顾办案效率等角度出发,可以将程序启动的决定权交于检察机关。

(三)细化听证适用范围

界定听证案件的适用范围,关键在于如何把握《民事诉讼监督规则》所规定的"确有必要"。这就必须结合听证审查在民事检察办案中的目的和功能来谈。笔者认为,组织双方同时在场表达意见,目的主要在于达成以下沟通效果:(1)兼听明辨的效果,即在厘清事实和法律争议的基础上居中判断;(2)程序正义的宣示效果,即充分保障当事人表达权、申辩权;(3)调查核实的效果,即因新证据等情况出现导致裁判基础发生变化时,组织双方重新调查;(4)允许申辩的效果,即在作出重大的不利决定时,保障利害关系人的申辩权;(5)和解的效果,即搭建平台化解矛盾解决纠纷。

上述五点作为衡量标准,可以归纳出以下几点,作为启动民事检察听证程序的条件:

(1)事实、法律存在较大争议的案件。这类案件一般也符合疑难复杂的标准,纳入听证范围基本无争议。

(2)需要特别保障当事人辩论权的案件。一般指当事人在原审程序中因客观原因无法行使辩论权时,检察机关通过听证形式对其予以救济,体现程序正义要求。比如,法院因送达违法或审判程序违法,造成当事人无法行使辩论权的案件。又如定案的主要证据未经质证程序,当事人未予以答辩的案件。

(3)有新证据出示和质证需要的案件。这类案件属于新出现的证据,未经过原审的质证程序,证据的客观性、合法性、关联性需要经过双方的讨论,故应纳入听证程序。其背后的原理仍然是当事人辩论权的保障需要。

(4)作出可能对利害关系人产生重大影响决定的案件。所谓重大影响决定案件并非指不支持当事人监督申请的案件,而是拟提出抗诉、再审检察建议的案件。因此类案件可能引发再审程序,从而对生效裁判确定的法律关系产生冲击,必然对相关当事人产生重大的影响,故有必要保障当事人的申辩权。

(5)存在矛盾化解空间的案件。有和解基础的案件,尤其是家事纠纷、相邻关系纠纷等,纳入听证促进纠纷的解决。

(6)其他有必要启动听证的案件。如社会影响较大、首例新型或典型案件等,可以达到检察宣传的效果。

(四)规范缺席听证的适用

民事检察听证应当以双方当事人出席听证为原则,缺席听证为例外。如前所述,检察听证是一种司法化的审查方式,以“两造”的对抗性为特征。一方缺席对于厘清争议和化解纠纷不利,听证效果大打折扣,也侵害了当事人的合法权益。唯有在当事人自行处分放弃权利行使时,才能适用缺席听证制度。故实践中应当遵照《民事诉讼监督规则》的要求,严格将缺席听证适用于“当事人无正当理由缺席或者未经许可中途退席”的情形。

(五)探索简易听证模式,提高听证效率

根据实际案件,可以借鉴法院简易程序与普通程序的区分,分情况组织听证程序的实施。《民事诉讼监督规则》对于听证前的准备、听证的基本顺序、重点听证事项、听证后的评议等程序规定较为完整。尤其是听证顺序部分,高度类似法院的普通程序的庭审内容。事实上,规定之所以详尽主要是从立法完备的角度考虑,以尽可能涵盖听证中需要完成的一切事项。但实践中,并非所有的听证案件都有辩论的需要或者证据出示的需要,不必刻板复制立法所规定的每一个程序。对于那些事实证据相对简单的案件,完全可以探索适用简易听证模式。比如听证员可以由检察人员担任,无须特邀听证员参与。在听证过程中,对监督理由的陈述和答辩可以简化,也可以根据实际省略部分环节。当然,无论如何简化,都应保证当事人充分发表意见,因为这是听证最核心的内容。

(六)增设和解意愿征询程序

建议在听证程序中增加征询双方当事人是否有和解意愿的环节。对于双方都有和解意愿或者检察官认为存在和解基础的案件,可以借助无利害关系的特邀听证员的力量,以及检察人员的释法说理,帮助当事人分清形势,寻找和解的空间。

(七)充分尊重评议结果,限制检察官的任意决定权

特邀听证员的作用,一方面是作为客观中立、无利害关系的第三方独立发表评议意见,不受他人左右;另一方面是代表社会公众履行对检察办案过程的监督职责。因此,特邀听证员的地位应当被尊重。尽管与庭审不同,听证的结果不具有决定性,特邀听证员的意见只具有参考意义,但不代表其意见可以被忽视。从理论上来说,特邀听证员作为社会人士的代表,对于事实的判断更专业,而检察人员对于法律的判断更专业。故当特邀听证员与承办检察官意见不一致时,不能得出以检察官意见为准的绝对结论。

为了避免检察独断,防止听证流于形式,有必要对检察官的权力进行一定的限制。尤其是特邀听证员意见处于多数意见的情形,不予采纳更要慎重。笔者建议可以从两个方面进行约束:一是特邀听证员的评议结果与承办检察官意见不一致的,要求提请集体讨论决定。二是借鉴不捕理由说明制度,对是否采纳听证评议意见应当充分说理,并及时向特邀听证员反馈。

犯罪威慑的经济分析刍议

张　龙*

引　言

根据晚近通说的观点,可以将刑法学理解为以犯罪行为为研究主题的法律科学,它包含了犯罪成立条件与法律后果两个方面。[1] 这一认识为我们清晰地揭示刑法学研究的首要任务:界定犯罪概念。在刑法学科中占据主导地位的教义学传统将犯罪定义为:"符合行为构成的、违法的、有责的,并且可能需要满足其他刑事可罚性条件的行为。"[2]但是,这样一种表述,与其说是对犯罪本质的定义,毋宁说是对犯罪样态的描述。对此,某些德国学者不无洞见地批评,如果用康德式的体系框架进行检验,这样一种定义不仅无法为犯罪构成体系中的各范畴提供一个具有组织统领功能的上位概念,而且还会使刑法学知识体系丧失科学性。[3]

不过,可幸的是,立法技术从形式层面为我们提供了一个较为可靠的标准,用以区分犯罪与非罪行为(包括普通违法),以及刑法与其他部门法领域的边界——犯罪的惩罚方式:刑罚。纵观国内外经典的刑法教科书不难发现,刑罚论的体系性安排都被置于犯罪论之后,但是,如果从体系性思维开展

---

* 张龙,上海外国语大学法学院讲师,法学博士。

〔1〕 参见林山田:《刑法通论》(上册),北京大学出版社2012年版,第11页。

〔2〕 [德]克劳斯·罗克辛:《德国刑法学总论》(第1卷),王世洲译,法律出版社2013年版,第118页。

〔3〕 参见[德]米夏埃尔·帕夫利克:《刑法科学的理论》,陈璇译,载《交大法学》2021年第2期。

溯源考察,刑罚论在绝大多数时候都是要先于犯罪论,处于优先解决的地位。这一点很容易理解:在现代法治国家,当我们对某种游离于《刑法典》以外的行为厌恶到近乎无法忍受的程度时,社会可能会考虑犯罪化的规制方案,不过,在该方案被确立之前,社会必须首先解决用刑罚规制上述行为的正当性问题,而这一先决任务自然是刑罚论的领域。

基于此,本文的讨论将从刑罚论的视角切入,这样论证的好处至少有两方面:一方面可以从刑法理论的逻辑起点为犯罪行为及犯罪人的研究提供一种新的解释范式;另一方面可以避免陷入已经混乱不堪的针对实质犯罪定义的争论泥淖。本文的结构安排以如下思路展开:首先,梳理刑罚目的的学术争鸣,在对各家学说简单评述的基础上引出刑法经济分析的必要性;其次,厘定刑法的经济目标,并以此作为刑法经济分析的立论基础;再次,根据刑法的经济目标,建构犯罪威慑(刑罚)的经济模型;复次,以模型为依托,梳理犯罪威慑(刑罚手段)的最优组合方案;最后,为使分析模型更贴近现实,进一步放宽变量,将社会公众的私力威慑措施纳入整体分析中,以期为刑法的经济分析提供一个更全面的图景。

一、刑罚目的的学术争鸣

刑罚论包含了两个不可回避的根本问题:其一,对某种行为施加刑罚(犯罪化规制)的依据何在?其二,应采取何种制裁手段来惩治犯罪行为?面对上述两个终极问题,刑法学派生出了两大对立的学术阵营。其中一大阵营是建立在道德哲学基础上的“报应主义”学说。该学说将犯罪视为一种“毁灭之恶”,刑法的主要目的在于惩罚这种恶害行为以恢复并重申社会的正义价值,而惩罚的严厉程度应当与犯罪的危害程度或犯罪手段的残忍程度相匹配。因此,从道德哲学的视角上来看,刑法本身也是一种恶,不过,是一种维护社会秩序的必要之恶。[1]

---

〔1〕 当然,作为刑法旧派理论的主要代表人之一黑格尔对传统报应主义持批判观点,黑格尔反对将刑罚视为一种对已发生的犯罪之恶而施加的否定之恶,参见[德]黑格尔:《法哲学原理》,范扬、张企泰译,商务印书馆2009年版,第101页。

另一大阵营则是在社会国家理念的支撑下发展出的“预防主义”学说。根据所依托的哲学基础与分析方法的不同，这一阵营又可细分为两个分支流派：一个是以“社会契约论”为基础的教义型预防论（包括特殊预防与一般预防）学说，这也是当前刑罚论的通说理论；该理论将罪责作为刑罚的边界，在不抵触一般预防的基本原则下，允许对罪犯采取特殊预防。[1] 另一个是建立在法律经济分析基础上的“功利型预防论”学说，该学说以社会成本最小化及社会福利（效用）最大化标准作为勘定犯罪与刑罚的界碑。该学说认为，犯罪的根本问题在于对受害人和社会福利的减损，基于此，刑法在设置和惩罚犯罪时应以社会成本最小化和社会福利最大化为目标。具体而言，如果将某类行为归入或移除刑罚范围，能够增进社会福利，那么立法即具有正当性；同理，在对犯罪施加惩罚时，其严厉程度应当使该犯罪的社会总成本最小化。

虽然功利主义的刑法理论有时候会冒犯社会大众的伦理感情，但是，这种基于经济分析的理性思维为我们揭示刑罚的必要性，为预测犯罪行为乃至制定刑事政策都提供了更精确、更理性并且更具说服力的依据。虽然欠缺道德哲学上的人文激情使刑法经济分析略显冷漠甚至“冷血”，但是，对于动辄关涉公民财产、自由乃至生命的刑罚制裁，这种“冷血式”的理性未尝不是一种弥足珍贵的品质，而且是实现“刑法作为犯罪人的大宪章”这一目标所必需品质。不得不承认，刑法的经济分析无法解决所有的问题，尤其关涉浓厚伦理色彩的自然正义问题，更是经济分析无能为力的领域，不过可以肯定的是，经济分析为刑法哲学的终极问题提供了新的分析路径和解释术语，与其说它是对传统刑法理论的挑战，不如说是一种有益的补充。

二、刑法的经济目的

犯罪用经济学的术语可以进行如下表述：作为一种不法侵害行为，犯罪

---

〔1〕 参见［德］克劳斯·罗克辛：《德国刑法学总论》（第1卷），王世洲译，法律出版社2013年版，第46～50页。

会强加给社会某些非自愿成本,即犯罪会造成外部性影响。概括而言,犯罪产生的社会成本主要有两类:一类是犯罪的直接成本,或者称“犯罪的损害成本”。这类成本是个人或社会因犯罪行为而遭受的直接损失,其中,对社会造成损失一般仅包括财产损失(如贪污犯罪和私分国有资产罪等);而对个人造成的损失既包括财产损失(如盗窃或诈骗),也包括人身损害(如故意杀人或故意伤害)。另一类是间接成本,或者称“犯罪的预防成本”。这类成本是犯罪的对策性的支出。预防成本由公共支出与私人支出两部分组成:前者是指国家为惩治犯罪在刑事司法系统中的财政投入,如对警察、法院及监狱系统的组建和维护;后者是指私人为防范犯罪侵害而购买的安保服务,如雇佣保镖或安装防盗设施。

法经济学的政策目标是实现社会产值的最大化,据此,从社会福利(或效用)的角度出发,刑法惩治目的并不在于完全消除犯罪(事实上也是不切实际的),而是力图使犯罪的社会成本最小化。基于这一规制逻辑,刑法在规定犯罪及刑罚严厉程度时,需要权衡不法侵害成本与降低该不法侵害概率的预防成本二者之间的关系。综上,我们可以将刑法的经济目标确定为:最小化犯罪的社会总成本——犯罪损害成本与犯罪预防成本。

需要格外强调的是,在分析最优刑罚策略时,还需考虑犯罪的机会成本。犯罪机会成本,是指犯罪人因实施犯罪而放弃的预期合法收益,例如,公司高管因“欺诈发行证券罪”而被判处有期徒刑后,其机会成本就是在服刑期间所损失的预期合法收入。尤其对于某些经济类犯罪而言,犯罪的机会成本是影响行为人决策的重要因素,也是立法机关或司法机关调整刑罚严厉程度的重要参考标尺。

三、犯罪威慑最优策略的经济模型

根据上文阐述可知,犯罪预防的最优策略应当契合刑法的经济目的,即在政策效果上实现犯罪的损害成本与犯罪的预防成本之和最小化。为了使分析更直观简明,我们用图1中的函数模型来作为理论推演的“沙盘”。

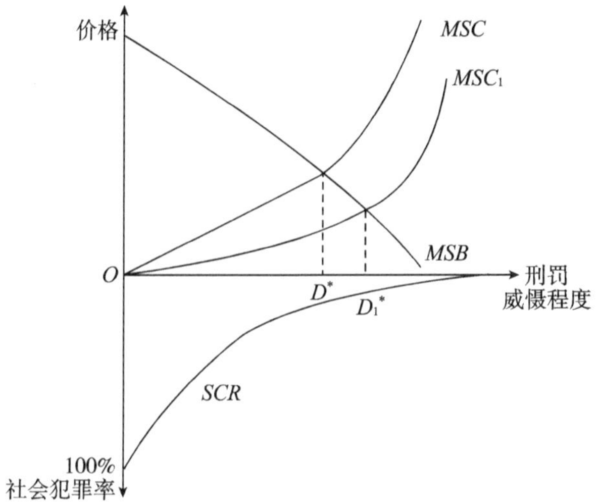

图 1　犯罪威慑最优方案的经济模型

如图 1 所示，函数图的横坐标（横轴）代表刑罚的威慑程度，假定该变量的值由两个影响因素所决定：刑罚的严厉程度与实际受到刑罚的概率（下文统称刑罚概率）；原点处表示：毫无法秩序的状态，越远离原点则刑罚威慑程度越高；原点以上的纵坐标表示价格，即用货币价值衡量犯罪的社会成本；原点以下的纵坐标表示社会犯罪率，越远离原点，则意味着犯罪率越高，直至在 100% 处达到峰值。

古希腊哲学家柏拉图曾对人的罪念作出过精辟的洞见，“我们每个人的身体里，都有一种可怕的狂野和罔顾法纪的欲望，连那些看似温和的人也不例外”。在人类社会的历史经验面前，没有人会否认人的欲念深处有一种为所欲为的冲动。根据“犯罪模型”我们假设：在原点处，即在无法秩序的社会状态下会诱发 100% 的犯罪率，而随着刑罚威慑水平的提高，社会犯罪率会逐渐降低直至在某个理想状态下变为 0（完全消除）。据此，我们可以描绘出代表“社会犯罪率”的曲线 SCR（Social Crime Rate），通常情况下，社会犯罪率随着刑罚威慑水平的增加呈负相关变化趋势，而且，随着刑罚威慑水平的不断提高，犯罪率下降的幅度会越来越小，因此，SCR 的形状是一条边际减速递减的减函数。[1]

在坐标轴的第一象限内,曲线MSC(Marginal Social Cost)代表威慑犯罪所花费的边际成本。通常情况下,犯罪威慑水平与犯罪预防支出呈正相关变化趋势,并且随着犯罪威慑水平的不断提高,所需要花费的预防成本将会越来越多;换言之,远离原点,每增加一单位威慑水平所需的边际成本就越高,[2]因此,曲线MSC的形状是一条边际增速递增的增函数,曲线凹口向外且向右上方倾斜。

曲线MSB(Marginal Social Benefit)表示的是,在刑罚威慑水平下因犯罪率降低而带来的边际社会收益。由边际效用递减规律可知,在社会其他条件不变的情况下,每增加一单位刑罚威慑水平(预防犯罪的投资),社会收益会趋于减少;越远离原点,社会获得的边际收益越少,因此,MSB是刑罚威慑水平的减函数,且呈边际减速递增趋势,曲线凹口向内且向右下方倾斜。

根据刑法的经济目的,最优威慑水平应当使犯罪的社会总成本最小化,这一最优水平出现在预防犯罪的边际成本等于社会边际收益的时点上,在图1中由D^*表示。用经济学术语可描述为:当威慑水平低于D^*点时,进一步增加预防犯罪成本会获得更多的社会收益,因此,决策者应当继续提高威慑水平;相反,当威慑水平高于D^*点时,则意味着进一步增加预防成本只会获得更少的社会收益,因此,理性决策者应当降低威慑水平;只有当预防犯罪成本等于边际收益时,犯罪的社会总成本才能实现最小化,此时的刑罚威慑水平D^*即是经济上的最优解。

另外,需要特别注意的是,随着科技的进步,犯罪威慑手段会更加智能与高效,如已应用于我国犯罪侦破过程中的“天眼系统”、“云计算”和“大数据

〔1〕 在此需要格外注意的是:在图中由于曲线SCR位于坐标系的第四象限,因此,在“镜像效果”的作用下,SCR呈现出向右上方倾斜之状,但是依然不能改变其边际减速递减的属性。

〔2〕 因为增加刑罚威慑水平意味着要增加更多警察、检察官、法官及监狱管理人员,同时,还要配备更多的工作设备和办公场所以及相关后勤服务保障措施,因此,边际成本会呈递增趋势。用经济学术语可解释为,是生产收益边际递减规律作用的结果。

追踪”等技术手段，这些新型犯罪威慑措施会显著降低犯罪预防成本，从而使边际成本曲线由原来的 MSC 下移到 MSC_1，相应地，社会犯罪率也随之降低，而最优威慑水平也提高到更优的 $D_1{}^*$ 的位置。

只要威慑存在成本，社会最优犯罪率就必然大于零，因为高昂的威慑成本决定了一个理性的社会刑事政策不会力图去消灭所有犯罪，这也能够解释为什么在实践中不同类型犯罪的犯罪率会存在巨大差异。

四、最优威慑方案的组合原理

刑罚威慑作为犯罪预防的主要手段，其本身系由多种要素构成。由上文犯罪威慑最优方案的经济模型可知，犯罪威慑是存在成本的，而犯罪威慑方案中不同要素之间的成本比例安排将直接决定该威慑方案是否符合效率原则，申言之，能够以最小成本的要素组合实现相同威慑水平的刑罚威慑方案，是经济上的最优解。

刑罚的威慑水平（犯罪的预期惩罚）是“刑罚的严厉程度”与“刑罚概率”的乘积。其中，刑罚的严厉程度主要由财产刑、自由刑与生命刑三大刑种构成。[1] 据此而言，最优威慑方案实际上是在给定公共财政投入的情况下，从不同刑种与刑罚概率之间的相互组合中寻求威慑水平最优的方案。至于如何制定最优组合方案，法经济学提供了一个一般性框架。

（一）财产刑的最优威慑模型

我们用 EP 表示预期的刑罚威慑水平（以下简称预期刑罚），用 p 表示刑罚概率，用 f 表示刑罚严厉程度，于是可以得到等式：$EP = p \times f$。[2]

根据公式，我们可以采用效用函数模型来对上述三个变量展开分析。据此，当给定预期刑罚水平时（把 EP 值设定为常数），我们可以在 p 与 f 之间进

---

〔1〕 当然，不同国家的刑罚可能还包括不同的主刑或附加刑，但是上述三种刑罚是最典型且最常见的刑罚种类，为了简化分析，我们主要以上述三个刑种进行讨论。

〔2〕 ［美］罗伯特·考特、托马斯·尤伦：《法和经济学》（第 6 版），史晋川、董雪兵等译，格致出版社、上海人民出版社 2012 年版，第 459 页。

行最优选择。此时就相当于在一个无差异曲线上选取最优点，而最优点由现实中可供选择的预防成本的最小值决定。为了简化分析，我们用图2来作辅助说明：

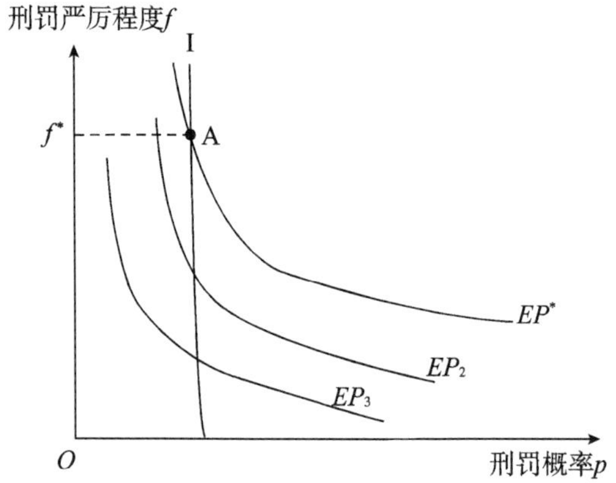

图2　财产刑最优威慑模型

如图2所示，刑罚概率p由横坐标表示；而刑罚的严厉程度f由纵坐标表示；EP由图中的无差异曲线表示，在无差异曲线上，刑罚概率与刑罚严厉程度之间存在此消彼长关系；曲线I代表政府拨付给预防犯罪项目的预算约束曲线。

需要格外关注的是，在财产刑中，增加或减少财产刑幅度所造成的成本差异几乎微乎其微；然而，改变刑罚概率所产生的成本差异却十分显著，这意味着，刑罚概率的微量变化将引起刑罚严厉程度的巨大变化。因此，图2中I是一条极度缺乏弹性的曲线。假定在给定财政预算的情况下，财产刑在现实中能够达到的最大严厉程度为f^*（同时表示最大罚金数额），则无差异曲线EP^*是该财产刑所能达到的最大威慑效力，EP^*与I的交点A则是财产刑最优威慑组合。

财产刑最优威慑模型直观地揭示出：增加财产刑的严厉程度，同时减少相应成本的刑罚概率，可以在不增加政府财政开支的情况下，大幅度提高刑罚的威慑水平，并降低社会犯罪率，对社会而言是一项有益的改革。

综上所述，我们可以归纳出关于财产刑最优解的一般结论：在给定预防犯罪公共支出的情况下，预期刑罚水平（刑罚威慑水平）的最优组合由财产刑严厉程度 f 所决定，而最优组合中的 f^* 值是可供选择的罚金数额中的最大值。

（二）自由刑的最优威慑模型

在给定犯罪率的情形下，自由刑（或称监禁刑）的严厉程度（期限长短）与刑罚概率之间同样存在此消彼长的关系。与财产刑不同，改变自由刑的严厉程度所导致的成本差异相当显著，这意味着，不能机械照搬财产刑最优解的方法径行选取最严厉的自由刑作为最优组合中的 f 值，而是应当精密计算刑罚概率 p 与刑罚严厉程度 f 之间的边际值，相应地，在自由刑的最优威慑组合里，两个要素（变量）同时起着决定性作用。为了便于分析，我们用图 3 作辅助说明：

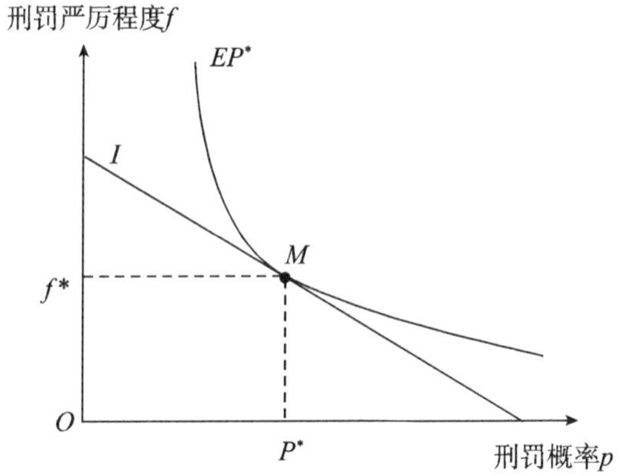

图 3　自由刑的最优威慑模型

我们可以用经济学术语对图 3 作如下解释：在政府的消费约束曲线上，政府为预防某类犯罪所能支付最大成本记为 I，通常情况下，I 值是一个常数，在政府的每个财政年度内保持不变；刑罚严厉程度记为 f，用纵坐标表示，每单位刑罚严厉程度的价格则记为 P_f；犯罪刑罚概率记为 p，用横坐标表示，则每单位犯罪刑罚概率的价格记为 P_p；由此可以得到等式：

$I = P_f \times f + P_p \times p$。[1]

由于预期刑罚等式($EP = p \times f$)可以用无差异曲线表示,据此我们假定,在预期刑罚曲线EP上每一点的社会效用值相等。只有当预期刑罚曲线与政府的消费约束曲线存在交点时,政府对犯罪预防的投资才能产生实效。另根据经济学上的效用最大化原理,犯罪威慑的最优组合应当是预期刑罚曲线EP与政府的消费约束曲线I二者间的切点。该切点的最优属性体现在两个方面:一方面,就约束曲线I而言,与之产生切点的预期刑罚曲线EP,是在给定财政预算条件下,社会所能实现的最大化的刑罚威慑水平;另一方面,就预期刑罚曲线EP而言,与之相切的消费约束曲线I,是在给定刑罚威慑水平(社会效用值)的条件下,社会所能实现的最小预防成本。这两方面特征完全符合效率的经济内涵,为论证最优组合方案提供了充分的正当性依据。

此外,还可以用边际概念与数学运算对切点的最优性做更为直观的解释:曲线EP在该切点处的斜率等于曲线I的斜率,这意味着在该切点处,提高一单位的刑罚概率所获得的边际收益,等于减少P_p/P_f单位的刑罚严厉程度所付出的成本,而P_p/P_f即是曲线I的斜率的绝对值。当EP上的取值位于切点以上时,曲线上的斜率(绝对值)就大于P_p/P_f,意味着每减少一单位刑罚概率,需要增加大于P_p/P_f单位的刑罚严厉程度,此时,在保持刑罚威慑水平不变的情况下,社会需要投入更多成本;相反,当EP上的取值位于切点以下时,曲线上的斜率(绝对值)就小于P_p/P_f,这意味着每提高一单位的刑罚概率,需要减少不足P_p/P_f单位的刑罚严厉程度,此时,在保持刑罚威慑水平不变的情况下,社会同样需要投入更多的成本。因此,只有当组合的数值位于该切点处时,社会能够在给定刑罚威慑水平的条件下实现成本最小化,即边际收益等于边际成本。

为了进一步验证理论的正确性,笔者借助一些实证数据来进行检验。通常情况下,用于警察系统建设的财政支出属于对刑罚概率的投资;而用于监

---

[1] 在本部分的分析中隐含一个大前提,即在某个特定时期内,每单位刑罚概率与每单位刑罚严厉程度的价格(P_f与P_p)是常数,扣除通货膨胀的影响且不会随着其他变量的变动而改变。

狱系统建设的财政支出则属于对刑罚严厉程度的投资。如果增加一单位警察规模的财政支出等于减少1名罪犯关押6年的成本,那么,当每增加一单位警察规模能够节省用于羁押1名罪犯所需的至少6年的监禁成本时,则意味着社会能够在不增加纳税人负担的前提下实现更低的犯罪率。当每单位警察规模的支出(边际成本)等于节省1名罪犯6年的羁押开支(边际收益)时,社会将在给定的财政投入情况下,实现犯罪率的最小化目标。其中最为著名的就是美国学者大卫·李和麦克格雷的实证研究,他们的研究证实了:对于欠缺理智的未成年犯罪,将财政资源从监狱部门转移到警察部门,即增加刑罚概率而降低刑罚严厉度,能在不增加纳税人负担的情况下,实现更高程度的威慑效力。[1]

综上所述,我们可以得出关于自由刑最优解的一般结论:在给定政府财政支出的情况下,犯罪威慑的最优组合方案是预期刑罚曲线与政府消费约束曲线的切点,在该切点处,为提升刑罚严厉水平而额外支出的1元钱(边际成本),等于由此降低刑罚概率所额外节省的1元钱(边际收益)。

(三)生命刑的最优威慑模型

生命刑,又称死刑(death penalty),是最严厉的刑罚措施。传统刑法理论认为,生命刑的威慑效力仅限于一般预防功能而非特殊预防功能,因为剥夺犯罪人的生命意味着该罪犯基本失去了改造教育的可能性。[2] 根据既往的实证研究成果,死刑对犯罪具有切实的威慑作用。[3] 这些宝贵的研究成果为我们建构死刑的威慑模型提供了强有力的支撑。为了简化分析,我们用图4来作具体阐述:

---

〔1〕 See David S. Lee & Justin McCrary, *Crime*, *Punishment*, *and Myopia*, NBER Working Paper 11491 (2005).

〔2〕 参见[德]汉斯·海因里希·耶塞克、托马斯·魏根特:《德国刑法教科书》(下册),许久生译,中国法制出版社2017年版,第1025~1026页。

〔3〕 在此需要格外说明的是,囿于国内相关领域的实证研究起步较晚,本文中所采用的实证数据主要来源于国外的实证研究成果,Isaac Ehrlich, *The Deterrent Effect of Capital Punishment*: *A Question of Life and Death*, American Economic Review, No. 65, 1975, p. 397.

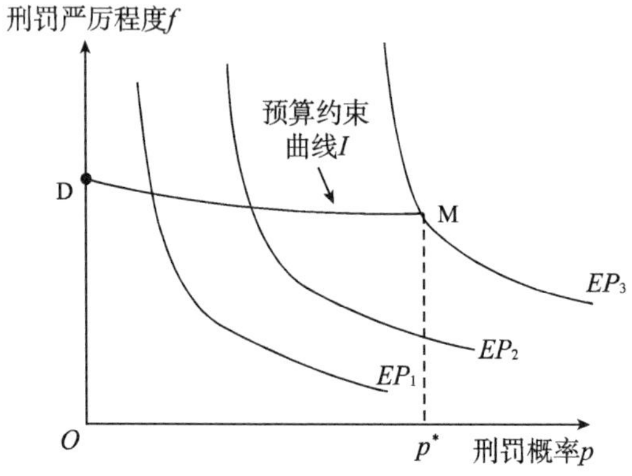

图4　死刑的最优威慑模型

如图4所示,横坐标代表刑罚概率,[1]用p表示;纵坐标代表刑罚严厉程度,用f表示;由于死刑作为最严厉的刑罚方式,其后果将直接导致罪犯生命的消亡,这与财产刑或自由刑存在轻重幅度的属性具有本质区别,因此,死刑在纵坐标上的取值是一个固定点,而非区间,我们假定D点代表死刑,在函数中用常数表示。

曲线I是政府预防犯罪的消费约束曲线;由于刑罚严厉程度是常数,影响约束曲线I的变量只能是刑罚概率,这意味着最优威慑组合完全由刑罚概率决定。此时,约束曲线I的形状基本平行于横坐标,且I值并非固定不变,而是随着p值的增加而增加;假定在M点时,曲线I达到消费约束的边界,相应地,p^*值则代表最优刑罚威慑组合中的刑罚概率。

预期刑罚威慑水平由图中的无差异曲线表示,记为EP_1、EP_2、EP_3,其中,与M点相交的曲线EP_3,是给定财政支出情况下,社会所能实现的最大限度的死刑威慑。

综上所述,我们可以归纳出关于死刑威慑最优解的一般结论:在给定预防犯罪公共支出的情况下,刑罚威慑水平的最优组合由死刑的刑罚概率p所

[1] 为了更确切地分析并评估死刑的威慑效果,此处的"刑罚概率"采用狭义概念,指对罪犯实际执行死刑的情况。

决定,而最优组合中的 p 值是可供选择的刑罚概率中的最大值。

五、犯罪威慑的私力措施

对于犯罪的威慑,除了常规的刑罚手段之外,还有一些非刑罚的私力措施。这些私力措施在不抵触整体法秩序原则的情形下,通常被社会所承认或容忍,或在利益衡量的原则下,可以被社会价值体系正当化。虽然,这些私力措施不是传统刑法学讨论的范畴,但是它们却在实现刑法经济目标过程中,发挥着相对独立且(暂时)不可替代的重要补充作用,可以说是形而上应然讨论中不可忽略的主题。基于此,笔者认为在法经济学的分析中,有必要将犯罪预防的私力措施纳入整体论述中,以期为犯罪预防的威慑效果提供一个更全面的宏观图景。

犯罪威慑的私力措施主要依靠社会公众的自发行动,本部分主要介绍犯罪预防中最为常见的两种社会参与形式:私人预防与公众协作。

(一)私人预防

私人预防,是指人们可以通过购买合法的安保设施或服务,避免自己遭受潜在的犯罪侵害。例如,人们可以安装具有自动报警装置的防盗门或防盗窗;抑或安装监控录像设备;甚至有的国家允许公民购买并持有枪支弹药。

出于利己心理,大多数公民在采取私人预防措施时,仅考虑个人的成本收益关系,但个人的成本收益情况与社会的成本收益情况往往存在冲突,基于此,国家通常对私人预防措施给予有条件的许可,并且禁止这些私人活动向他人甚至社会强加外部性成本,申言之,就效率而言,私人预防应当统摄到刑法的经济目的之中,力图使犯罪的社会总成本最小化。

犯罪的私人预防通常会产生三种效应:公共威慑、私人威慑和再分配。[1] 其中,公共威慑,是指私人采取的犯罪预防措施,不仅有效地避免了当事人遭受不法侵害,而且还产生了一定辐射范围的正外部性效应,使当事

---

〔1〕 参见[美]罗伯特·考特、托马斯·尤伦:《法和经济学》(第6版),史晋川、董雪兵等译,格致出版社、上海人民出版社2012年版,第473页。

人附近或周边的他人的处境也变得更安全。例如,某个高档住宅区集资雇佣了安保公司在小区周边全天候巡逻,虽然购买该项安保服务是为了保障该高档小区内居民的安全,但客观上却能够给周边社区的居民和商铺带来安全的辐射效应,如该小区方圆2公里范围内的犯罪率明显低于该市平均水平。上述影响在经济学上被称为正外部性,这就是私人预防产生的公共威慑效力。

私人威慑,是指私人采取的安保措施仅仅避免当事人自身遭受不法侵害,但无法给社会产生任何额外收益。例如,雇佣私人保镖,在家里购买保险柜等。如果采取私人预防措施能够比没有采取私人预防措施,使当事人获得更多的收益,那么这项私人预防措施符合效率原则,应当予以鼓励;反之,则应当予以禁止。

再分配效应,是指私人采取的安保措施虽然避免了行为人自身遭受不法侵害,但是却把风险转嫁给了他人,即行为人向他人强加(或转移)了外部性成本。这种私人预防措施不仅无法威慑犯罪,而且还会给社会增加额外的成本。[1] 因此,国家的刑事政策应当尽可能地禁止私人实施具有再分配效应的预防措施。

(二)公众协作

无论从传统刑法学,还是经济学的视角分析,犯罪在本质上都是一种公害,它的负外部性效应会减损整个社会的福利,因此,现代法治国家都鼓励公民参与预防犯罪的活动。鉴于一个国家的司法资源有限,惩治犯罪通常离不开社会公众的协作与配合,申言之,公众对犯罪预防的参与度与刑法威慑水平具有一定程度的正相关关系。

不过,公众的协作并非一种强制性的法律义务,从根本上来讲,公民的协作程度主要取决于公民的协作意愿与协作成本这两个因素,通过比较我们发现,可以采用“供给—需求”模型对二者进行分析。具体而言,将协作的主观意愿比作需求;将协作的客观实施比作供给,这样,公民实施的协作活动就存

〔1〕 此处额外增加的成本是指预防投入的成本,由于产生再分配效应的私力措施不影响犯罪规模,因此,犯罪造成的危害成本不变。

在一个均衡点，即符合经济效率的最优解。接下来，我们将用函数图逐步展开分析，并在最后建构公众协作的函数模型。首先，我们先通过图5来分析公众参与的意愿：

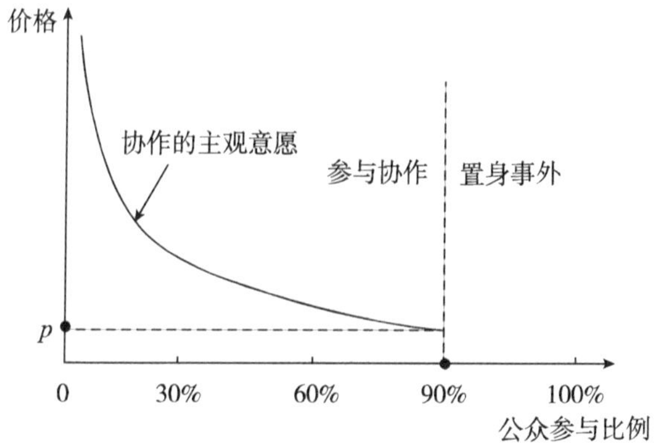

图5　公众协作的支付意愿/主观意愿

如图5所示，纵坐标代表公民参与协作所愿意支付的对价，该变量的内容主要包含公民为参与犯罪预防而愿意投入的资金、时间、经历以及承受的相应风险，为了使衡量标准直观化，我们统一采用货币计量；公民的协作意愿与支付对价呈正相关关系：协作意愿越强，则愿意支付的对价越高，反之，则越低。基于此，在模型中，我们可以用价格高低来表示协作意愿的强弱。

横坐标表示在特定支付意愿下，社会公众参与协作的比例，支付代价越低，参与程度越高，因此，协作需求曲线向右下方倾斜。此外，出于社会公益的考虑，社会共同体一般会达成一个最低的（非强制）道德义务，假定在履行该道德义务所需的成本水平上，有90%的社会公众愿意参与；另外，还有10%的公众拒绝参与协作，他们往往对那些事不关己的犯罪行为漠不关心，选择置身事外。

其次，我们再来分析公众实施预防犯罪协助行为的成本。一般情况下，公众协作行为的平均成本，会随着公众参与人数的增多而降低，即产生规模经济效益。我们用图6作辅助说明，图6中的曲线既代表公众协作的平均预期成本，也表示公众协作的供给情况。

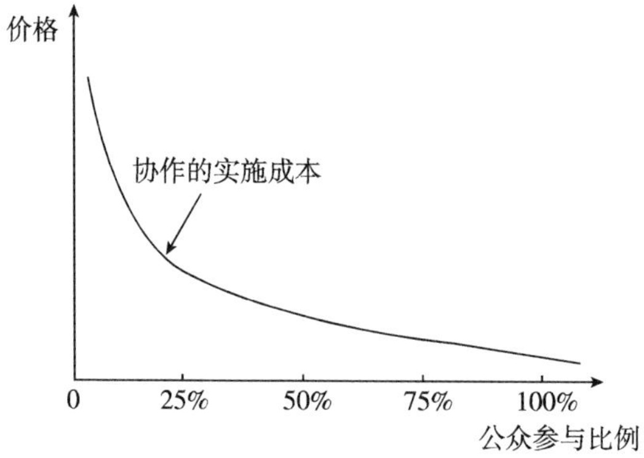

图 6　公众协作的实施成本

如图 6 所示,公众参与协作的平均预期成本随着参与人数的增多而呈递减趋势,这种平均成本递减效应体现在两个方面:一方面,公众参与的显性成本递减,即直接支付的用于参与犯罪预防的成本。例如,在集市上发生盗窃或抢夺事件,在警察无法及时出现时,集市上的所有目击者共同参与抓捕并扭送,比一个或少数几个人抓捕更能节省成本〔1〕并提高成功率。另一方面,公众参与的隐性成本递减,即参与人可能遭到事后报复的概率会降低。参与检举或抓捕的社会公众越多,犯罪人事后报复的可能性就越小,而每个参与人承担的风险也越低,这种共担风险的群体效应会进一步鼓励社会公众积极参与犯罪预防的协作。

除此之外,参与协作的社会公众越多,意味着社会共同体对犯罪行为的容忍度越低,相应地,犯罪的成功率或脱逃率也会越低,这无疑会增加对犯罪人的心理威慑。

如上文所述,根据图 5 描绘的公众协作的主观意愿模型,与图 6 描绘的公众协作的实施成本模型,我们将二者结合起来可以建构出公众协作的整体分析模型,如图 7 所示:

〔1〕 此处的成本包括时间、体力和金钱支出,试想只有一个公民参与抓捕,可能需要追踪几条街区并浪费大量时间,同时在抓捕中可能造成集市上他人的损害;但是,如果集市上所有人都参与抓捕,不仅能够令嫌疑犯无处可逃,而且可以在犯罪行为被发现时立即制服嫌疑犯,将成本最小化。

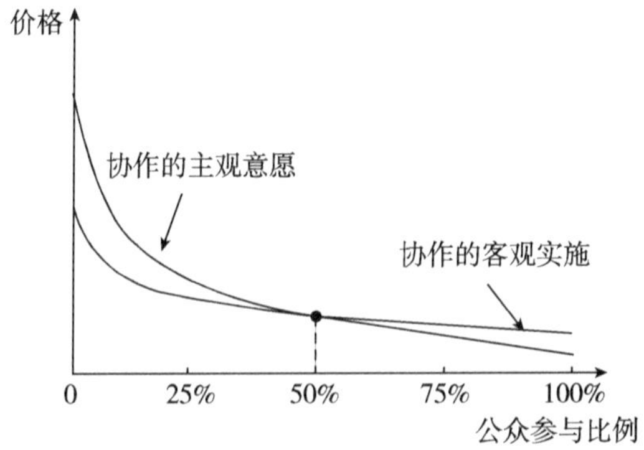

图 7　一般均衡情形下的公众参与程度

由图 7 可观察到,与典型的"供给—需求"模型不同,图 7 中的客观实施曲线(供给)与主观意愿曲线(需求)在形状上都向右下方倾斜;不同的是,主观意愿曲线的倾斜度比客观实施曲线更陡峭。

曲线形状的改变并不影响"供给—需求"模型的应用,如图 7 所示,当人们的主观意愿曲线高于客观实施曲线时,意味着人们在主观上愿意支付的价格高于协作的现实成本,此时,人们会倾向于选择参与预防犯罪的协助活动,图中两条曲线交点左侧部分即表示这种情况;相反,当人们的主观意愿曲线位于客观实施曲线的下方时,意味着人们在主观上愿意支付的价格低于协作的现实成本,此时,人们会倾向于拒绝参与协作,图中交点右侧的部分即表示这种情况;当支付意愿等于协作成本时,公民的参与程度将达到均衡状态,由图中两条曲线的交点表示,假定此时的社会参与度为 50% 。

图 7 中公众协作模型给我们的启示则是:能够降低协作客观实施成本的公共政策,可以激发公众参与犯罪预防协作的意愿并提升公众的参与度。这样的公共政策可以在公共支出捉襟见肘的情况下,以微量的投入,实现犯罪威慑水平的大幅度提升。

六、余论

自目的理性理论引入刑法教义学之后,刑罚在罪责的报应属性与预防目的之间实现了相对缓和的兼容。这种兼容离不开刑事政策的体系性引导,如果肯定刑事政策在其中的重要作用,那么,以实现经济效率为目标的刑罚规制方案则是刑罚理论不可忽视的重要组成部分。刑罚威慑的经济分析,与其说是对传统刑罚理论的替代,不如说是一种补充,它的理论价值并不是颠覆或改变传统教义学对刑罚边界所勘定的成果,而是在既有刑罚框架体系下,进一步优化刑罚手段,以更优的方式实现与以前相同甚至更佳的威慑效果。从方法论上来讲,刑罚威慑的经济分析是用直观的定量分析为思辨的定性分析提供更有说服力的基础。从上述意义上讲,本文所追求的现实价值,与传统刑法教义学及其刑事政策的导向性理念可谓殊途同归。

贝叶斯模型、故事比较模型与无意识推理

谢晓河*

引 文

近五十年来，关于对抗制审判中法官和陪审员如何评估证据并作出相应的裁断，证据学研究一直存在争议，其焦点是，在不同的理论框架中，到底哪一种模式能够更好地描写庭审中法官和陪审员的事实查明（fact-finding）过程。从相关的研究文献来看，这些理论框架大致可以分为两大对立的阵营：[1]一方是基于贝叶斯概率原理而建立的各种模型（the bayesian models），[2]这些模型应用于庭审中事实查明过程的研究已达半个世纪，其理论发展达到相当的精细程度；另一方为"故事比较"模型（the story-comparison frameworks），这个模型实际上是好几个理论的松散集合，各有不同的独到见解，但又有重合之处，其最大的共同点在于它们均对贝叶斯模型的某些或全部理论假设持反对意见。

贝叶斯模型因其以贝叶斯定理为分析工具而得名，其寻求从法官和陪审员对概率的主观判断角度解释法官和陪审员在庭审中如何分析证据问题。贝叶斯模型将法官和陪审员审议证据事实的过程视为在由各种推理节点构

---

* 谢晓河，上海外国语大学法学院副教授，文学博士。

〔1〕 Roger C. Park & Michael J. Saks, *Evidence Scholarship Reconsidered: Results of the Interdisciplinary Turn*, B. C. L. Review, Vol. 47, 2006, p. 984 – 997.

〔2〕 Michael O. Finkelstein & William B. Fairley, *A Bayesian Approach to Identification Evidence*, HARV. L. Review, Vol. 83, 1970, p. 498 – 501.

成的网络中进行一系列概率调整的心理过程。根据此观点,事实查明人在事实查明早期阶段即确定一案件中一系列系争事实,随后任一新的证据要么增加要么降低事实查明人对每一存在争议的关键事实成立与否的信心程度。在整个案件审理过程中,陪审员作为主要的事实查明人会对庭审中提交的证据是否成立的信心或信任程度进行无数次的更新。然后,在所有证据提交完毕之后,陪审员将法律规则应用于这些可能的事实,并选择案件的胜诉方和败诉方。总的来说,贝叶斯模型是将事实查明过程视为对条件概率关系之推理网络的建构,以从中推导具有法律意义的终极概率。

所谓的"故事模型"(或更近一步"故事比较"模型)对事实查明过程的理解则与贝叶斯模型截然不同。"故事模型"认为,法官和陪审员不会也没有能力独立计算案件中任何单独系争事实或证据的概率。[1] 相反,法官和陪审员会评估并比较案件各当事方所提供的更为宽泛的故事,然后从中选择能够更好地解释审判中他们见到的所有证据的故事。证据的真实性在此评估和比较过程中当然起到很大的作用,但案件当事各方总体叙事的连贯性,及其与事实查明人的背景信念契合度同样非常重要。贝叶斯模型涉及数量巨大的主观概率更新,但"故事模型"则认为事实查明人仅需要权衡两个故事或叙事的可接受性,选择更可接受的一方故事或叙事,而无须探究构成故事的各事实的单独概率。

这两种貌似截然不同的证据模型从理性的角度解释了陪审员在庭审中如何使用相关信息进行事实查明的过程。但真实的庭审环境是相对复杂的,陪审员在其裁决过程中往往容易受到各种非理性因素的影响。

事实上,根据贝叶斯模型,陪审员对任一证据成立与否之概率的评估是一个主观的过程,但陪审员到底是依据什么来决定任一证据的概率,则依然是个黑洞,其对每个证据的概率的权重分配也依然是个谜。而对于故事比较

〔1〕 如:Nancy Pennington & Reid Hastie, *A Cognitive Theory of Juror Decision Making: The Story Model*, Cardozo L. Review, Vol. 13, 1991, p. 519 - 520. Michael S. Pardo & Ronald J. Allen, *Juridical Proof and the Best Explanation*, L. & PHIL. Vol. 27, 2008. p. 224 - 225.

模型,陪审员本人的无意识信念和偏见对其选择哪一方的故事的影响也并未得到很好的解释。两种模型均未能很好地解释陪审员事实查明过程中的无意识推理部分。本文希望通过比较两种主流模型的不足之处,运用图式理论(schema theory)来探讨真实的陪审员在处理证据时的无意识推理过程。

一、贝叶斯模型:不确定的法律事实与确定的法律后果

我们希图通过审判程序来解答的问题皆不可避免地具有内在不确定性。在绝大多数情况下,法官或陪审团是无法很确定一眼看出案件当事人是有罪还是无辜。其原因在于,事实查明涉及对已发生的事件历史重构,而这些事件又非事实查明人亲眼所见,其中某些关键事实甚至可能根本无人目击,或者虽有目击证人,但其可信度和作证能力却又令人怀疑。这意味着在很大程度上,法官或陪审团对案件的裁决所依赖的是对不确定的案件事实的推理,而法律要求的是非黑即白的二元选择,有罪或无罪、有责任或无责任,通常不存在中间地带。

这种现实和法律之间的背离是贝叶斯模型之应用于庭审事实查明研究的前提。贝叶斯模型倡导者认为,应该使用数学工具中的概率分析来应对庭审事实查明中这种不确定性。但贝叶斯模型所描述的概率不同于概率理论中的频率解释。概率频率论将概率视为从固定分布中随机抽样获得特定结果的可能性的客观描写,比如从洗好的扑克牌中抽取特定的某张牌的概率。〔1〕 这种概率的客观解释似乎很少应用于庭审中的事实查明,其原因在于庭审涉及的案件各有不同,难以用随机概率来描述。而贝叶斯模型则使用概率理论来描述"主观"概率,即我们对特定命题真实性相信的程度;〔2〕在庭审事实查明中,这种概率表现为事实查明人对待某项证据证明力的不同置

〔1〕 See M. Oaksford & N. Chater, *Bayesian Rationality: The Probabilistic Approach to Human Reasoning*, Oxford University Press, 2007.

〔2〕 See D. Kaye, *The Paradox of the Gatecrasher and Other Stories*, Ariz. St. L. J., 1979, p. 101 - 109.

信度(confidence level)。

贝叶斯概率理论在描述不确定事件的可能性时通常会使用从 0 到 1 的数值范围来表示不同的置信度。[1] 个体在判断某个命题的真假时,想象一个从 0 到 1 的刻度尺,如果他完全相信该命题为真,则赋予其 1 的概率;如果他认为该命题具有很大不确定性,则可能会认为其概率为 0.5,而如果他表示完全不相信该命题为真,则赋予其概率为 0。应用到证据领域,这些概率表示事实查明人在判断一项证据的真伪时不同程度的主观置信度。

贝叶斯模型通常将此推理过程设想为一系列重复的计算过程,一旦事实查明人对某项证据形成了自己的置信度,那么他随后就会考虑新的证据到底是增强还是削弱现有置信度。比如,原本我们对一犯罪嫌疑人有罪的置信度为 0.6,但有目击证人作证在犯罪现场看到过犯罪嫌疑人,则我们对犯罪嫌疑人有罪的置信度可能会从 0.6 变为 0.9。这意味着,我们内心所置信的命题已经从"我觉得是他干的,但很不确定"转变为"我比较确定他是有罪的"。随着新证据的不断出现,事实查明人不断地根据新证据反复调整其置信度,[2] 直至形成最后的裁决。

从上面的讨论来看,贝叶斯模型试图从宏观上对庭审程序整体过程进行描述,同时又试图从微观上揭示审判过程中事实查明人置信度的演变。从宏观上说,事实查明的整体过程可以理解为:事实查明人在审判开始之前即已根据现有的证据形成被告人有罪的审前先验概率,随后在庭审开始之后根据庭审中提交的证据对此先验概率进行不断评估。当然,这种审前先验概率的性质难以明确描述,但从现实描写的角度来看,在庭审开始前,事实查明人对于案件被告人是否有罪还是存在一定的判断的。从微观的角度来看,随着我们将目光投向庭审过程中事实查明人的置信度的变动,情况似乎就复杂得多了。

---

[1] Michael S. Pardo, *The Nature and Purpose of Evidence Theory*, VAND. L. Review, Vol. 66, 2013, p. 575.

[2] John Kaplan, *Decision Theory and the Factfinding Process*, STAN. L. Review, Vol. 20, 1968, p. 1084 – 1085.

初期的贝叶斯模型将审判过程设想为一个线性过程:事实查明人不断地、重复地将每一新证据所产生的置信值添加到事实查明人所假设的被告人有罪的先验概率,使其不断浮动,直至所有证据产生的概率均叠加到此浮动概率中,形成最终概率,导致裁决。按照这一设想,任何一项新证据仅对最终概率产生影响,而不影响此新证据之前的证据所产生的置信值。但现实的庭审状况显然比这种线性概率叠加复杂。

假设现在事实查明人要基于某一项特定的证据,比如,在被告人A的住所发现一把带血迹的刀具,来考虑被告人A是否用刀杀害了被害人B。我们再假设被告人A在法庭上辩称,其刀上有血迹是因为当日他曾用该刀具切肉,忘了清洗,而且他还提交了其朋友C的证人证词,证明A在案件发生当日并不在当地,而是在另外一个城市。在这种情况下,事实查明人显然无法简单地将这两个新证据或证词的概率叠加到"A谋杀了B"这一命题的最终概率上,因为事实查明人可能同样会考虑,"C到底是否诚实?其证词是否可靠?"或者"A当天真的用刀切肉了吗?"然后,事实查明人甚至会注意到,A在自家厨房用刀切肉,同时,A当天又在另外一个城市出现(根据C的证词),这两个事件的概率似乎具有相互冲突之处。所以,在这种情况下,事实查明人就无法单独评估"A在案件发生当日在另外一个城市"这一新证词对"A谋杀了B"这一最终概率的影响,而是要评估这一证词对由之前所作的所有概率推理构成的网络的影响。

但从上面的例子来看,贝叶斯模型假设前面证据的证明力不受后面证据影响是存在问题的。为应对此问题,部分贝叶斯模型倡导者提出将审判过程设想为事实查明人随审判进程的推移逐步构建和细化其推理网络的过程。与之前将事实查明过程设想为重复的概率更新线性过程不同,新的观点强调其中概率推理的网络化。比如,卡丹和沙姆(1996年)[1]就将此过程描述为将新的证据项作为有向非循环图(directedacyclic graph)之添加节点之一融合

〔1〕 See J. B. Kadane & D. A. Schum, *A Probabilisitc Analysis of the Sacco and Vanzetti Evidence*, Wiley and Sons, 1996.

到概率演算(probabilistic calculus)中,使每一项新证据均可能影响该有向非循环图中无数的中间节点。按照此观点,在审判过程中,事实查明人对各项证据的概率估计以及对发生的案件事实的各种假设相互交错形成一个依赖关系(dependency relationships)网络。从理论上说,如果审判按下暂停键,这种部分构建完毕的网络应该能够给出每一现存节点以及最终有罪或无罪的概率置信值。当然,最终的目的是建立一个包容各当事方提交的所有相关证据的网络,对各项证据分配适当的权重,最后形成一个被告人有罪的后验概率(posterior probability)。

也有少数学者认为,将贝叶斯模型修正为网络型概率更新过程依然存在一些问题。其中的一个重要观点认为,贝叶斯网络模型会涉及数量巨大的概率计算,作为真实的事实查明模型并不恰当。[1] 如上所述,在最终概率形成之前,任何一项新证据皆有可能与事实查明人对此前任何其他证据所计算或估计的概率置信值形成交互关系。有时,甚至只有当你将一项新证据与此前提交的证据的概率可能性的各种组合进行比较之后,你也许才能观察到此类交互关系。也就是说,要完整地进行贝叶斯概率更新,则可能需要考虑每一新证据与对此前证据作出的概率预测形成的所有子集之间的交互关系。当然,新证据可能与之前提交的案件事实没有关联,但这也只有在你对二者之间的关系进行核实之后才知道,而简单的排列组合知识告诉我们,对任意 n 项证据,需要进行 2^n 次核实。假设一个简单案件涉及 30 项证据,那么按照贝叶斯网络模型进行的条件性概率测算的次数将会超过 10 亿次。因此,贝叶斯网络作为现实的事实查明模型还是存在理论上的缺陷。

还有些学者提出贝叶斯模型的“参考类”(reference class)问题。由于贝叶斯概率属于主观概率,因此,为避免主观概率成为无意义的猜测,我们可能会希望将我们的主观置信值建立于某些真实的频率数据基础之上。这个时候,我们很快就会发现,很难对案件中的所谓“客观性”条件概率进行有意义

---

〔1〕 See R. J. Allen, *Rationality, Algorithms and Juridical Proof: A Preliminary Inquiry*, Int'l J. Evidence & Proof, Vol. 1, 1997, p. 254 – 275.

的描述。亚伦和帕尔多就提供了一个很能说明问题的例子：

假设在犯罪现场发现了一种地毯纤维，而这种地毯纤维与犯罪嫌疑人家中的地毯完全吻合。那么，这种吻合纯属巧合的概率是多大呢？[1] 为判断这种概率，我们可能想知道这种纤维在特定的地毯样本中出现的频次概率。但问题是，我们如何确定取样的范围呢？是全世界所有的地毯吗？是全国的地毯吗？还是犯罪嫌疑人所在小镇所有售出的地毯？即使我们能够获取这些信息，我们选择哪个样本作为合适的参考类来决定犯罪现场地毯纤维与犯罪嫌疑人的关联概率呢？显然我们并没有标准，只能是任意选择。这就意味着，我们不可能将我们在贝叶斯网络模型分析中使用的主观概率与任何与案件事实相关的客观性频率概率匹配起来，因此，贝叶斯网络对于描述法律推理来说也并不是一个很好的模型。

二、基于故事比较的模型

以上我们简述了贝叶斯模型，也讨论了一些对该模型的批评，现在我们讨论一下其他关于法庭推理的模型。其中最显著的莫过于所谓的“故事模型”。很多反对贝叶斯模型的学者认为，我们应该将庭审中的事实查明设想为一个比较过程。比较什么呢？比较对象为庭审过程中当事各方描述已发生的案件事实的叙事，或曰“故事”。由于案件各方立场迥异，这些故事往往是针锋相对的，而事实查明人对这些“故事”进行评价，然后选择其中与现有的证据以及事实查明人背景信念最为匹配的故事。

贝叶斯模型的底层逻辑是对不确定事件的数学形式化推理，但故事模型就其性质而言是非概率性的，而是基于“解释”的(explanation-based)，[2] 这是二者的根本区别。故事模型有两个主要的理论来源：其一是心理学家对模

[1] See R. J. Allen & M. S. Pardo, *The Problemmatic Value of Mathematical Models of Evidence*, J. Legal Study, Vol. 36, 2007, p. 107 - 140.

[2] See N. Pennington & R. Hastie, *Explanation-Based Decision Making: Effects of Memory Structure on Judgment*, J. Experimental Psych., Vol. 14, 1998, p. 521 - 533.

拟陪审团的决策过程的心理学调查;[1]其二是认识论中的溯因推理或曰反绎推理(abductive inference)理论。[2]

故事模型的早期理论基础主要来自彭宁顿和哈斯蒂针对其进行的一系列模拟陪审团实验结果的解释。在这些实验中,两位心理学家首先要求参加实验的人员观看法庭审判的视频,然后对他们进行采访,记录其对达成案件最后裁决的推理过程的描述。他们发现这些模拟陪审员使用他们构造的故事来解释其裁决,而此类故事通常是案件证据和事实查明人用以填补其叙事空白点所依赖的一些假设的混合体。[3]

彭宁顿和哈斯蒂的主要论点是,陪审员并不计算任何一项证据的概率,而是在大脑中构建能够将已知证据组织起来并予以解释的故事或叙事。[4]按照彭宁顿和哈斯蒂的看法,陪审员在开始听取证据时即已开始构建此类故事,且如果后续证据出现模棱两可的情况,陪审员会使用此类构建的故事来解读这些指向模糊的证据,直至达到最终裁决。

彭宁顿和哈斯蒂早期理论主要探讨陪审员如何构建单个的故事以达成其最终裁决,其后期理论则融入了"故事比较"的概念。他们认为,在庭审过程中,陪审员针对案件中存在争议的事件会构建一个或多个具有一定可信度的叙事,然后根据一些基本原则选择其中最能接受的叙事版本作为其后续推理的基础。首先,陪审员会倾向于选择"覆盖面"比较广的故事,也就是那些能够接受更多庭审证据的故事。其次,陪审员会偏好"连贯性"(coherence)更强的故事。所谓"连贯性",是指故事内部没有自相矛盾之处,没有难以处理的信息缺口,而且陪审员对现实世界中的真实或想象性事件的认知之间不

---

[1] See N. Pennington & R. Hastie, *Explaining the Evidence: Tests of the Story Model for Juror Decision Making*, J. Pers. & Social Psych., Vol. 62, 2, 1992, p. 189 – 206.

[2] See J. Josephson, *On the Proof Dynamics of Inference to the Best Explanation*, Cardozo L. Review, Vol. 22, 2001, p. 1621.

[3] See N. Pennington & R. Hastie, *Evidence Evaluation in Complex Decision Making*, J. Pers. & Social Psych., Vol. 51, 1986, p. 242 – 258.

[4] See N. Pennington & R. Hastie, *Explaining the Evidence: Tests of the Story Model for Juror Decision Making*, J. Pers. & Social. PSYCH. Vol. 62 – 2, 1992, p. 189.

存在冲突。如果一个故事根据这些标准完全超越其他故事，则会被陪审员选中作为后续决策的依据；如果案件双方的故事均具有连贯性，且均能覆盖双方庭审中提交的证据，则会导致巨大的不确定性。[1]

帕尔多和亚伦则用溯因推理解释故事比较推理，认为故事模型能够避免困扰贝叶斯模型的一些问题。[2] 溯因推理与我们更常见的归纳和演绎推理形式不同，其目标是确定一个能够最佳解释已知数据的假设，因此，溯因推理又称为“最佳解释推理”（inference to the best explanation，IBE）。溯因推理涉及从可观察因素到不可观察的潜在可能性的推理，其基本结构与法律事实查明具有很多共同之处。按照帕尔多、亚伦、约瑟夫森[3]，以及塔加德[4]等人的看法，我们应该将事实查明过程设想为对案件双方提交的庭审证据导致不同法律后果的可能假设进行选择的过程。也就是说，事实查明主要涉及对案件双方就引起案件争端的事件所建构的两个争锋相对的假设性叙事进行比较的过程。他们认为，事实查明人在审判中听取证据之后，会评价哪一方的故事更好地解释他们所听取的证据，然后决定哪一方的故事更好地解释所有证据的组合。在民事案件中，通常故事解释力较强的一方会胜出，而在刑事案件中，被告的故事即使解释力不是很强，但只要其故事合情合理，也有可能胜出。根据这一理论框架，事实查明更像是案件双方的不同故事之间的竞赛，而非对历史性真相的考古式重建。这就意味着，在这场比赛中最终胜出的故事可能是对证据的最佳解释，但理论上不必然要求其为真。溯因推理论者认为，这样可以避免贝叶斯证据概率论的某些问题，比如组合爆炸（combinatorial explosion）问题，以及如何确定合适的参考类问题。

---

〔1〕 See N. Pennington & R. Hastie, *Explaining the Evidence: Tests of the Story Model for Juror Decision Making*, J. Pers. & Social Psych., Vol. 62-2, 1992, p. 190-191.

〔2〕 See M. S. Pardo & R. A. Allen, *Juridical Proof and the Best Explanation*, L. & Phil., Vol. 27, 2008, p. 223-268.

〔3〕 See J. Josephson, *On the Proof Dynamics of Inference to the Best Explanation*, Cardozo L. Review, 22, 2001, p. 1621.

〔4〕 See P. Thagard, *Causal Inference in Legal Decision Making: Explanatory Coherence vs. Bayesian Networks*, Applied Artificial Intelligence, Vol. 18, 2004, p. 231-249.

虽然故事比较模型尽力回避贝叶斯模型的缺点,但也存在其自身的问题。安德森等人认为将真实的裁决建立于相互竞争的故事的吸引力的基础上,有可能会给庭审程序蒙上过多的偏见和倾向性色彩。[1] 从理论和规范角度来说,庭审程序应该是一个客观的过程,但法官和陪审员不可能是完全客观的,事实查明有时不可避免地带有法官和陪审员的背景信念和价值判断,而且有可能会成为决定裁决结果的影响因素之一,但我们的目的正是描述庭审中的事实查明过程,将这些主观因素排除在我们的描写之外,显然又是有失客观的。因此,对故事比较模型的偏见论批评似乎并不具有致命的杀伤力。再者,我们也很难将贝叶斯模型与任何选择条件概率的客观标准联系起来,贝叶斯模型在客观性方面也并不具有任何显著优势。

还有些学者认为,我们从案件双方针锋相对的故事中选择最佳解释似乎缺乏固定的标准。[2] 尽管故事比较模型研究者提出了一系列影响故事选择的因素,比如上文提到的故事对证据的覆盖面,故事的连贯性(包括故事的内部连贯性以及故事与事实查明人背景信念的连贯性),以及故事的结构复杂程度(相对复杂的故事,陪审员倾向选择简单的故事)。[3] 但如果这些原则互相冲突,比如一个故事覆盖面和连贯性不可兼得,那如何抉择呢?连贯性又是如何界定的呢?显然我们没有看到这方面的答案。这就意味着,就像贝叶斯模型未能为主观概念设定可验证标准一样,故事比较模型对最佳解释的选择标准的解释似乎有点牵强。所以,如果故事比较模型仅仅声称事实查明人会选择其认为更能解释证据的叙事作为其裁决依据,却不能给出故事解释力的标准,其理论还是苍白的。

---

〔1〕 See T. Anderson, D. Schum & W. Twining, *Analysis of Evidence*, 2nd ed., Cambridge University Press, 2005.

〔2〕 See D. A. Schum, *Species of Abductive Reasoning in Fact Investigation in Law*, Cardozo L. Review, Vol. 22, 2001, p. 1645 - 1681.

〔3〕 See N. Pennington & R. Hastie, *Explaining the Evidence: Tests of the Story Model for Juror Decision Making*, J. Pers. & Social. PSYCH. Vol. 62 - 2, 1992.

三、贝叶斯模型和故事比较模型的共同点

在对比了庭审中事实查明的两种模式之后，如果我们分析一下二者的共同点，可以发现二者之间存在两个共同的理论假设。首先，二者均假设事实查明在很大程度上是一个显性推理过程(explicit reasoning)，或者说是一个有意识的过程，事实查明人对其自身推理过程具有清晰的内省，因此，二者均采用内省式分析(introspective analysis)。也就是说，当我们讨论贝叶斯模型中的概率时，我们通常是假设事实查明人对这些概率是有着清醒的内省的。同样，当彭宁顿和哈斯蒂批评贝叶斯模型缺乏对事实查明的描写真实性时，他们也是几乎完全依赖有意识的推理过程。比如，在证明贝叶斯模型对陪审员决策过程的预测性很差时，他们使用的庭审中各种推理的置信值主要取自模拟陪审员的自我报告。[1] 他们在试图证明故事建构在事实查明中的重要性时，其方法也是让模拟陪审员在辩论案件时大声将其内心想法说出来，然后作为主要的支撑材料。这意味着，他们认为，无论是贝叶斯概率推理，还是故事比较过程，这些模拟陪审员对其内心推理过程是有清晰的自我审视能力的，能够将这些心理过程形成有意识的言语。

其次，两种模式均假设对事实查明的证据推理的最佳描述应建立在我们通常认定的各种类型证明的理性基础之上。当然这些理性假设很少浮出水面，通常被认为是不言而喻的，但却确实构成了各种事实查明理论的基石。也正因如此，无论是贝叶斯概率模型还是各种故事比较理论均无法很好地解释法官和陪审员有时表现出来的非理性行为。比如在 People v. Rivera 案中，尽管被告具有 DNA 证据显示其并非强奸案凶手，但陪审团依然裁决其强奸与谋杀罪名成立。这个令人惊讶的裁决，并非由于该案陪审团的懒惰或完全非理性，该裁决是陪审团经过四天的评议后达成的，说明他们还是非常认真审慎地对待此案的。

---

〔1〕 See N. Pennington & R. Hastie, *Explaining the Evidence: Tests of the Story Model for Juror Decision Making*, J. Pers. & Social. Psych. ,Vol. 62 - 2, 1992, p. 197 - 201.

这个例子说明两点。首先,法官和陪审团有时出现的非理性表现似乎是一个无可争议的事实。我们现有的关于事实查明的理论,无论是贝叶斯模型还是故事比较模型,在面对类似的案件时似乎有点无能为力。其次,这种现象反过来说明,在现实中真实的事实查明过程中,有相当部分的证据推理可能并不遵守我们日常熟悉的显性推理规则。这部分推理属于非理性推理,其驱动力来自潜藏于个体思维底层的集体文化无意识,因而也难以通过内省方式获知并进行分析,却可能是证据推理中的重要环节。我们希望能够对此无意识推理进行分析,以便建立更完整的事实查明概念,更好地解释法官和陪审员在庭审过程中时常出现的非理性行为。

四、无意识推理的特征

对于证据推理中的显性逻辑推理而言,无意识推理是隐性的。所谓的隐性,是指无意识推理过程发生于我们的意识范围之外。简言之,我们只知结果,不知过程。初看这有点怪异,就好像说,我在思考,可是我不知道我在思考。但如果我们稍微反思一下日常生活中的一些现象,我们会发现我们的大部分认知是在无意识的状态下进行的。举个简单的例子,比如日常开车上班途中,在操作车辆时我们每一秒钟实际上都在进行无数次推理:各种杂乱无章的光线信号进入我们的眼睛,由我们的大脑进行快速处理,形成一个对周围世界的三维空间模型,区分其中的各种物体,对物体进行分类,同时根据各种物体与当前任务的关联度自动赋予其不同的优先等级。比如,我们可能不会注意道路两边的树木、商店,或者天上的白云,但对信号灯以及前车的距离却可以轻松识别,并据此按照精确的顺序进行脚和手的动作以控制车辆的速度和方向。而我们在做这一切的时候,可谓驾轻就熟,不费吹灰之力,完全没有感觉需要费劲思考,但这并不意味着我们的大脑没有在工作,只是这种认知工作处于无意识状态而已,否则就跟无人驾驶没有区别了。

类似的无意识推理虽然隐藏于我们的思维背景之中,却充斥在我们的生活之中。尽管无意识推理看似属于自动的习惯性的认知行为,但大量的研究文献表明,无意识因素会在很大程度上对人们的决策构成影响。[1] 也就是说,即使在我们有意识地处理各种信息时,这种自动的,隐蔽的无意识推理依然会在思维后台对我们的显性推理和决策产生很大影响。当我们在日常生活中接触到人、物、词语、概念时,其特性均有可能对我们随后的行为和判断产生影响,即使我们并不清楚二者之间的任何联系。比如,心理学家让接受测试者先听一些发言者讲话,然后让其评估这些人说话内容的可信度,发现测试者普遍会给外貌比较端正的发言者的发言内容可信度打较高的分数。[2] 这说明,无意识认知或推理实际上并不局限于我们通常认为的习惯性或自动性行为范畴,在我们一般认为属于理性行为的领域中同样会对我们的认知和行为产生决定作用。

从理性的角度看,说话者的外貌与其发言内容可信度之间显然不存在逻辑关系,但我们又不能否认测试者确实在二者之间建立了某种可能他自己都没有察觉到的联系。那么这种无意识、非理性的联系是如何建立起来的呢?

测试者显然通过其感官系统收集说话者的身高、年龄、体型、发型、五官、着装,以至说话姿态等信息,激发其大脑中储存的关于判断人的外貌的社会性概念或模式(比如帅气、英俊、漂亮、美丽、优雅等),在感官刺激因素与已知的概念或模式之间建立起无意识联想关系。而且,由此激发的心智模型或概念很有可能会在不知不觉的情况下延伸到其他相关概念上,并对我们随后的行为或决策产生影响。[3] 比如,在上例中,测试者对发言者的判断从帅气或漂亮延伸到诚实可靠,并据此对其讲话内容进行评分。

由于发言者的外貌与其发言内容的可信度之间并不存在任何理性的逻辑关系,这种概念的延伸显然脱离了意识的控制,因此,我们认为这种无意识

〔1〕 See T. D. Wilson, *Strangers to Ourselves: Discovering the Adaptive Unconscious*, Harvard University Press, 2002, p. 44 – 48.

〔2〕 See Marc-Andre Reinhard & Siegfried L. Sporer, *Content Versus Source Cue Information as a Basis for Credibility Judgments: The Impact of Task Involvement*, Social Psychology, Vol. 93, 2010, p. 95 – 97.

〔3〕 See T. P. McNamara, *Theories of Priming: H. Types of Primes*, J. Experimental Psychology: Learning Memory & Cognition, Vol. 20, 1994, p. 514 – 516.

中建立起来的联系更多是由潜意识的心理活动形成的,其心理学机制属于典型的联想,即各种观念之间按照相似律或对比律进行联系或联结。也就是说,无意识推理路径是联想(association),通过心理联想在无意识中将不同的概念联结起来,激发人们采取在过去相同刺激因素下会采取的信念、决策,以及行为。比如,很多国际象棋大师令人眼花缭乱的妙招,与其说是其基于象棋规则所作的逻辑分析,不如说这些大师异常熟悉大量类似的棋局,不经思考即可将当前的棋局与其熟悉的棋局进行联结,从而作出下子决策。

心理学把这种习惯性的联想称为激发效应(priming effect)。所谓的激发(priming),是指一类由前导刺激产生记忆效应,它影响到对后续刺激的(心理和行为)反应。激发通常是由知觉、语义或概念的重复所产生。在激发实验中,如果一目标被重复激发,则对该目标的反应阙限会降低,从而缩短受试者的反应时间;而当激发目标为词语时,所有与目标词语有联系的词语也从静止向激活方向变化,对它们的反应时间同样缩短。激发效应本身具有显著性和持久性,超过简单的再认记忆。例如,在一些单词选择测验中,即使在意识层面单词早已被遗忘,但仍旧存在此单词对应的无意识的激发效应。

由于激发效应本身是隐性的,不属于意识层面上的认知活动,人们对其过程无法从理性或逻辑的角度进行意识层面上的监控。这意味着,无意识推理无法对推理过程中各种信息输入进行过滤,其结果便是有些与当前任务明显无关的信息输入会在不知不觉中进入无意识推理过程,从而对我们的决策与行为产生影响。美国心理学家威尔逊曾提到,心理学文献中有很多案例,说明人们很多时候根本不了解自己的判断、情感,以及行为背后的原因,有时只好编造理由。[1] 这也是庭审中出现非理性行为的一个重要原因。

之所以出现这种情况,是因为激发效应本身具有较强的适应值(adaptive value),能让我们对在特定场景中经常会发生的刺激作出更快的反应。这种无意识的潜在影响让我们对环境中的某些特定模式形成条件反射。即使在

---

〔1〕 See T. D. Wilson, *Strangers to Ourselves: Discovering the Adaptive Unconscious*, Harvard University Press, 2002, p. 93 - 115.

环境中的刺激因素较为模糊时,也有可能激发这些特定模式。也就是说,即使客观的刺激因素不足以支持我们识别这些特定模式,我们依然可能会依赖心理惯性对这些特定模式形成无意识的条件反射。由此带来的问题是,激发效应会将偏见趋势(biasing tendency)引入我们对事物的认知、选择,以及相应的行为之中。[1] 这就意味着,一旦我们对环境中某一情势形成固定的看法或思维定式,则我们很难从其他的角度来对其进行认知和判断;即使存在新的证据,有时也无法颠覆这种思维定式。

我们在日常环境中经常遇到的模式化激发因素(stereotypical primes)即为此类现象的典型例子。比如,大量的日常生活遭遇、新闻报道,以致影视作品可能会让人们形成对黑人的模式化印象(stereotype);当人们接收到与其有关的刺激因素时,如听到狂野的嘻哈音乐,则更有可能联想到一个黑人形象,或其具有非洲特色的名字,甚至是敌意,反智等概念。这个例子同时说明,激发效应会塑造或改变我们的认知或决策。

研究还发现,情感因素同样会激发联想,从而对我们的选择和行为产生无意识的影响。[2] 在很多情况下,当我们面对一些比较严重的非道德行为或其他负面行为时,经常会产生生理性反感或憎恶。例如,当我们看到血腥的杀人场景时,会感到恶心,甚至会想呕吐。如果这种刺激反复发生,负面行为与负面情感反应之间就会建立联想关系。根据激发效应的逻辑,这种联想关系会形成可逆的关系:由于我们过去在看到非道德行为或其他负面行为时会感到反感或厌恶,那么,反过来,当我们心生厌恶或产生生理性不适时,之前形成的条件反射同样会惯性引导我们将激发因素视为非道德行为或其他负面行为,而不管事件本身的缘由如何。有研究人员曾经做过这样的实验:如果在房间中引入难闻的气体,其中的实验参与者更倾向于将性质模棱两可

〔1〕 See T. D. Wilson, *Strangers to Ourselves: Discovering the Adaptive Unconscious*, Harvard University Press, 2002, p. 29 – 30.

〔2〕 See Simone Schnall et al., *Disgust as Embodied Moral Judgment*, Personality & Social Psychology Bulletin, Vol. 34, 2008, p. 1097 – 1105.

的事件判定为不道德。值得注意的是,在这个例子中,难闻气体与其后待定的事件完全没有任何关联,但会引起人体的不适。在另一个例子中,心理学家让实验参与者置身于温暖的环境中,发现与对照组相比,这些实验参与者更有可能在看待他人方面持温和的态度,虽然物理上的温度与态度上的问题并不存在逻辑关系。[1]

这些例子表明无意识的联想认知确实会在不知不觉中对我们的判断和决策产生影响。接下来我们将讨论这种无意识推理在事实查明中所扮演的角色。

五、事实查明中的无意识推理

在我们分析了无意识推理的概念和特点之后,现在让我们探讨无意识推理在庭审事实查明中的发生机制。首先我们必须强调的是,法官和陪审员并不是一无所知开始其事实查明职责的,而是带着过往生活经历中存储的联想网络进入法庭的。[2] 这意味着,如果我们在描述法官和陪审员如何处理一个案件的证据信息时,必须考虑其本身联想网络对其看待证据信息的倾向性影响。假设一名陪审员被选中参加一个刑事案件的审判。绝大多数情况下,在正式进入法庭听取律师和证人的发言之前,这名陪审员可能已经耳闻过许多刑事案件,比如通过新闻报道,或者通过阅读小说,或者观看电视剧,而且其中很多案件可能跟他即将要参与审理的案件存在相似之处。从这些案件中,该陪审员可能已经潜移默化地了解到有些事实会与另外一些事实经常同时或先后发生,具有很强的关联性。换言之,这名陪审员是脑子里带着一些与刑事案件相关的联想图式(schema)进入审判的,例如,这些图式可能是以“强奸”“谋杀”,或“抢劫”等概念为核心,再附加与其相联系的其他概念或

〔1〕 See L. E. Williams & J. A. Bargh, *Experiencing Physical Warmth Promotes Interpersonal Warmth*, Science, Vol. 322, 2008, p. 606.

〔2〕 See D. Simon, *A Third View of the Black Box: Cognitive Coherence in Legal Decision-making*, U. CHI. L. Review, Vol. 71, 2004, p. 536.

事件。

所谓图式就是个体知识的组织结构,或者是认知结构,是指人们所掌握的知识围绕某一个主题相互联系形成的一定单元,是知识的表征和贮存方式。伦姆哈特认为图式是认知的建筑构件,是相关事件、知识或信念所构成的稳定的心理结构或网络;这种心理结构的形成主要依靠后天习得,它是事件、客体、观念或概念在时间与空间上的接近、重复或语义联系的固定化、概括化,以等级层次形式储存在人们长期记忆中,供人们处理外部信息时调用,并依其来解释、预测、组织和吸收外部信息。[1]

图式所描述的知识由一部分或几部分按一定的方式组合起来,其中的组成部分称之为变量(variable)或槽道(slot)。例如,动物的图式包括有皮肤、能活动、吃食物、呼吸空气。“但这并不意味着图式的形成就是将各种相关知识综合到一起即可。认知弹性理论批判了‘预先打包的’或‘预先编辑好的’图式观,认为图式‘不是原封不动地再现知识结构’,而是‘按照具体情境重新组合这些知识’,‘从各种知识源中,将适应当前情境中某一理解或问题解决需要的信息组合起来’。虽然图式是一种定型或定格的知识表征,但是图式的形成离不开对问题所生长的情境脉络的不断适应和调整,这种‘变性’常常为我们所忽视。”[2]

我们可以看一个有趣的例子:

> 有两个人曾经打赌。约翰说,如果自己送给乔治一个鸟笼,挂在乔治房中显眼的地方,那么他就会买只鸟回来。乔治不信,说养只鸟多麻烦啊,我肯定不会买。约翰就去给乔治买了个漂亮鸟笼,让乔治挂在客厅中引人注意的地方。结果可想而知,只要人们走进乔治的客厅,就会

---

[1] See D. E. Rumelhart, *Toward an Interactive Model of Reading*, in H. Singer et al. (Eds.), Theoretical Models and Processes of Reading, International Reading Association, 1994, p. 722 – 750.

[2] 赵健:《问题、情境脉络和基于问题的学习与教学设计》,载《全球教育展望》2003 年第 11 期。

问他:“乔治,你的鸟什么时候死了,怎么回事?”“我从来没养过鸟”,乔治回答。“那么,你要只鸟笼干什么呀?”朋友奇怪地看着乔治,看得乔治都觉得自己好像真得有了什么问题:缺少爱心,漠不关心动物……乔治最后还是去买了只鸟,放入那个漂亮的笼子中,因为他发现,这比无休止地向大家解释要简单得多。

在这个例子中,客人由鸟笼想到鸟,这是比较常规稳定的图式,但由于乔治只有鸟笼而没有鸟,由此引发的猜想,如乔治可能缺少爱心,漠不关心动物,或可能生性怪僻。但在我们的文化中,并不存在鸟笼与缺少爱心、漠不关心动物,或生性怪僻等人物特质之间的稳定图式,所以,这是一种根据当前情境组合而成的临时变性图式。

一般而言,作为人头脑中的认知结构,图式是多种多样的。人们在其社会化初始阶段,就会逐步开始在社会交往中针对不同的情境收集与图式相关的信息,然后对图式进行抽象、稳固,逐步增强其作为文化成员的行为特征。而当人们基本完成社会化以后,其对环境的反应常常是“图式”驱动(schema-driven)而不是“数据”驱动(data-driven),是反应型而非学习型。

个人在成长和社会化过程中,不断和外部世界发生联系,外部世界以图式化的方式构成个人头脑中的世界。同时个人在和他人交往的过程中获得经验,形成特定的行为模式,这些也储存在记忆中成为图式的组成部分。各种图式可以构成相互联系的图式塔。各种社会交往图式也并不是孤立的,而是相互联系、共同作用的。

总之,图式对人的社会交往有重大影响,它会影响人对信息的选择、提取、加工以及个人的行为取向。一般情况下,来自于经验的图式化认知有助于我们快速而又经济地处理大量信息,且当认知中存有空隙时,图式有助于填补漏失的信息,图式还有助于我们产生合理预期,但图式化也常常导致认知上的主观、简化、片面和顽固坚持原有看法,妨碍人们对信息的全面准确接收。

作为无意识联想或推理的出发点,图式本身与现实状况相比存在偏差,加上无意识联想或推理的非过滤性,都会导致无意识推理出现非理性结果。如果控辩双方有意无意地采取一定的诱导策略,在陪审员中激发特定的图式,则更有可能达到其目的。

结　语

总的来说,我们认为标准的事实查明模型,无论是传统的贝叶斯模型,还是其后的故事比较模型,均强调证据的概率,而忽视了无意识动机影响,常常无法解释陪审员根据特定证据组合达成的非理性裁断。在标准的事实查明模型中引入无意识推理模型也许能更好地描写和解释庭审中事实查明过程。

互联网法院庭审规则理论探析

孔凡洲*

引　言

互联网技术发展日新月异,已经深刻影响到人们生活的各个方面,司法作为一种交互行为,也无法回避科学技术的影响。司法是实现社会正义的最后一道防线,在实现社会公正以及定分止争等方面意义重大。在社会系统已经深受互联网技术影响的背景下,司法系统唯有主动适应新兴技术的发展,才能守护好法律,有效解纷,实现社会公平正义。互联网远程审判是现代科学技术与法庭审判相融合的典型,不仅强调庭审基本功能的实现,还应当体现互联网法院庭审所具有的独特价值,这是互联网庭审相比传统线下庭审模式的优势所在。对互联网法院庭审规则的探索是为了充分发挥互联网法院庭审效率价值,解决"案多人少"的困境,真正减轻法官的工作量以及减少诉讼参与人的诉累。我国对远程审判已进行过较长时间的探索,并且形成了不同的实践样态。为进一步规范网上诉讼活动,保护当事人合法权益,同时探索互联网法院庭审规则,目前已在杭州、北京及广州设立三家互联网法院,进行互联网法院庭审规则的探索与实践。杭州互联网法院是由中央深改组专门审议批准的中国首家互联网法院,是我国互联网法院建设的先行者,其有关互联网法院的建设和审判规则的建构对我国互联网远程审判及有关规则

* 孔凡洲,上海外国语大学法学院讲师,法学博士。

的探索和深化有重要的意义,特别是在诉讼流程和庭审规则再造方面成果颇多。而北京和广州互联网法院的增设,也对充分发挥互联网法院的规则探索功能大有裨益。2021 年 6 月 16 日最高人民法院发布的《人民法院在线诉讼规则》(法释〔2021〕12 号),可以认为是对前期互联网法院远程诉讼实践的一次总结。然而,就庭审规则而言,互联网法院庭审规则与普通法院庭审规则相比特色还不是很鲜明,互联网法院庭审规则的内涵不够明确,理论界对于探索互联网庭审规则的正当性与合法性依然存在质疑。如果无法厘清互联网法院庭审规则的有关理论问题,必然会影响互联网法院庭审规则的构建。本文将对互联网法院庭审规则的相关理论问题进行探讨,以期回应我国互联网法院庭审规则建构过程中的一些争议。

一、互联网法院庭审规则的内涵

我国对现代科技融入司法系统已有较长时间的探索,但有关探索的成果主要体现在案件管理系统和审判辅助系统的电子化等方面,通过优化案件管理流程,让人工智能完成审判的事务性工作,法官从事务性工作中解脱出来,进而节约司法资源提高诉讼效率。然而,这仅是互联网技术对司法审判的初级影响,并未对司法程序规则本身产生实质性影响。互联网技术革命具有与工业革命相同的划时代意义,从诉讼制度的发展史来看,每次社会生产方式的进步都会对审判规则产生一定的影响,互联网技术也应当有影响庭审规则的可能性。〔1〕 互联网技术不仅可以优化案件审理的事务性工作,实现庭审管理工作的优化,甚至可以通过智慧法院建设,实现人工智能裁判,但更为重要的是可以助益诉讼流程再造及互联网法院庭审规则的重构,重新审视程序正义的内涵。因而,互联网诉讼就是司法适应互联网技术发展的重要体现,

〔1〕 英国上诉法院于 2016 年 7 月发布《民事法院结构改革最终报告》,"在线法院"是整个报告的亮点和司法改革的热点,布里格斯大法官认为:"传统法院是工业化时代的结果,而在线法院是互联网时代的产物,传统法院必将衰落,在线法院必将兴起。"参见[英]布里格斯勋爵:《生产正义方式以及实现正义途径之变革——英国在线法院的设计理念、受理范围以及基本程序》,赵蕾译,载《中国应用法学》2017 年第 2 期。

立案、审判、执行整个诉讼程序或者主要诉讼程序均可在虚拟的网络空间中完成,诉讼参加人参与诉讼、证人作证、裁判者审判等均通过远程视频、音频技术进行,无须进入实体的法庭。与传统线下诉讼纠纷解决方式相比,互联网诉讼强调通过在线视频、音频传输的方式,打破传统诉讼中的物理场域限制,在虚拟的网络空间中完成诉讼行为,最终高效地实现司法公正。

庭审是整个诉讼阶段最为核心的部分,一方面庭审的程序构造相比较其他诉讼阶段最为合理,体现了正当程序的基本要求,当事人的诉讼权利在庭审中可以获得最大限度的保障;另一方面庭审是形成裁判、解决纠纷的实质环节,案件事实只有经过庭审中的举证质证、互相辩论,裁判者才能对案件事实形成可靠的心证,进而认定案件事实以及适用法律。因此,案件事实的认定和法律的适用,乃至当事人对裁判结果是否接受,纠纷能否最终解决,主要依赖庭审环节。对此,我国正在刑事诉讼领域进行以审判为中心的诉讼制度改革,而民事诉讼本来就具有以审判为中心的特征,所以庭审规则是诉讼规则体系中的核心部分。互联网法院的庭审方式有别于传统庭审活动中各方诉讼主体齐聚物理意义上的法庭进行诉讼的方式,其典型特征即庭审参与主体在不同的空间,以远程在线方式解决争议,本质上是远程审判方式。"所谓远程审判,乃是指诉讼程序的参与者无须在特定的期日聚集于一个物理意义上的法庭之中,而是分处各地,通过互联网络传递语音、文字和图像等信息来完成整个诉讼过程。"[1]在线性是远程审判的一大特点。由此,在互联网诉讼的语境下,应当探索和完善互联网诉讼规则,建立符合互联网法院诉讼特点的规则体系,以区别于传统线下诉讼模式。而就互联网法院诉讼规则而言,庭审的重要意义使庭审规则直接关系着互联网诉讼核心功能的发挥,因而庭审规则也是互联网诉讼规则的核心内容。如果没有适用于互联网法院审判的庭审规则体系,或者针对互联网法院庭审的专门规则不完善,那么互联网法院就无法发挥其远程审理方式的优势。

---

〔1〕 段厚省:《远程审判的程序正当性考察——以交往行为理论为视角》,载《政法论丛》2020年第2期。

互联网法院庭审应当突出其特殊性。就互联网法院审判实践而言,互联网法院的远程审判可以被视为线下开庭审理和书面审理模式的替代品。未来极有可能形成线下开庭审理、书面审理、在线开庭审理的格局。线下开庭审理是传统庭审理论下应当遵循的基本模式,适用大部分争议案件,应当在争议各方同时在场的情形下由中立的裁判者进行裁决,整个庭审应当贯彻传统意义上的直接言辞原则。书面审理则无须开庭,裁判者通过审阅卷宗材料以及询问有关争议主体直接作出裁判。在线庭审主要对涉网案件进行远程审理,虽然是以开庭的方式运行,但诉讼参加人主要是通过视频传输的方式完成诉讼行为,其最大特征就是全程留痕。书面审理也具有全程留痕的功能,但与在线庭审也有较大的区别,在线庭审依然属于一种远程的面对面以及口头言辞的审理方式,一定程度上符合直接言辞原则的要求,而书面审理则无法实现直接言辞原则。杭州互联网法院创制的远程异步审判类似于书面审理,但因诉讼参加人并非采用提交书面材料的方式进行诉讼,所以与传统的书面审理也有本质区别。

互联网法院庭审是基于互联网技术,庭审的参与者在非物理意义上的法庭终端,利用互联网技术传递图像、音频和文字完成法庭审理的一种新型审判形式。互联网法院庭审规则是以互联网法院为适用平台,规范互联网法院庭审的规则体系,是互联网法院庭审区别于线下庭审模式的制度基础。互联网法院庭审如果仅仅是把线下庭审规则适用于线上,那么与线下庭审模式相比,除了庭审依赖的载体不同,在庭审功能及具体价值上并无其他本质区别,其独特性将会丧失。在新冠肺炎疫情防控期间,为了满足“零接触”的要求,各地法院普遍采取了远程审判的模式,用以解决司法实践中的紧迫性问题,实现疫情防控与司法审判工作有序进行的有效平衡,既满足了当事人对纠纷解决的需求,也符合疫情防控的要求。但这些做法其实仅单纯地把线下庭审直接搬到线上进行,除了诉讼参加人无须到法院所在地开庭之外,在线进行庭审时所适用的庭审规则和流程与线下无异,没有体现互联网远程审判的特殊性,只能视为一种临时性的尝试。因此,互联网法院庭审规则应当体现互联网无边界、突破空间局限性的特征,通过庭审规则的建构凸显互联网法院庭审的价值。当然,互联网法院庭审规则不是完全排斥传统庭审规则,而是对传统线下庭审规则的创造性重构,以期实现传统到现代的发展以及跨越,建构专门适用于互联网法院的庭审规则。

二、互联网法院庭审规则的正当性

互联网法院庭审规则的正当性是其实践与发展的前提。正当性本质上是一种价值判断,符合事物生长发展规律和趋势的制度就具有正当性。因而,只要互联网法院庭审规则是符合法律系统自我生成规律以及司法规律的,其正当性就应当获得认可。纵观互联网法院设立的背景以及在线庭审运行方式和实践成效,互联网法院庭审的正当性主要面临与传统庭审理论之间的张力问题,其中与直接言辞原则的冲突最为典型。以下便对互联网法院庭审程序的正当性进行探讨。

第一,科技发展必然带来法院庭审方式的变革。已公布的统计数据显示,截至 2020 年 12 月,我国网民规模为 9.89 亿,互联网普及率达 70.4%。同时,我国网络购物用户规模达 7.82 亿,占网民整体的 79.1%。我国网络支付用户规模达 8.54 亿,占网民整体的 86.4%。[1] 可见,我国互联网普及率很高,而且近年来国家推进电子商务工作,网络购物已经融入社会大众的日常生活。然而,随着在线交易频率的增加和范围的扩大,在交易过程中会出现纠纷,并且纠纷的数量有可能持续增长。另外,在市场经济的大潮中,经济交往活动已经打破了地域限制,不同地域的当事人可以跨区域完成交易活动,互联网技术更加便利了跨区域贸易,甚至是跨国贸易。由于此类交易活动已成常态,在此过程中产生的涉互联网案件也属于需要重新关注的纠纷类型。因此,基于互联网技术的普及而导致当事人在互联网虚拟空间中发生的涉网纠纷区别于传统的纠纷,呈现出涉网性的典型特征,形成新的纠纷样态,

---

〔1〕 参见《中国互联网络发展状况统计报告》(第 47 次),载 http://www.cac.gov.cn/2021-02/03/c_1613923423079314.htm,最后访问时间:2021 年 7 月 10 日。

比如交易过程的无纸化、证据的电子化,[1]以及纠纷的跨区域化。特别是跨区域的涉网纠纷,如果当事人依据传统管辖规则选择管辖法院,以及亲自到实体法院参与诉讼,成本显然过高。因而,随着涉网案件的出现及数量的激增,传统线下纠纷解决方式已经不能很好地满足及时有效地解决涉互联网纠纷的需要。

可见,互联网时代纠纷呈现新的样态,对于这些具有新特点的纠纷,应当有针对性地创设更为有效的解决纠纷方式。司法系统虽然具有被动性的特点,但裁判者不得拒绝裁判的基本法理要求司法审判系统应当对现代科技保持开放的姿态,适时研究新的纠纷样态,及时通过规则的创设回应社会公众对更便捷诉讼程序的需求,以免法院在定分止争层面无法有效作为的情形出现,这是社会系统与司法系统良性互动的必然。从技术角度而言,人工智能时代早已到来,现代科技在推动法院信息化、智能化方面已经取得一系列成就,这也为法院建构在线庭审程序提供了可能。法律规则也是社会文化的重要部分,面对社会发展法律规则不可能停滞不前,在线庭审方式既然有其存在的社会基础,那么就需要针对这种新型的庭审模式设置规则,以确保其有效地发挥应有的功能。

第二,互联网法院在线庭审模式并非与传统庭审理论完全相悖。从互联网法院创制的庭审规则及其庭审实践看,部分规则对传统庭审理论有一定的冲击,甚至尚有一些理论追问需要回应,比如前述异步审判模式,但在线庭审模式本质上是对传统庭审理论的继承与创新。其一,理论与实践具有互动关系。理论并非一成不变,理论不仅具有指导实践的功能,而且本身也需要适应实践的发展,以更好地指导实践。诉讼制度不断发展的过程,也是庭审理论逐渐丰富和完善的过程。从法律的生长过程看,法律系统对于社会系统不可能视而不见。特别是在“诉讼爆炸”的背景下,司法资源有限,案多人少的矛盾异常突出,探索多元化纠纷解决机制已经成为司法改革的方向,并非所

---

〔1〕 据e签宝统计数据,2018年电子合同签署量已经超过60亿份,电子合同的用户规模达2.79亿。可见,当下整个市场经济的交易方式逐渐从线下转移到线上。

有的纠纷都必须经过诉讼;而进入诉讼程序的案件,也可以根据案情适用简易程序进行解决,不一定都要适用普通审理程序。多元化的纠纷解决机制和不同的庭审程序都是依据特定诉讼价值偏好进行的设计,但这种价值偏好是法律价值平衡的结果,依然在法治的框架内运行。其二,在线庭审的基本构造符合现代诉讼的基本要求,并未违背正当程序理念。诉讼"两造"在中立的裁判者主持下解决纠纷是庭审的基本构造,无论是同步视频庭审,还是异步在线审判模式,庭审中三方的基本构造并未有本质改变。当然,互联网法院庭审的远程性的确与直接言辞原则的传统含义存在张力。直接言辞原则也是我国庭审的传统,早在《周礼·秋官·大司寇》中就把当时的审判方式总结为:"对席审判,坐地对质"。即要求庭审中诉讼"两造"应当到场直接对质。但互联网法院庭审与直接言辞原则的冲突仅仅是形式层面的,并未违背直接言辞原则的本质含义。直接言辞原则中的直接原则强调法官的亲历性,同时确保诉讼"两造"参与到庭审中,而在线庭审中法官依然具有亲历性,诉讼"两造"也有同等参与庭审的权利,其通过视频参与庭审事实上是对传统庭审程序中在场权的发展和延伸,诉讼之"场"不再被局限于物理的、实体的法庭,而被扩张至信息网络设备所能够延伸的空间,程序参与人只要被保证有不低于面对面论辩所能够提供的信息的充分程度以及同样充分的表达意见的机会,就被认为属于"在场"。[1] 而言辞原则强调庭审过程应当以言辞的方式进行,以确保信息交流的充分性,进而说服法官。亚里士多德认为:"凭借言辞来表达的说服力要有三个基础:讲演者的性格,听众的情绪,演说本身的论证(好坏)。"[2]庭审本质上是一种说服活动,说服的对象是法官而非对方当事人。在线同步审判中,原告、被告双方以及法官在不同的地点借助庭审平台依然可以通过言辞的方式进行有效交流,当事人的说服活动并未受到实质限制。即使在异步审判中,在方便当事人诉讼的同时,也体现了

〔1〕 参见段厚省:《远程审判的双重张力》,载《东方法学》2019年第4期。

〔2〕 [英]安东尼·肯尼:《牛津西方哲学史》(第1卷),王柯平译,吉林出版集团有限责任公司2010年版,第87页。

直接言辞的原则,裁判者及诉讼参加人各方都直接参与案件的审理程序,只不过这种直接性并不要求同时在场,除了空间上的特殊性之外,在时间上有一定的延迟性,但诉讼“两造”依然具有言辞辩论的权利,对于言辞原则也并未违反。可见,无论是同步审理还是异步审判,诉、辩、审三方在“场”的基本构造并未突破,通过言辞的方式说服法官的目的并未因线上同步或者线上异步的模式不同而有根本区别。

第三,互联网法院庭审程序相比传统庭审程序更有助于庭审功能的发挥。增量保障被视为互联网庭审程序改革应当坚持的重要原则。制度的革新在于其进步性,否则便没有改进的必要。在线庭审有助于审判公开原则的实现。审判公开是现代庭审的一项重要原则,传统庭审受制于法庭空间等,审判公开的效果不佳。“既有的纠纷解决方式常常是不透明的,无法确定其公平和高效的程度。”〔1〕而互联网法院庭审从技术上可以确保司法公开原则得到更加充分的落实。在线庭审有助于庭审效率的提升,其区别于传统庭审模式的关键在于可以通过在线性和跨区域性,大幅提高当事人通过诉讼解决纠纷的便捷性。如果庭审效率太低,诉讼成本过高,当事人基于理性的考量就不会选择诉讼作为解决纠纷的方式,或者在一方提起诉讼时另一方选择不出庭,这不仅局限了庭审功能的实现,而且缺少一方当事人在场的庭审结构不利于庭审对案件事实的认定,当事人的缺席也会从程序上影响裁判的公正性以及可接受性。在线庭审则解决了当事人参与诉讼在成本层面的后顾之忧。公正是司法的生命线,但司法也并非只有公正这一项价值,效率同样是司法所追求的重要价值。互联网远程审判是对审判所依赖的载体和庭审规则进行的优化,其目的是在不降低司法公正标准的前提下,以互联网平台为载体,优化庭审程序,提高诉讼效率。从三大互联网法院的庭审实践看,在线庭审模式的确具有满足民众关于诉讼便捷性诉求的功能,尽管对当事人诉讼权利的保障与传统线下庭审模式存在区别,但并不意味着在线庭审就会忽视

---

〔1〕［美］伊森·凯什、［以色列］奥娜·拉比诺维奇·艾尼:《数字正义:当纠纷解决遇见互联网科技》,赵蕾、赵精武、曹建峰译,法律出版社2019年版,第249页。

当事人的诉讼权利,或者因为线上远程审理而导致当事人诉讼权利被实质扣减,在线庭审在一定程度上通过减轻当事人的诉累,及时对其诉讼权利保障层面的局限性进行补偿。已经生效的裁判之公正性和可接受性也证明了互联网法院庭审具有一定的正当性。在公正解决纠纷的基础上,庭审的效率价值得以彰显,这便是继续探索和完善互联网法院庭审规则的正当性基础。

第四,赋予当事人对程序的选择权可以增强互联网法院庭审的正当性。前文已经论证了互联网法院庭审的正当性,而当事人的程序选择也被视为互联网法院庭审程序的正当性依据。确保当事人对程序自愿选择的权利本身具有正当性,但当事人对在线庭审程序的选择很难支撑在线庭审程序的正当性。否则,就会出现凡是被当事人选择的程序就具有正当性的推论,而这显然是不能成立的。虽然赋予当事人对程序的选择权事实上并不能作为评判诉讼程序自身正当性的标准,但当事人的程序选择权可以确立程序道德上的正当性,可以为裁判的可接受性奠定基础。特别是从定分止争的角度看,尊重当事人纠纷解决过程中的意思自治,能够较好地提高裁判的执行率。而程序选择权的核心要素是当事人选择的自愿性,即当事人有权基于不同程序的特点,结合自身需求及案件属性,不被强迫接受某种诉讼程序进行权利救济。但程序选择的自愿性并非可以通过简单地观察当事人是否同意就进行判断。如果当事人对选择适用的程序规则并不了解,则很难说当事人的选择是自愿的。因而,在当事人选择之前,应当告知互联网法院庭审程序区别于普通程序的特点、不同程序对于当事人诉讼权利的限制与保障,对此类情况应全方位介绍,之后方可询问当事人对程序选择的看法,如此才可以保障当事人程序选择的自愿性。如前所述,互联网法院庭审本身具有正当性,但其毕竟属于新的庭审模式,因此赋予当事人程序选择权可以增强此种审判模式适用的正当性。

三、互联网法院庭审实践的合法性

由于互联网法院庭审处于探索阶段,立法的滞后性特点导致互联网法院庭审缺乏传统庭审模式所依据的法律渊源，因而其合法性存疑。庭审是在法官的主持下，诉讼参加人共同参与，由法官认定案件事实并适用法律的活动。庭审是正当程序的集中体现，能够较好地实现司法公正。由于庭审是国家专门机关参与解决纠纷，裁判结果具有强制力，因而必须坚持程序法定原则。程序法定是程序正当的重要因素，程序的法定性要求程序必须是法律事先设定的，诉讼主体应当依据法律确定的程序参与庭审，庭审过程必须遵循法律规定。然而，互联网法院庭审是依赖新技术而产生的新概念，是庭审实践主动适应技术革命而自我生长的结果，是先行先试改革模式的产物，改变了传统的庭审交互模式。因此，互联网法院庭审的合法性也是争议的焦点问题。

目前我国民事诉讼法中并无互联网法院庭审规则的明确规定，但有关司法解释中已经体现了适用在线庭审程序的趋势，承认了在线庭审模式。比如最高人民法院《关于适用〈中华人民共和国民事诉讼法〉的解释》第259条规定，[1]经当事人双方同意，可以采用视听传输技术等方式开庭。以及《关于进一步推进案件繁简分流优化司法资源配置的若干意见》第10条规定："对于适用简易程序审理的民事、刑事案件，经当事人同意，可以采用远程视频方式开庭。"明确规定互联网在线庭审可以适用于简易程序审理的案件。而在新冠肺炎疫情期间，考虑到纠纷解决的实际情况，最高人民法院下发的《关于新冠肺炎疫情防控期间加强和规范在线诉讼工作的通知》指出，"各级人民法院要积极引导各方诉讼主体依法有序开展在线诉讼活动，大力完善在线办理流程和在线诉讼规程，制定发布内容全面、指引清晰、简便易行的在线诉讼操作指南"。明确授权各级法院适用在线庭审程序。在最高人民法院关于印发《民事诉讼程序繁简分流改革试点方案》的通知中也明确指出："经当事人同意，适用简易程序或者普通程序审理的案件，均可以采取在线视频方式开庭。"这是在已有试点实践的基础上，对以在线视频方式审理案件的范围之扩

[1] 最高人民法院《关于适用〈中华人民共和国民事诉讼法〉的解释》第259条规定："当事人双方可就开庭方式向人民法院提出申请，由人民法院决定是否准许。经当事人双方同意，可以采用视听传输技术等方式开庭。"

充。在线远程审判中的证人远程视频作证在司法解释中也已有明确的规定。最高人民法院《关于民事诉讼证据的若干规定》第 76 条规定:“证人确有困难不能出庭作证,申请以书面证言、视听传输技术或者视听资料等方式作证的,应当向人民法院提交申请书。申请书中应当载明不能出庭的具体原因。”可见,证人存在出庭困难的,允许采用远程作证的方式。并且在第 77 条规定:“证人经人民法院准许,以书面证言方式作证的,应当签署保证书;以视听传输技术或者视听资料方式作证的,应当签署保证书并宣读保证书的内容。”当然,除了有关规范中可以找到适用远程庭审的规定之外,实践中在线远程庭审大多数只是把线下庭审的方式转变为线上形式进行,所遵循的基本程序和具体规则并无本质变化,事实上遵守了程序法定的底线思维。

互联网法院设立之初衷就在于其规则探索的功能定位,因而其所进行的规则创制也并未违反合法性。最高人民法院在出台最高人民法院《关于互联网审理案件若干问题的规定》时就指出,“互联网法院并非简单的‘互联网 + 审判’,而是综合运用互联网新兴技术,推动审判流程再造和诉讼规则重塑,是对传统审判方式的一次革命性重构”。〔1〕 因此,互联网法院庭审中对庭审规则的探索本身具有合法性,“当我们将‘探索与创新’作为互联网法院之功能定位中的关键词时,可以看出互联网法院与其他专门法院以及普通法院在功能上的核心区别,乃是互联网法院之核心功能在于规则的探索与创新,其他法院的核心功能在于案件裁判。”〔2〕互联网法院根据案件的类型及审判的需要,对有关庭审流程进行优化,确立与线下庭审有区别的庭审规则,本质上是由互联网法院功能定位决定的,这是其创制规则的最大合法性。互联网法院也有依据现有程序法和实体法解决纠纷的功能,但现有的普遍规则可以适用于包括互联网法院在内的所有法院,而部分针对互联网法院庭审出台的专

〔1〕 参见“最高人民法院司改办负责人就互联网法院审理案件司法解释答记者问”,载最高人民法院官方网站,http://www. urt. ov. n/zixun-iangqing – 16971. tml,最后访问时间:2020 年 10 月 13 日。

〔2〕 段厚省:《试论互联网法院的功能定位与程序创新》,载《上海师范大学学报(哲学社会科学版)》2020 年第 6 期。

门规则，只能适用于互联网法院。这些新的审判规则和方法的尝试，也符合在试点实践中应当总结凝练新规则的要求。

任何一项制度的建立都不可能一蹴而就，我国近期有关司法改革的成果主要采用先行先试的模式，实践证明效果较好。目前设立的三家互联网法院都具有对互联网庭审规则和诉讼流程进行探索的合法依据。经过试点，三家互联网法院无论是对涉网案件的审理，还是对互联网法院庭审规则的探索，都取得了理想的成绩。“法律必须服从进步所提出的正当要求。”[1]对于互联网法院庭审合法性的考察，不能仅局限于现行法，特别是正在积极推动司法改革的国家，还应当在有关司法改革文件和改革的趋向中寻找合法性。当然，受新冠肺炎疫情影响，在线诉讼实践有迅速扩大适用的趋势，考虑到互联网法院庭审有其特殊性，为了规范互联网法院庭审和远程审判模式，立法机关应当及时通过对试点和实践经验的总结，以制定基本法的方式明确相关规则，为互联网法院庭审和远程审判的运行提供合法性。

结　语

为了充分发挥互联网法院庭审的功能，围绕互联网法院庭审的特殊性进行系统性的庭审规则构建具有必要性。在对互联网法院庭审规则的探索进程中，一方面要意识到互联网法院庭审作为一种庭审模式具有的一般性，应当遵循基本的庭审理论和司法规律；另一方面则应当注意到互联网法院庭审作为一种新型庭审模式具有的独特性，要对司法系统和社会系统交往过程中的新内容进行抽象并规范，在规则的创制和庭审理论方面要通过互联网时代的技术视角对其观察。而无论是基本庭审理论指导下的规则设计，还是基于特殊性而创设的新规则，都应当在坚守庭审基本规律的同时反思传统庭审理论，既不能因为技术的进步而迈向技术主义的庭审模式，也不能因为对传统庭审理论的坚持而完全排斥技术对现代庭审模式的影响。

---

〔1〕［美］E.博登海默：《法理学——法律哲学与法律方法》，邓正来译，中国政法大学出版社1999年版，第326页。

法律教育的意义

玛莎·米诺* 著

张海斌 高蕴洁** 译

法学教育的意义是什么？“柏拉图告诉我们，所有知识之中，有关良法的内容可能最能使学习者受益。他还告诉我们，比起阅读其他著作，深入研习法学也许更能健全我们的判断力并且维护国家的稳定。”〔1〕1923年哈佛大学法学院院长罗斯科·庞德（Roscoe Pound）作出了上述解释。〔2〕虽然在近一个世纪之后，庞德的见解仍能引起人们的共鸣，但是这种说法却忽略了法学教育的另外三种价值：

（1）评估、批判和改进法律法规以及法律制度；

（2）培养相关从业者，其中包括律师、法官、企业与民间机构以及政治团体的领导人、法律学者、企业家、作家以及社会评论家；

---

* 玛莎·米诺（Martha Minow），Carter Professor of General Jurisprudence，2017年7月1日前担任Morgan and Helen Chu院长及教授。本文刊于《哈佛法律评论》2017年第130卷，原名为《纪念法学教育发展200周年：传统变革、缜密辩论、寻求个性与共性》。

** 张海斌，上海外国语大学法学院教授，法学博士；高蕴洁，上海外国语大学法学院2020级多语种法律硕士研究生。

〔1〕 Roscoe Pound, *The Work of the American Law School*, 30 W. VA. L. Q. 1, 1 (1923), reprinted in the History of Legal Education in the United States 678, 678 (Steve Sheppard ed., 1999).

〔2〕 庞德继续解释：如果我们要依照20世纪的普通法来履行我们的职责，那么我们就必须将它发展成能够为当今和未来社会伸张正义的活的制度，因为我们政治制度的制定者用他们那一代人的传统材料为那个时代以及我们今天的社会创造了正义的工具。Roscoe Pound, *The Work of the American Law School*, 30 W. VA. L. Q. 1, 1 (1923), reprinted in the History of Legal Education in the United States 678, 678 (Steve Sheppard ed., 1999).

(3)增强社会实践与法律论证,解决法律争端、寻找法律之间的共性与个性、建立社区内部以及各社区之间的治理机构,并且为人与人、团体与团体和国家与国家之间的差异寻求非暴力的解决方式。

在哈佛大学法学院成立200周年之际,我们对法学教育和学术研究的过去、现在和未来进行一番简要探讨。希望读者们能够给予马萨诸塞州剑桥市的这所特别的法学院一份特殊的关注。

有人说现在是法学教育的危急时刻,也有人强调如今法学教育的创新性。[1] 事实上,世界上各个国家都面临着新的压力,理想的司法制度与现实之间存在巨大的鸿沟;在共享法律知识以及法律实践方面,各个国家与地区都出现了前所未有的颠覆性创新;同时哈佛大学法学院以及法学教育也面临着机遇与挑战并存的局面。目前,许多国家都在纷纷建立法学院,有的国家借鉴了美国法学院的设立模式,但是美国本土法学院的设立大多深受哈佛大学法学院的影响。[2] 其他国家的学术机构,诸如印度金达尔全球法学院(Jindal Global Law School)、中国北京大学国际法学院(the Peking University School of Transnational Law)、意大利和巴西的新型法学院,以及开设了创新国际课程的加拿大蒙特利尔麦吉尔大学(McGill)等都在寻求开拓新型法学教育模式,力图发展全球性的法律研究,而不再将法律问题局限在某一个司法管辖区内讨论。

---

〔1〕 现在是法学教育的危机时代的观点,参见 Kyle P. McEntee et al., *The Crisis in Legal Education: Dabbling in Disaster Planning*, 46 U. MICH. J. L. Reform 225 (2012); Steven J. Harper, *The Intractable Crisis in Legal Education: To Understand Why the Crisis in Legal Education Persists, Take a Look at How Law Deans and Professors are Wishing it Away*, AM. LAW. (Sept. 11, 2015). http://www. americanlawyer. com/id = 1202736970724/The-Intractable-Crisis-in-Legal-Education [https://perma. cc/3GNN-JWDX]。现在是一个创新时代的观点,参见 Beverly Petersen Jennison, *Beyond Langdell: Innovating in Legal Education*, 62 CATH. U. L. REV. 643 (2013); Andrew Perlman, *Innovation in Legal Education*, Law PRAC. Today (Jan. 2014), http://www. americanbar. org/content/newsletter/publications/law _ practice _ today _ home/lpt-archives/2014/january14/ innovation-in-legal-education. html [https://perma. cc/X36D - 6WQE]。

〔2〕 See N. R. Madhava menon, Harvard Law sch. Programon the legal profession, The Transformation of Indian Legal Education (2012), https://clp. law. harvard. edu/assets/Menon_Blue_Paper. pdf [https://perma. cc/G9B2 - FC5A]; Simon Chesterman, *The Globalisation of Legal Education*, 2008 Sing. J. Legal Stud. 58, 65.

对某些法学教育主题和问题的探讨已经持续了一个多世纪。1994 年威廉 · 特维宁教授(Professor William Twining)曾说道:[1]

> 所有西方法学院的建设通常有三条道路:成为高等学府的正式成员;成为一个相对独立的法律批评和审查机构;成为一个行业服务机构,在追求崇高的理想、为利益集团提供有偿服务以及清理社会混乱之中来回徘徊。

上述的紧张局面一直存在且有其合理性,因为它们展现了法学院如何作为一座桥梁,搭建起理论与实践、法律与公正、理想与需求之间的联系。大多数法学院旨在追求学术研究,探求真理;批判不同社会与时代中法律的实施效果,并提供专业培训引导学生从事这项涉及行善与积福(doing well and doing good)的职业。事实上,大部分法学院的确成功地将理论与实践结合在一起。

如同法律本身,法学院也可以在保留传统的同时拥抱变革:它们一边保护着过去的传统惯例与法律,一边激励着改革与创新。在过去的两百年,哈佛大学法学院的法学教育发展经历了三个时期,并且在近一个多世纪的时间里,致力于针对越发广泛的法律问题、法律渊源以及法律观点进行辩论和理性论证。即使辩论的话题在不断变化,但是这段历史也着实为未来面临的巨大挑战打下了坚实的基础。

一、哈佛大学法学教育发展的三个时期

在此对长期致力于细心研究法学教育史和哈佛大学法学教育历史的学者们表示由衷的感谢,[2]本文历史回顾的起点可以追溯到工业革命之前。

---

〔1〕 See William Twining, Blackstone's Tower: The English Law School 2 (1994).

〔2〕 See Daniel R. Coquillette & Bruce A. Kimball, on the Battlefield of Merit: Harvard Law School, the First Century (2015); Duncan Kennedy, Legal Education and the Reproduction of Hierarchy: A Polemic Against the System (N. Y. Univ. Press 2004) (1983); Joel Seligman, the High Citadel: The Influence of Harvard Law School (1978); Arthur E. Sutherland, the Law at Harvard (1967); Charles Warren, History of the Harvard Law School (1908); Ralph Michael Stein, *The Path of Legal Education from Edward I to Langdell: A History of Insular Reaction*, 57 Chi. Kent L. Review, 429 (1981).

从中世纪至19世纪中叶,律师主要通过私下阅读书籍,并以学徒身份学习相关技能。

在法学教育发展的第一段时期,法律培训逐渐开始走向正式化。13世纪末,英国开始对那些需要在"愈发专业的英国法院"[1]出庭的人们提供特殊培训。美国在殖民时期以及共和国建立初期,也创设了非正式的学徒制度(apprenticeship)或助理制度(clerking)。例如,首席大法官约翰·杰伊(JohnJay)和总统约翰·亚当斯(John Adams)都曾担任过法官助理。他们作为精英法律人士之一,在这个新兴国家发挥了无比重要的公民作用(civicrole)。[2] 但是,以大学为基础的法学教育却可以追溯到康涅狄格州(Connecticut)立法机关的一项失败的提案。[3] 数年后的1777年,马萨诸塞州一位富有的奴隶主小艾萨克·罗耶尔(Isaac Royall)决定向哈佛大学捐款设立一个医学或法律的讲师职位。由于当时哈佛大学已经设立了医学专业的教学研究岗位,因此学校决定将该款项用于法学院的教学设置。[4] 早期

---

[1] See Ralph Michael Stein, *The Path of Legal Education from Edward I to Langdell: A History of Insular Reaction*, 57 Chi. Kent L. Review, 429 (1981), p.429. 1292年,英王爱德华一世(King Edward Ⅰ)向普通法院法官发出敕令从各郡招募"更为优秀、更有价值、更富前途的学生",要求他们通过旁听案件、参加模拟法庭,以及参与法官和律师共同出席的律师学院(the Inns of Court)聚会,从而学习法庭业务。同时参见 Daniel R. Coquillette & Bruce A. Kimball, on the Battlefield of Merit: Harvard Law School, the First Century (2015) p. 23。

[2] See Ralph Michael Stein, *The Path of Legal Education from Edward I to Langdell: A History of Insular Reaction*, 57 Chi. Kent L. Review, 429 (1981), p.440. 几乎一半的《独立宣言》的签署者是律师;同样,制宪会议(the Constitutional Convention)的成员也有一半以上是律师。转引自 Lawrence M. Friedman, a History of American Law 265 (1973)。

[3] Ibid. ,p.441.

[4] 关于罗耶尔的礼物以及大学根据礼物分配盾牌争议的历史可以在以下网站查看:*Facing History and Looking Forward: Retiring the Harvard Law School Shield*, HARV. U. , http://exhibits.law.harvard.edu/hls-shield-exhibit (https://perma.cc/ 2DWC-GPYN). See Daniel R. Coquillette & Bruce A. Kimball, on the Battlefield of Merit: Harvard Law School, the First Century (2015), p.81 -91. (该段讲述了小艾萨克·罗耶尔自身的天赋、他父亲的种植园及其资源的历史。)哈佛大学法学院开展了成立200周年纪念活动,设立了一块纪念牌,以此纪念那些为学校的首期捐赠提供劳动支持的被奴役的人们。Lydialyle Gibson, *To Be True to Our Complicated History*, HARV. MAG. (Sept. 6, 2017), http://harvardmagazine.com/2017/09/law-school- slavery-mounument (https://perma.cc/4C7P -7WSU).

的法学院课程项目既要服务于国家,又要培养学生在毕业后服务于私人客户。[1] 1829年,美国最高法院大法官约瑟夫·斯多利(Joseph Story)在担任法学院教授时明确提出,法学院应当围绕公共义务和服务来设置课程并安排教学内容。[2] 自此之后,法学教育一直争取在提供公共服务与保护私人利益之间取得平衡。后来随着时间的推移,哈佛大学不断拓展法学院教职工与学生,探索法律问题以及法律渊源的多样性。[3]

1870年至1895年,时任院长克里斯托弗·哥伦布·兰德尔(Dean Christopher Columbus Langdell)为保证"法律制度的公正性和合法性"掀起了一场法学教学法的改革,从而开启了法学教育的第二篇章。[4] 这些改革挽救了一个原本走向没落的机构。1871年有人发表了一份匿名文件[我们推测作者很可能是小奥利弗·温德尔·霍姆斯(Oliver Wendell Holmes)],文中作者认为学生们不用怎么上课或者工作就能获得学位的做法让哈佛大学法学院"几乎成为马萨诸塞邦的耻辱"。[5] 克里斯托弗·哥伦布·兰德尔由此发起了一场课程改革。从长远来看,这场革新不仅改变了哈佛大学法学院,也改变了整个法学教育领域。当时,兰德尔拒绝降低学术和学费标准,这种看似忽略了市场的做法最终表明,一所专业的学校如果提升了其学术价

---

〔1〕 See Arthur E. Sutherland, the Law at Harvard (1967) Sutherland, p. 358. 书中Sutherland曾写道:"学校一直认为自己既要服务于国家,也要为满足私人的需求提供教育培训。但在学校成立的最后三分之一的时间里,学校有意识地将精力集中在完成第一项使命上,事实证明这一点是正确的。"

〔2〕 See Paul D. Carrington, *Law as "The Common Thoughts of Men": The Law-Teaching and Judging of Thomas McIntyre Cooley*, 49 Stan. L. Review, 495, 500 – 501 (1997); William Schofield, *Christopher Columbus Langdell*, 46 Am. L. Reg. (n. s.) 273 (1907).

〔3〕 哈佛大学法学院的第一个非裔美籍学生乔治·刘易斯·拉芬(George Lewis Ruffin)于1868年被法学院录取,他也是美国第一个从哈佛大学法学院毕业的黑人学生。Coquillette & Kimball, on the Battlefield of Merit: Harvard Law School, the First Century (2015), p. 279 – 281. 关于妇女从最初被排斥到最终被接纳的问题,参见下文详述。

〔4〕 See Coquillette & Kimball, on the Battlefield of Merit: Harvard Law School, the First Century (2015), p. 334, 344 – 345.

〔5〕 See William C. Chase, *The American Law School and the Rise of Administrative Government* (1982), p. 25.

值,那么它不仅可以生存下来,而且还可以蓬勃发展。[1]

兰德尔彻底废除了松散的学习模式,他将课程项目改为3年制,规定了课程学习顺序,通过考试评估学生学习情况。[2] 在他的带领下,哈佛大学还要求学生们在法学院入学前先完成本科课程。[3] 学校不再邀请职业律师兼职讲课,而是全部安排全职法律教师授课。[4] 改革后的课程将重点集中在了刑法、宪法以及涉及汇票(bills of exchange)、准合同(quasi-contracts)、股权(equity)、高级财产(advancedproperty)、销售(sales)、信托(trusts)和合伙企业(partnership)等私法领域。[5] 这些课程将普通法视为一般法,而不再与特定的司法管辖区挂钩。[6] 正是得益于上述变化,哈佛大学法学院逐渐从一个地方性机构转变为一个全国性学府。[7]

当然,提及兰德尔绝对绕不过的便是案例教学法(method pedagogy)这一改革措施。此种教学方法重点关注上诉法院的意见,兰德尔经常与学生们探讨书面司法意见中的争议焦点,而不再要求他们脱离上下文背诵法律规则。[8] 学生们和学者们一起以实证研究者的身份开展工作,利用上诉意见来确定工作中的法律原则,并带着苏格拉底式的对话精神发表原创性的批判

---

〔1〕 See Bruce A. Kimball, *The Inception of Modern Professional Education*: *C. C. Langdell*, 1826 – 1906, (2009), p.345.

〔2〕 See Robert W. Gordon, *The Geologic Strata of the Law School Curriculum*, 60 Vand. L. Review, (2007), p.339, 341.

〔3〕 Ibid.

〔4〕 Ibid.

〔5〕 Ibid.

〔6〕 Ibid.

〔7〕 See Paul D. Carrington, *Law as "The Common Thoughts of Men"*: *The Law-Teaching and Judging of Thomas McIntyre Cooley*, 49 Stan. L. Review, 495, 500 – 501 (1997) Carrington, p. 500, 519 – 520.

〔8〕 See C.C. Langdell, *A Selection of Cases on the Law of Contracts* vi – vii (photo. reprint 1983) (1871). 弗雷德里克·肖尔教授强调,兰德尔作出的最重要的进步在于他认为"司法活动可以类比科学观察,法院的判决及其附带意见就是法律研究的原始材料。"而不仅仅"只是法律的证据",参见 Frederick Schauer, Essay, *Law's Boundaries*, 130 Harv. L. Review, 2434, 2438 (2017)。

与评论。[1] 兰德尔还规定,考试不需要陈述规则,但得将法律原则充分体现和应用于假设的案例之中。[2] 然而起初这种方法并未受到学生们的欢迎,兰德尔的课堂出席率开始下降。[3] 后来的杰出律师小奥利弗·温德尔·霍姆斯当时便将兰德尔的教学方法比作"一位生物老师'给了学生一个海胆,然后让他尽可能找到关于海胆的一切'"。[4]

1886年,霍姆斯结束了自己短暂的教师生涯,并加入了马萨诸塞州最高司法法院,其后他在法院内部大力赞扬了兰德尔的案例方法(尽管并未称颂兰德尔本人)。[5] 兰德尔的教学方法逐渐激发了学生们热烈的探讨与辩论,他课堂上的嗡嗡讨论声吸引了越来越多的学生。虽然案例教学法起初因为不看重学习成绩而不受学生们欢迎,但这种方法却在学生们毕业时为他们争取到了更好的工作机会,进而吸引了更多的优秀学子前来求学,并最终得到了众学生的鼎力支持。[6] 在兰德尔担任院长的25年间,他通过案例法为学校筹集了资金,推进了"纯粹"且"脱离政治"的法律概念的发展。[7] 虽然与兰德尔同时代的大多数人并不认同这一概念,但兰德尔的看法似乎抓住了"(时代)的精神",强调技术能力,并得以让法律成为一项独立的精英事业。[8]

---

[1] See Coquillette & Kimball, *On the Battlefield of Merit*: *Harvard Law School*, The First Century (2015), p. 358 – 359; M. H. Hoeflich, *Law and Geometry*: *Legal Science from Leibniz to Langdell*, 30 AM. J. Legal Hist. 95, 119 – 121 (1986), reprinted in 2 The History of Legal Education in the United States by Roscoe Pound, p. 589, 602;以及 Coquillette & Kimball, *On the Battlefield of Merit*: *Harvard Law School*, The First Century (2015), p. 360 – 375。(重构了兰德尔的课堂交流成果)

[2] Bruce A. Kimball, *The Inception of Modern Professional Education*: *C. C. Langdell*, 1826 – 1906, at 165 (2009).

[3] Ibid., p. 140.

[4] Paul D. Carrington, *Law as "The Common Thoughts of Men"*: *The Law-Teaching and Judging of Thomas McIntyre Cooley*, 49 Stan. L. Review, p. 519 (1997) [该文引用了 Liva Baker, The Justice from Beacon Hill 208 – 209 (1991)].

[5] Ibid., p. 519 – 520.

[6] See Bruce A. Kimball, *The Inception of Modern Professional Education*: *C. C. Langdell*, 1826 – 1906, p. 264 – 266. (2009)

[7] See Paul D. Carrington, *William Gardiner Hammond and the Lieber Revival*, 16 Cardozo L. Review, p. 2135, 2149 (1995).

[8] Ibid.

据统计,截至1915年,64%的法学院多多少少采用了案例教学法。[1]

虽然兰德尔的案例法经久不衰,但是由于教师和学生不再将观点当作系统化的研究对象,因此该方法逐渐从兰德尔"法律是一门科学"的观念中脱离。[2] 案例法之所以能坚持下来是因为它充分培养了学生的分析思维,并为实践做了充足准备。[3] 詹姆斯·巴尔·艾姆斯教授(Professor James Barr Ames)在进入法学院学习之前,从未接触过法律,但是在毕业后留校任教并致力于普及案例教学法。[4] 20世纪初,一位艾姆斯教学法(Ames's method)的实践者解释道:教师在陈述案例之后"从学生那里获得了解决问题的决定性意见"。[5] "无论如何,教师都应当做好充分准备来反驳学生,先迫使学生改变观点,然后再次进行反驳,从而逼迫学生承认其第一次的观点才是正确的。"[6]课堂考试和交叉质询(cross-examination)体现的是"法律推理的力量",而不再将法律视作一门科学或者一种固定的知识体系。[7]

---

〔1〕 See Coquillette & Kimball, On the Battlefield of Merit: Harvard Law School, the First Century (2015),p.557; Bruce A. Kimball, the Inception of Modern Professional Education: C.C. Langdell, 1826-1906, at 264(2009). 与之对立的法学院强调道德哲学或政治经济学;芝加哥大学基于法律社会科学研究发展起来。See Robert W. Gordon, *The Geologic Strata of the Law School Curriculum*, 60 VAND. L. Review, 346-347 (2007). 但即使如此,案例教学法也得以传播并成为了主流方式,支持法学作为一个专业的专科和自主的领域的发展。

〔2〕 See Howard Schweber, *Before Langdell: The Roots of American Legal Science*, in 2 the History of Legal Education in the United States, p.606, 631-634.

〔3〕 See William C. Chase, *The American Law School and the Rise of Administrative Government* 25 (1982), p.36-38.

〔4〕 Ibid. ,p.34.

〔5〕 Ibid. (alteration in original) 转引自 Albert M. Kales, *An Unsolicited Report on Legal Education*, 18 Colum. L. Review, 21, 22 (1918)。

〔6〕 Ibid. 转引自 Kales 论述, p.22。

〔7〕 Ibid. 转引自 *Discussion of Kale's Paper*, 30 ANN. REP. A.B.A. 1010, 1025(1907) (remarks of Professor James Barr Ames). 哈佛法学院毕业生、波士顿律师约翰·奇普曼·格雷(John Chipman Gray)便经常使用老师之前教授的"为学生提供一种经验,进而赋予他们'解决法律问题的力量'"的案例法。同时 *Discussion of Kale's Paper*, p.1025 展示了 James Barr Ames 教授的评价。在解决具体纠纷时,案例法给学生们提供了"精神支持"(mental muscles),See Robert W. Gordon, *The Geologic Strata of the Law School Curriculum*, 60 VAND. L. REV. 342 (2007)。关于法律推理与掌握的固定法律知识之间的区别,See William C. Chase, *The American Law School and the Rise of Administrative Government* (1982), p.35。

兰德尔的贡献虽然不可磨灭,但是他的某些做法的确存在问题,在此后的几十年中存在争议。首先,兰德尔反对录取女性学生,因此,当其他院校在大力欢迎女同学时,哈佛大学被甩在了"大部队"之后。[1] 此外,他的案例教学法内容侧重普通法本身,却没有预见到立法、法规和行政的重要性,[2] 因此需要后人在课程中为这些关键性的法律要素开辟空间。当时盛行的法律现实主义(legalrealism)运动旨在批评将"一般法"(generallaw)与其创造者相剥离的观点。[3] 因此有些人认为,兰德尔领导下的哈佛大学不恰当地抵制了这场运动,尽管与此同时小奥利弗·温德尔·霍姆斯和罗斯科·庞德又被视为法律现实主义运动的倡导者。[4]

让课堂成为培养法律技能的载体已然成为了兰德尔以及法学院的美好愿景。然而,曾经的哈佛大学法学院明星学生费利克斯·法兰克福特(Felix Frankfurter)在学院任教一年后,于1915年提出警告,认为法学教育与实践之间存在不正常的脱节并且认为法律教育应当采取行动保障公共福利,法兰克福特写道:[5]

> 如果毕业生们不能感受到社会赋予法律的生命力,不能看到鲜活的法律成为一种服务于社会的力量,那么我们的教学便是一种失败。我们

〔1〕 See Judith Richard Shope, Pinstripes & Pearls: the Women of the Harvard Law School Class of '64 Who Forged an Old-Girl Network and Paved the Way for Future Generations 13 (2003); Arthur E. Sutherland, the Law at Harvard (1967), p. 319 – 320; Paul Massari, *HLS Fetes 50 Years of Women Graduates: For Many, It's a Bittersweet Reunion*, Harv. Gazette (May 8, 2003), http://news.harvard.edu/gazette/story/2003/05/hls-fetes–50–years-of-women-graduates (https://perma.cc/29ES-R4VJ).

〔2〕 See William C. Chase, The American Law School and the Rise of Administrative Government (1982), p. 14.

〔3〕 See Laura Kalman, Lega Lrealism at Yale, 1927–1960, p. 45–66 (1986).

〔4〕 See Bernie R. Burrus, American Legal Realism, 8 HOW. L. J. p. 36–38 (1962); See also Daniel R. Coquillette & Bruce A. Kimball, *On The Battlefield of Merit: Harvard Law School*, The First Century (2015), p. 197–199 (跟踪了哈佛师生所实施的有影响力的工作); See Frederick Schauer, Essay, *Law's Boundaries*, 130 Harv. L. Rev. p. 2436–2446(2017).

〔5〕 See Felix Frankfurter, *The Law and the Law Schools*, 1 A. B. A. J. 532, 539 (1915), reprinted in 2 the History of Legal Education in the United States, p. 673, 677.

必须要让学生们看到法律的工具性，而非其目的性。如果他们并未在意法律的光辉前景，不将法律当作一张普罗克拉斯提斯之床（Procrusteanbed），认为社会中的所有人都必须躺在其中，而是将法律视作一所促进人类进步的重要服务机构，那么学生们便能成为聪明的辩护人，而不仅是律师。

罗斯科·庞德对此也深有同感。1906 年庞德在担任内布拉斯加大学法学院（the University of Nebraska Law School）院长时，向刚成立的美国律师协会（American Bar Association）提议，要求重视“许多民众对法律不满的原因”。[1] 随后 1916 年至 1936 年，庞德又作为哈佛大学法学院院长，致力于推动法律、法院以及律师三方面的改革。他强调应当将“人的因素摆在法律的中心位置”，根据人的条件调整法律原则以及学说。[2]

在法学教育的第三阶段，哈佛和其他法学院相继开设了与行政国家相关的政策分析项目与课程，同时法学教授们也致力于为罗斯福新政的建立出谋划策。[3] 法学院一年级的课程以学习普通法的核心内容为主，将研习合同权和物权作为基础，并在高年级开设了与立法和其他法律法规相关的课程。而选修课则反映了几十年后的公共和社会问题：哈佛大学法学院在 1940 年至 1950 年增设了劳动法；1960 年至 1970 年开设贫困法（poverty law）、民法和城市法（urban law）；1970 年至 1980 年又增添了环境法。最近，围绕学校师生共同关心的话题，哈佛大学又将互联网、娱乐和人权法纳入课程范围。当然，学校课程还可能涉及法律和种族关系、性别与性行为以及残疾等话题，

---

〔1〕 Roscoe Pound, *The Causes of Popular Dissatisfaction with the Administration of Justice*, 40 AM. L. REV. p. 729 (1906).

〔2〕 See Felix Frankfurter, *The Law and the Law Schools*, 1 A. B. A. J. 537 (1915) (quoting Roscoe Pound). 这种强烈的公共使命感首现于威斯康星大学（the University of Wisconsin）。该校大力致力于通过专家知识和专业培训提升人类福利——法学教授们经常努力制定法规，并在董事会与委员会中任职 Paul D. Carrington & Erika King, *Law and the Wisconsin Idea*, 47 J. LEGAL EDUC. p. 297, 324 – 326 (1997).

〔3〕 See Arthur E. Sutherland, The Law at Harvard (1967), p. 287 – 288.

这些课程也都萌生于学生的提议以及学术争议之中。[1]

从第三阶段开始,法律教育不再以白人和男性为主。1871年,尽管当时女性在学术上的成就超越了男性,并且欧柏林(Oberlin)学院、密歇根学院以及其他学校都在推行男女同校制度,但是时任哈佛大学法学院院长的兰德尔仍然拒绝了一名女性的入学申请。[2] 1899年兰德尔曾言:"比起其他任何科目,法律完全不适合女性的心灵。"[3]哈佛大学最终在20世纪50年代开始招收女性学生,并从20世纪70年代起,同其他法学院一起,对更多女性敞开了大门,同时学生生源的多样性开始明显增加,一改往日学院仅有少数非裔美国人和外国学生就读的情形。[4] 学校也为此创新开设了更为丰富的选修课,开始讨论历史上没有一家法学院曾谈及的种族、性别和经济不平等等话题。

从"水门事件"(Watergate)、"安然丑闻"(Enron)到律师、经济学家和银

---

〔1〕 See Kimberlé Williams Crenshaw, Essay, *Race Liberalism and the Deradicalization of Racial Reform*, 130 HARV. L. REV. 2298 (2017); See also Susan Sturm & Lani Guinier, *The Law School Matrix: Reforming Legal Education in a Culture of Competition and Conformity*, 60 VAND. L. REV. 515, 542 (2007)(本文认为,选修课有可能在不改变法律教育的情况下,将差异和歧视问题边缘化). 关于首次开设妇女与法律课程的来源和地点,存在一些争议。比较 Barbara Allen Babcock et al., Sex Discrimination and the Law v (1975)(该文介绍了1969年秋季在纽约大学举办的美国历史上首门"学生自发设立的妇女与法律课程"。),Cynthia Fuchs Epstein, Women In Law 71 (2d ed. 1993)(回顾了纽约大学设立的第一门课程),以及 Diane Schulder Abrams, *Brains vs. Beauty: How the 1968 Miss America Pageant Led to the First "Women and the Law" Course in America*, 97 WOMEN LAW. J. nos. 3 & 4, 2012, at 32, 和 Aleta Wallach, *Genesis of a "Women and the Law" Course: The Dawn of Consciousness at UCLA Law School*, 24 J. LEGAL EDUC. 309 (1972). 金斯伯格大法官回顾了19世纪60年代末学生们提出的开设妇女问题研讨会的要求,她认为这项要求对自己日后成为拥护妇女权利的主要设计师产生了影响。Roya Rafei, *Ruth Bader Ginsburg: The Former Rutgers Law Professor Led the Legal Campaign for Gender Equality*, Rutgers: Rutgers Today (Feb. 29, 2016), http://news.rutgers.edu/feature/ruthbader-ginsburg-former-rutgers-law-professor-led-legal-campaign-gender-equality/20160228 (https://perma.cc/VT4C-B58G). 威廉·鲁宾斯坦教授是最早开设性与法律课程的人之一;作为哈佛大学、耶鲁大学和斯坦福大学的讲师,以及美国公民自由联盟的诉讼律师,他与人合著了关于这一主题的第一本案例集,现在名为 *Cases and Materials on Sexuality, Gender Identity, and the Law*。

〔2〕 See Bruce A. Kimball, *The Inception of Modern Professional Education: C. C. Langdell*, p. 273–275, 1826–1906 (2009).

〔3〕 Ibid., p. 289. (emphasis omitted) 一位历史学家将这种态度归结为学校培养的竞争风格,与"婆罗门绅士"(Brahmin gentry) 和女性"温柔、合意和同情心"的形象形成鲜明对比。Ibid., p. 294.

〔4〕 See Kimberlé Williams Crenshaw & Essay, *Race Liberalism and the Deradicalization of Racial Reform*, 130 HARV. L. REV. (2017), p. 21.

行家在2008年全球金融海啸中的作用,哈佛大学法学院以道德危机为基础,设置了新的课程并对课程内容提出了新的要求。由于当时的法学院往往强调个人道德发展,因此许多学者呼吁学院应当对影响道德违反的结构、激励机制和组织制度给予更多关注。[1] 一些观察学家认为,法律行业本身含有不道德、不愉快、不健康的内容,因此法学院应当培养学生的道德感以此获得法律职业所带来的成就感。[2]

许多法学教师通过多种视角和多方对比,明确将课堂和学术研究的重心放在了批判法律及其变革之上。[3] 长期以来,在研究特定或系统性问题的大背景下,法学教育致力于培养学生们对自由与安全、公平与效率、可预测性与个别化司法等相对立价值的认识。[4] 因此,为了解决上述问题,"二

---

〔1〕 See Elizabeth Chambliss & David B. Wilkins, *The Emerging Role of Ethics Advisors, General Counsel, and Other Compliance Specialists in Large Law Firms*, 44 ARIZ. L. REV. (2002), p. 559; Laurence Etherington & Robert Lee, *Ethical Codes and Cultural Context: Ensuring Legal Ethics in the Global Law Firm*, 14 Ind. J. Global Legal Stud. (2007), p. 95; Deborah L. Rhode, *Institutionalizing Ethics*, 44 CASE W. RES. L. REV. (1994), p. 665; Ronald D. Rotunda, *Why Lawyers are Different and Why We are the Same: Creating Structural Incentives in Large Law Firms to Promote Ethical Behavior—In-House Ethics Counsel, Bill Padding, and In-House Ethics Training*, 44 AKRON L. REV. (2011), p. 679. 对于直指法律从业者工作的文章, See Joseph E. Murphy, Soc'Y of Corp. Compliance & Ethics, Using Incentives in Your Compliance and Ethics Program (2011), http://www.corporatecompliance.org/Portals/1/PDF/ Resources/IncentivesCEProgram-Murphy.pdf (https://perma.cc/NUV9-GNSC), 该书分析了道德与合规项目中设置激励措施的目标和保障方法。

〔2〕 See Patrick J. Schiltz, *On Being a Happy, Healthy, and Ethical Member of an Unhappy, Unhealthy, and Unethical Profession*, 52 VAND. L. REV. 871 (1999).

〔3〕 具有影响力的作品包括:Richard Delgado & Jean Stefancic, *Critical Race Theory* (2d ed. 2012); David Kairys, *The Politics of Law: A Progressive Critique* (3d ed. 1998); Duncan Kennedy, *Legal Education and the Reproduction of Hierarchy: A Polemic Against the System* (N. Y. Univ. Press 2004) (1983); Richard A. Posner, *Economic Analysis of Law* (9th ed. 2014); Richard H. Thaler & Cass R. Sunstein, *Nudge: Improving Decisions about Health, Wealth, and Happiness* (2009); and Anna E. Carpenter, *The Project Model of Clinical Education: Eight Principles to Maximize Student Learning and Social Justice Impact*, 20 Clinical L. Rev. 39 (2013).

〔4〕 讨论入学第一年课程主题以及学习方法的文章,参见 Joseph William Singer et al., Property Law, at xxxv-xlvi (6th ed. 2014). 关于这些紧张关系的学术讨论,参见 Carolyn Edwards, *Freedom of Contract and Fundamental Fairness for Individual Parties: The Tug of War Continues*, 77 UMKC L. REV. 647 (2009) (freedom and security); Thomas O. Main, *ADR: The New Equity*, 74 U. CIN. L. REV. 329 (2005) (关于个性化司法与争端解决中的可预测性); and Lee Anne Fennell & Richard H. McAdams, *Fairness in Law and Economics: Introduction* (Univ. of Chi. Law Sch. Pub. Law & Legal Theory Working Paper Series, Paper No. 489, 2014), https://papers.ssrn.com/sol3/ papers.cfm? abstract_id = 2504819 (https://perma.cc/H3JL-96TD) (解决关于公平和效率是竞争关系还是互补关系的争论)。

战”以后的法律教育越发倾向于借助其他学科的力量来解决本学科的问题。这些学科包括微观经济学、行为经济学、历史、政治学、决策分析、哲学、心理学和组织行为学。得益于其他学科的知识,法律学术研究获得了更丰富的信息,甚至让法学学习者们明白了“像律师一样思考”的意义在何处。[1]

虽然与其他学科交融可能导致法学教育脱离实践而更偏向理论探讨,但是过去六十年来的法学教育则以法律诊所式教育为主,将实践与服务相结合。[2] 早在1913年,哈佛大学和其他几所学校便制订了为贫困市民提供法律服务的计划,但并未将其纳入法学教育的教学和学生修读的学分之中。[3] 20世纪60年代,一些法学院开始将类似教学医院的法律诊所纳入教学安排,同时也旨在提升人们对贫困、种族和性别歧视以及司法救助等问题的关注。[4] 法律诊所为学生提供了一个能够参与公共服务的机会,参与时间和学习机会也比其他的实践活动多了不少。而法学院则需要为法律诊所投入更多的教学资源和空间,将学校与社会需求紧密联系起来。

---

〔1〕 See Nicholas Mercuro, *The Jurisprudential Niche Occupied by Law and Economics*, 2 J. JURIS. p. 61 (2009); Martha Minow, *Law Turning Outward*, *TELOS*, Fall 1987, p. 79. 关于这些发展的争论, See Anthony D'Amato, *The Interdisciplinary Turn in Legal Education*, (Nw. Univ. Sch. of Law Pub. Law & Legal Theory Series, Research Paper No. 06 - 32, 2006), https://papers.ssrn.com/sol3/papers.cfm? abstract_id = 952483 (https://perma.cc/AW9Y - 4E8D); and Lawrence Solum, *Interdisciplinarity, Multidisciplinarity, and the Future of the Legal Academy*, Legal Theory Blog (Jan. 18, 2008), http://lsolum.typepad.com/legaltheory/2008/01/interdisciplina.html (https://perma.cc/9SXD - 9N7L)。

〔2〕 对于该发展的历史, See Laura G. Holland, *Invading the Ivory Tower: The History of Clinical Education at Yale Law School*, 49 J. LEGAL EDUC. p. 504 (1999); and Stephen Wizner, *The Law School Clinic: Legal Education in the Interests of Justice*, 70 FORDHAM L. REV. p. 1929 (2002)。

〔3〕 See N. Y. Statejudicialinst, *Partners In Justice: A Colloquium On Developing Collaborations Among Courts*, Law School Clinical Programs and the Practicing Bar 2 & n. 4 (2005), http://www.nycourts.gov/ip/partnersinjustice/Clinical-Legal-Education.pdf (https://perma.cc/X4WH-BZKR).

〔4〕 See Elliott S. Milstein, *Clinical Legal Education in the United States: In-House Clinics, Externships, and Simulations*, 51 J. LEGAL EDUC. p. 375 (2001); Robin I. Mordfin, *Fifty Years of Clinical Legal Education at Chicago Law*, UNIV. CHI. L. SCH. REC., Spring 2008, at 10.

哈佛法律诊所的前身是学生们于1913年建立的法律援助局(Legal Aid Bureau)。[1] 1970年,著名公益诉讼律师加里·贝洛教授(Professor Gary Bellow)在哈佛开创了诊所式教育的先河,开始尝试广泛为社会提供服务并加强社区参与度。[2] 目前,哈佛大学法学院有30个诊所和11个学生实践部门,80%的学生参与其中。这些诊所和实践活动将公共服务作为教学安排的核心,同时也成为培养学生法律专业性并积累经验的方式。[3] 最初的法律诊所将重点放在帮助深陷诉讼和纠纷的个体,但是随着时间的推移,诊所的工作范围不断扩大,目前的业务包括联邦和国际诉讼、立法动向研究、谈判与调解,以及公司交易和创业中的法律问题。[4] 学校对法律诊所的资源投入以及律师、教师和学生付出的时间,帮助法学院在培训律师的同时推动了

---

〔1〕 See William Piel Jr., *The Student Viewpoint Toward Clinic Work*, 8 AM. L. SCH. REV. p. 228, 235 - 236 (1935); Harvard Legal Aid Bureau, HARV. L. SCH., http://hls.harvard.edu/dept/clinical/ clinics/harvard-legal-aid-bureau (https://perma.cc/C9GF-JHNB).

〔2〕 1960年从哈佛大学法学院毕业后,加里·贝洛教授担任了哥伦比亚特区法律援助会副主任,随后加入了华盛顿特区的联合计划组织(the United Planning Organization),之后又在1966年至1968年担任加利福尼亚农村法律援助会副主任。在加利福尼亚州,贝洛教授将社区组织和对农民工的法律援助结合起来,与当地塞萨尔·查韦斯(Ceasar Chavez)领导下的农民工联合会合作,同时还与时任加利福尼亚州州长罗纳德·里根发生了冲突。见Zona Hostetler在马萨诸塞州剑桥大学与哈佛大学法学院教授Gary Bellow的访谈(1999年3月17日)。(1999年3月17日),https://repository.library.georgetown.edu/handle/10822/709332 [https://perma.cc/R38W-WUHG]。贝洛于1971年加入哈佛大学,担任法学院客座教授,并于1972年成为法学教授,1993年他成为Louis D. Brandeis法学教授。1992年至1996年,贝洛担任了法律诊所的课程主任。他有影响力的著作包括Gary Bellow & Bea Moulton, *The Lawyering Process: The Lawyering Process: Materials For Clinical Instruction in Advocacy* (1978)。

〔3〕 See Externship Clinics, HARV. L. SCH., http://hls.harvard.edu/dept/clinical/clinics/extern-ship-clinics (https://perma.cc/R3JB-DG4S); In-House Clinics, HARV. L. SCH., http://hls.harvard.edu/dept/clinical/clinics/in-house-clinics (https://perma.cc/M998 - 8VRK); Student Practice Organizations, HARV. L. SCH., http://hls.harvard.edu/dept/clinical/student-practice-organizations-spos [https://perma.cc/95T2 - XEJ6]. 哈佛大学与宾夕法尼亚大学、夏威夷大学,都是首批强制要求法学博士(J. D.)提供无偿服务的法学院。学院要求学生提供至少50小时的法律服务,但实际上有些2016级哈佛大学法学院学生的服务时间甚至超过了600小时。

〔4〕 See Ibid.

司法的发展。[1]

随着法学教育逐渐加强对理论、实践、伦理以及学生个人发展的关注,法学院的权限从法院、立法机构、专门法律机构和物理空间扩展到了虚拟现实、政治管理、经济和社会变革以及塑造个体的行为之上。[2] 然而,我们应当一如既往地在保障公信力的同时,注重推理论证并且依靠证据和逻辑来解决争议。[3] 法学教育和学术研究注重和强调区别与类比:提出几个类似(dissimilar)的事实或论点然后将它们推翻重新理解,在此过程中寻找这些类

---

〔1〕 See Laura G. Holland, *Invading the Ivory Tower: The History of Clinical Education at Yale Law School*, 49 J. Legal Educ. p. 504 (1999); Stephen Wizner, *The Law School Clinic: Legal Education in the Interests of Justice*, 70 Fordham L. Rev. p. 1929 (2002); N. Y. Statejudicialinst, Partners in Justice: A Colloquium on Developing Collaborations among Courts, Law School Clinical Programs and the Prac-Ticing Bar 2 & n. 4 (2005); Elliott S. Milstein, *Clinical Legal Education in the United States: In-House Clinics, Externships, and Simulations*, 51 J. Legal Educ. p. 375 (2001); Robin I. Mordfin, *Fifty Years of Clinical Legal Education at Chicago Law*, Univ. Chi. L. Sch. Rec., Spring 2008, at 10; See William Piel Jr., *The Student Viewpoint Toward Clinic Work*, 8 AM. L. Sch. Rev. p. 228, 235 - 236 (1935); Harvard Legal Aid Bureau, Harv. L. Sch.

〔2〕 See William M. Sullivan Et Al., Carnegie Found for the Advancement of Teaching, Educating Lawyers: Preparation for the Profession of Law (2007), http://archive.carnegiefoundation.org/pdfs/elibrary/elibrary_pdf_632.pdf (https://perma.cc/PPF9 - S5S5). 詹姆斯·马克西纳教授(Professor James R. Maxeiner)比较了两个相隔近100年的法律教育委员,并得出结论:(1)基于社会伦理和社会角色,法学院的课程应当整合法律知识、技能和专业身份;(2)新的教学技术应该结合教师授课方式或苏格拉底式教学法与兰德尔的案例教学法进行剖析,进而组合出新的方式;(3)法学院应该设计新的方法来评估学生的学习情况并及时提供反馈。James R. Maxeiner, *Educating Lawyers Now and Then: Two Carnegie Critiques of the Common Law and the Case Method*, 35 INT'L J. Legal Info. 1, 46 (2007). 2006年,在院长埃琳娜·卡根(Elena Kagan)的领导下,我主持了课程改革,为法学博士学生增设三门必修课:立法和法规(Legislation and Regulation);国际法或比较法;模拟争议解决工作坊(Problem-Solving Workshop)。参见 *HLS Faculty Unanimously Approves First-Year Curricular Reform*, Harv. L. Today (Oct. 6, 2006), https://today.law.harvard.edu/HLS-faculty-unanimously-approves-first-year-curricular-reform (https://perma.cc/SZ3S - 2YAN)。

〔3〕 尽管理论上对理性在法院和其他事务环节中的作用存在争论,但法学教育仍然强调理性和逻辑。See Mary Massaron Ross, *A Basis for Legal Reasoning: Logic on Appeal*, 3 J. ASS'N Legal Writting Directors 179 (2006). 在与其他国家读者的交流中,学者们明确阐释了批判性思维和逻辑推理对美国法律教育的重要性。See Paul Gewirtz & Jeffrey Prescott, *Point of Order—Why Legal Education Matters*, CAIXIN (June 1, 2010, 2:53 AM), http://www.caixinglobal.com/2010 - 06 - 01/101045277.html (https://perma.cc/Y8Z7 - R58F). 对于法学院教授的是诡辩术(sophistry)而不是真正的智力工作这一看法,参见 Ralph Shain, *Legal Education and Hierarchy: A Reply to Duncan Kennedy*, 23 Q. J. Ideology 1, 13 (2000),但值得注意的是,即使是这种批评也应当通过逻辑推理和证据来进行论证。来源同上述文章,体现于该文多处。

似观点中的共性与个性,从而明确为何类案的解决方法不径相同。[1] 本期《哈佛法律评论》刊登的纪念哈佛大学法学院成立200周年的文章便完美展示了应用这些方法的成果。

二、争论的建立与重塑

《哈佛法律评论》为庆祝哈佛大学法学院成立200周年刊登了一系列纪念文章。作者们通过合理的论证提出问题,并对此进行充分论述从而展现了各不相同的法律观点。[2] 这些论文展示了重塑争论观点的力量,告诉人们如何在已知的差异之中寻找共同点,并且着重强调了各种观点中隐蔽且不轻易为人发现的不同点。

在《创伤时代的苏格拉底教学法》(*The Socratic Method in the Age of Trauma*)一文中,珍妮·苏克·格森教授(Professor Jeannie Suk Gersen)生动地介绍了她在哈佛大学法学院开创的问题式教学法,[3]她解释了如何在辩论和批评之中,尤其在探讨诸如性侵犯等具有挑战性的话题时"通过发言、推理、质疑和修正学习知识"。[4] 格森在文章中展示了课堂上辩论双方的观点,同时她也分享了自己作为一名权威的专业学者以及边缘化少数群体中一分子的深刻经历。格森告诉读者们在激烈的辩论之中,人们该如何通过有力的质疑和推理加深对特定知识的理解,同时获得对方的尊重。

弗雷德里克·肖尔教授(Professor Frederick Schauer)在《法律的边界》(*Law's Boundaries*)中分析了法律研究与法学著作中对于法律渊源认定的转

---

〔1〕 为了将这些技术与儿童电视节目《芝麻街》(*Sesame Street*)中的基本教学法联系起来,参见Martha Minow, Making all the Difference: Inclusion, Ex-Clusion, and American Law 1-4 (1990)。

〔2〕 每位作者都是哈佛大学法学院的毕业生或教师。金伯利·克伦肖教授(Professor Kimberlé Crenshaw)与弗雷德里克·肖尔教授(Professor Frederick Schauer)是哈佛大学法学院的毕业生;薇琪·杰克逊教授(Professor Vicki Jackson)是哈佛大学法学院的教师;院长约翰·曼宁(Dean John Manning)、珍妮·苏克·格森教授(Professor Jeannie Suk Gersen)以及阿德里安·韦尔默教授(Professor Adrian Vermeule)是哈佛大学法学院的毕业生以及教师。

〔3〕 See Jeannie Suk Gersen & Essay, *The Socratic Method in the Age of Trauma*, 130 Harv. L. Rev. p. 2320 (2017).

〔4〕 Ibid., p. 2320.

变。他追溯历史,首先讲述了哈佛大学法学院院长克里斯托弗·哥伦布·兰德尔如何大胆地将司法判决和意见视为“法律的原材料”,而不再仅仅当成证明法律的证据;[1]接着他展示了哈佛大学法学院后来的院长罗斯科·庞德如何敦促人们通过经验以及社会科学数据,关注不同的社会利益。[2] 肖尔教授还介绍了哈佛大学法学院教授朗·富勒(Professor Lon Fuller)如何提出了自然法的程序性版本[3]以及更为“广阔的”(capacious)法律渊源,[4]而罗纳德·德沃金教授(Professor Ronald Dworkin)则强调了通常法院在审理案件时,并非只在单纯适用正式法律渊源中的法律规则和原则,它们实际上还参与了政策的分析。[5] 肖尔教授通过这些重要法学学者们的相互对话,思考了如何拓宽法律的边界从而涵盖来自其他国家和司法管辖区的新的法律渊源。[6] 最后,他得出了一个引人瞩目的结论:在法律边界扩张的同时,作为研究对象的法学领域却在不断缩小。[7]

约翰·曼宁院长(Dean John Manning)在《没有立法意图的伪装》(*Without the Pretense of Legislative Intent*)一文中充分探讨了一种法律渊源——条例(statutes)。曼宁在众多反对者的意见中找到了共同点,他认为“哈佛大学法学院的现实主义者、进步主义者、新政支持者、法律程序目的论者和现代形式主义者”虽然对于规定(prescription)见解不同,但是他们一致反对探索立法机构难以捉摸的立法意图。[8] 曼宁文中提及的哈佛权威理论家们都认为,立法机关的意图实际上无法辨别,并且“法律解释的争议来源于不同行为者在制度中的角色和关系的复杂性”。[9] 因此,那些用以理解不同

---

[1] Frederick Schauer, Essay, *Law's Boundaries*, 130 Harv. L. Rev. p.2434, 2438 (2017).

[2] Ibid. ,p. 2444 – 2445.

[3] Ibid. ,p. 2447 – 2448.

[4] Ibid. ,p. 2450.

[5] Ibid. ,p. 2452 – 2456.

[6] 肖尔教授指出法律边界的扩张是一种偶然现象,可能随时改变。来源同上,p. 2459.

[7] Ibid. ,p. 2460 – 2462.

[8] See John F. Manning & Essay, *Without the Pretense of Legislative Intent*, 130 Harv. L. Rev. p. 2397, 2401 (2017).

[9] Ibid.

规定的方法,虽然被认为相互之间存在矛盾和争议,但是曼宁却将它们重新调整成了一个共同可行的方案。理论家们在认可国会贡献的同时,也关注国会通常难以解决的棘手问题,因为正是这些难题引起了人们对国会工作成果的意义及其实际应用的争议。〔1〕 但正如曼宁在文中所举的例子那样,上述争论极具现实意义,《平价医疗法案》(the Affordable Care Act)中几个简简单单的词语可以通过解释,成为保障或破坏医疗保险计划落地实施的关键。〔2〕他认为,在此类问题上不应当一味猜测国会议员在支持法案时对于相关词语作何理解(因为有些人甚至没读过草案),而应当关注立法权的本质以及法院的重要作用。〔3〕

在《塞耶、霍姆斯、布兰代斯:司法审查、事实调查和比例原则的概念》(*Thayer*, *Holmes*, *Brandeis*: *Conceptions of Judicial Review*, *Factfinding*, *and Proportionality*)一文中,薇琪·杰克逊教授(Professor Vicki Jackson)探究了三位大家如何以各自方式诠释对立法机构的司法尊让(judicial deference)以及在宪法分析中具有重大价值的怀疑论(skepticism)模式。〔4〕 杰克逊教授主要强调了这三位哈佛校友所持观点的不同之处。詹姆斯·布拉德利·塞耶(James Bradley Thayer)认为应当通过尊重司法来确保立法责任,但这种方法仅适用于联邦立法,并不包括州立法。小奥利弗·温德尔·霍姆斯虽然就这一问题持类似观点,但是他认为应当将司法尊让范围延伸至州立法机构。霍姆斯还对价值观是否可以被认识或达成一致持怀疑态度,并且认为国家需要给民众发声提供一定空间。〔5〕 路易斯·布兰代斯(Louis D. Brandeis)由

---

〔1〕 See John F. Manning & Essay, *Without the Pretense of Legislative Intent*, 130 Harv. L. Rev. p. 2397, 2401 (2017).

〔2〕 See King v. Burwell, 135 S. Ct. 2480(2015); Manning 观点来源同上,p. 2397 – 2399。

〔3〕 See John F. Manning & Essay, *Without the Pretense of Legislative Intent*, 130 Harv. L. Rev, p. 2432.

〔4〕 See Vicki Jackson & Essay, *Thayer*, *Holmes*, *Brandeis*: *Conceptions of Judicial Review*, *Factfinding*, *and Proportionality*, 130 Harv. L. Rev. p. 2349 (2017).

〔5〕 See Vicki Jackson & Essay, *Thayer*, *Holmes*, *Brandeis*: *Conceptions of Judicial Review*, *Factfinding*, *and Proportionality*, 130 Harv. L. Rev. (2017), p. 2353 – 2354.

于沉浸于进步的立法运动之中,因此他提出了另外一种方法,尤为关注社会事实、立法实践以及法律对社会需求所作出的回应。[1] 在强调了上述不同之处后,杰克逊得出结论:"所有人都认为宪法蕴含传统法律研究材料未有之力量。"[2]这里所称的材料包括社会的流行信仰、不同管辖区内的法律规则以及对世界的不同认识。[3]

杰克逊对比了美国宪法实践中的分类和平衡方法与其他国家常用的比例原则宪法审查方法,表明自己学习不同司法管辖区法律的决心。[4] 杰克逊首先认可比例原则审查方法,认为此方式保障了宪法审查的透明度以及优化宪法权利的机会。与此同时,她通过研究其他国家所规定的侵犯宪法权利的情形,质疑了对权利的侵犯程度是否与该行为所侵犯的政府利益程度成正比。[5] 除此之外,她认为美国的法院之所以抵制比例原则审查是由于传统上对立法机构的司法尊让以及价值怀疑论两方面因素的存在。[6] 不仅如此,杰克逊在对比了美国与其他国家的社会文化后得出结论:美国社会注重权威性,而非合理性(justification)。[7]

尽管如此,杰克逊认为比例原则审查有助于推进塞耶、霍姆斯、布兰代斯三位学者所持目标和价值观的实现。该审查方式可以反映詹姆斯·布拉德利·塞耶针对宪法问题的政治家式判断、展现霍姆斯对于手段和目的的阐释并体现布兰代斯对社会事实的尊重。[8] 同时与美国法院通常的分类或平衡方法相比,比例原则审查更为直白。[9] 杰克逊还认为该方式可以体现出法

---

〔1〕 See Vicki Jackson & Essay, *Thayer, Holmes, Brandeis: Conceptions of Judicial Review, Factfinding, and Proportionality*, 130 Harv. L. Rev. (2017), p. 2355, 2359.

〔2〕 Vicki Jackson & Essay, *Thayer, Holmes, Brandeis: Conceptions of Judicial Review, Factfinding, and Proportionality*, 130 Harv. L. Rev. (2017), p. 2360.

〔3〕 Ibid.

〔4〕 Ibid., p. 2361 – 2367.

〔5〕 Ibid., p. 2362, 2364 – 2366(以加拿大为例进行分析).

〔6〕 Ibid., p. 2369 – 2371.

〔7〕 Ibid., p. 2368 – 2369.

〔8〕 Ibid., p. 2371 – 2372.

〔9〕 Ibid., p. 2376.

院比政治部门更具备公正的评估事实的能力,[1]而且尊重立法政策,不需要压制法院在确定事实的同时所具备的保证公正性的特殊能力。[2] 如今在我们这个时代,假新闻满天飞,人们也在不断质疑制度、专家和政府,因此改进法院的论证说理方式远比作出一个个具体决定重要得多。[3]

阿德里安·韦尔默教授在《官僚主义与怀疑:兰迪斯、贾菲和卡根谈行政国家》(*Bureaucracy and Distrust*:*Landis*, *Jaffe*, *and Kagan on the Administrative State*)一文中探讨了行政国家的合法性,这一问题在近几十年中显得越发紧迫。[4] 韦尔默代表了哈佛主要学者的观点,认为行政机构及其监管体系应当保持独立,进而提升其合法性,但学者们支持实现独立性的手段却大相径庭。[5] 在詹姆斯·兰迪斯教授(Professor James Landis)看来,各机构需要独立于总统的权利;路易斯·贾菲教授(Professor Louis Jaffe)认为,独立的法院可以合法向各机构下放权力;而卡根法官(Justice Kagan)则认为只有总统的控制从追求狭隘利益的职能部门、利益集团以及国会委员会中独立出来,总统的管理才能成功。[6] 韦尔默展示了这些截然不同的观点是如何共同认识到那些不可避免的风险。[7] 他认为,追求独立是对民主制度中重要价值的一种保留方式。[8] 这些明显的分歧之下隐含了对民主问责制

---

〔1〕 Vicki Jackson & Essay, *Thayer*, *Holmes*, *Brandeis*: *Conceptions of Judicial Review*, *Factfinding*, *and Proportionality*, 130 Harv. L. Rev. (2017), p. 2392 – 2393.

〔2〕 Vicki Jackson, Essay, *Thayer*, *Holmes*, *Brandeis*: *Conceptions of Judicial Review*, *Factfinding*, *and Proportionality*, 130 Harv. L. Rev. (2017), p. 2392 – 2395.

〔3〕 Ibid. ,p. 2369, 2382 – 2385, 2395 – 2397.

〔4〕 See Adrian Vermeule & Essay, *Bureaucracy and Distrust*: *Landis*, *Jaffe*, *and Kagan on the Administrative State*, 130 Harv. L. Rev. 2463 (2017) ("如果有的话,什么使行政国家合法化" Ibid. , at 2463.); See Charles Krauthammer, *The Trump Cabinet*: *Bonfire of the Agencies*, NAT'L REV. (Dec. 15, 2016, 8: 00 PM), http://www. nationalreview. com/article/443101/donald-trump-cabinet-challenging-bureaucracy (https://perma. cc/LC2G-MG8Z) (特朗普的提名者挑战失控的行政国家).

〔5〕 Ibid. , Vermeule,p. 2463 – 2466.

〔6〕 Ibid. ,p. 2463 – 2466, 2486. 详情参见上文,p. 2469 (Landis), 2473 – 2474 (Jaffe), 2479 – 2482 (Kagan)。

〔7〕 Ibid. ,p. 2486 – 2488. [提及制度性问题,如技术治理(technocratic)能力、合理决策和对政府权力的限制等]

〔8〕 Ibid. ,p. 2463 – 2466.

(democratic accountability)、法条主义(legalism)和专业知识的持续追求,而这些存在竞争的价值如果要获得尊重,则只能针对每一个部分逐步推进。[1] 因此,持反对意见的理论学家们逐渐对这一观点表现出了认同,这不仅意味着他们承认了共同追求的基本价值,而且还显示了多元主义的困境,进而推动实际的调节,不再将问题停留在纯粹概念性的讨论之中。

金伯利·威廉斯·克伦肖教授(Professor Kimberlé Williams Crenshaw)的文章《种族自由主义和去极端化》(*Race Liberalism and the Deradicalization of Racial Reform*)围绕自由主义者和理性主义者之间的论辩展开,双方就法律、法学教育和社会政策如何对待种族问题进行了探讨。[2] 克伦肖结合学院教师的任用、学生活动、法律的批判性与自由性概念,以及更广泛的政治背景,仔细考察了哈佛大学法学院以种族和民权为中心展开的斗争。[3] 德里克·贝尔教授(Professor Derrick Bell)原本是法学院的一位教授,在他离职后学院只剩下了一位黑人教授并且无人能够教授原先贝尔负责的"宪法和少数族裔问题"课程。克伦肖的研究便以此为背景,由此探讨当时法学院的学生和全国各地的批评家如何看待和解决这一问题。起初,法学院并未计划制定替代课程,而是由全国有色人种进步协会(National Association for the Advancement of Colored People, NAACP)领导人杰克·格林伯格(Jack Greenberg)(一位白人)和朱利叶斯·钱伯斯(Julius Chambers)(一位黑人)负责该门课程的三周教学。这一做法引发了全国讨论,只是比起思考教授们的教学方法、长期任命以及改变现有法学教育的可能性,人们将重点放在了议论教授们个人的种族身份上。[4] 这场争论的参与者激发了批判性种族理论(Critical Race Theory)的发展,使它成了一项运动以及对法律和法学教育

[1] See Adrian Vermeule & Essay, *Bureaucracy and Distrust: Landis, Jaffe, and Kagan on the Administrative State*, 130 Harv. L. Rev. 2463 (2017), p. 2487 – 2488.

[2] See Kimberlé Williams Crenshaw, Essay, *Race Liberalism and the Deradicalization of Racial Reform*, 130 Harv. L. Rev. (2017), p. 2298.

[3] Ibid., p. 2298, 2300 – 2316.

[4] Ibid., p. 2308 – 2316.

的一种批判方法。[1] 克伦肖结合社会和政治背景,探讨了激进主义者和自由主义者对种族不公正的不同反应,以及自由主义法律理论和实践该如何通过保持中立、确立学术标准、提倡融合、无视肤色(colorblindness)等概念来规避风险和挑战。[2] 克伦肖的文章不论是其论证本身,还是在分析权力对政治的普遍影响以及揭露批判性种族理论家与种族自由主义者的争议焦点和误解方面,都极具潜力与效力。

三、持续与变革

在过去的200年里,法学教育发生了巨大变化,这种改变不仅仍在持续,甚至还在加速。如今社会、技术和政治的快速发展在为法学教育变革带来一定现实压力的同时,也提供了充分的研究主题和物质资源。我们不妨思考下列现实问题:信息技术和数字工具领域发生了巨大转变;生物医学领域将基因突破、生物技术和纳米技术作为改革的重点;全球化将经济、各类职业、文化甚至是生物与计算机病毒联结在了一起;资源稀缺与全球气候变化成为人们关注的焦点;经济、政治和气候等造成了大规模的人口增长和人口迁移。

上述转变产生了一些基本问题,而问题的答案将改变人类的经验形态。法学院所解决的问题、法学教育的日常活动以及法律从业群体无不体现着这些变化,而在处理问题、保障社会秩序以及提高人类福利方面,律师将发挥不可或缺的作用。

相较于长盛不衰的案例教学法,法学教育中的持续性斗争更引人注目,即如何平衡理论和实践,如何培养律师,以及如何在批判法律和法律职业的同时又加强其发展。法学院的经营模式以及法律服务的商业模式影响深远,不可忽视:谁能进入法律专业领域?除了为支付了费用的客户服务,法律行业以及法学院应当对其他利益给予多少关注?学生是否有机会既能行善又

---

〔1〕 See Kimberlé Williams Crenshaw, Essay, *Race Liberalism and the Deradicalization of Racial Reform*, 130 Harv. L. Rev. (2017), p. 2298 - 2399, 2312, 2316 - 2317.

〔2〕 Ibid., p. 2304 - 2306, 2309, 2312, 2314 - 2316.

能积福呢？这些问题都将由财政援助、贷款豁免以及其他支持法学教育的资金条款来决定。

虽然克里斯托弗·哥伦布·兰德尔因为发明了案例教学法而被人铭记，但是他愿意反思法学教育的使命和经营模式的做法本身也十分重要。他拒绝老旧的经营模式，转而支持独立的法律专业标准。对兰德尔来说，这种独立的专业标准意味着在学费上涨的同时，提高入学门槛、学分要求以及毕业标准。[1] 如果在未来重新思考法学教育的使命和经济上的可行性，可能需要进一步加强法学院提供公共服务的使命，通过直接的法律服务解决社会和经济问题。其实法学院可以做的还很多，如它可以评价国家治理制度的合法性和有效性，并为管理公共和私人机构设计改进方案，同时法学院今后也应当加强明确真相并提升政府行为公正性的技术。为了促进正义和保障社会秩序，法学院应当加深对人类差异、不公平的历史以及维持可持续生态环境所需条件的理解。

律师是帮助构建辩论和寻找替代解决方案的基石。通过民法、宪法、行政法规等法律工具以及对抗性和协作性程序，律师可以利用分析性论证将道德和法律制度联系起来，将利益转化为交易和决定。这些技术甚至可以体现律师、法律和法律机构如何保护自己免受批评和变革的影响。小奥利弗·温德尔·霍姆斯如是说："艺术家在一棵树上看到了生长的线条，商人在一片混乱中看到了机会，律师在许多戏剧性的细节中看到了原则。"[2] 律师擅长识别复杂且抽象的人类价值和目标，并将其转化为制度和实践。我们想方设法调和相互竞争的利益并解决冲突。我们在海上修理法律之舟，甚至试图在航行中设计一艘新船。如今混乱不堪的选举、危机重重的网络攻击与核武器危害、民粹主义的政治运动以及恶势力威胁着宪法制度、民主与法治的建立，有

---

〔1〕 See Bruce A. Kimball, *Christopher Langdell: The Case of an "Abomination" in Teaching Practice*, NEA HIGHER EDUC. J., Summer 2004, p. 23 – 24.

〔2〕 Letter from Justice Oliver Wendell Holmes, Jr., Assoc. Justice, Supreme Court of the United States, to Dr. John C. H. Wu (June 16, 1923), in Justice Holmes To Doctor Wu 12, 13 (1947).

违启蒙运动中对真理与事实的追求，同时破坏了第二次世界大战后世界的和平，因此世界各国和各地区应当携手修理和设计这艘法律之舟。事实上，我们的确已经行动起来做了一些正确的事情：我们在共同迎接挑战时，向人们普及法律常识，并教授他们该如何进行部署分析。哈佛大学法学院200多年来所形成的创新和批判的传统为未来提供了重要资源。

200年前，在一所大学内设立法学院是一场赌博。在教育下一代、为社区提供服务、追求知识与真理、批判法律学说以及改革法律与法律机构等使命之中一直存在能够提升效率的紧张关系(Productive tension)。我们的共同目标是追求有理有据的论证、说服他人，并培养相互间的信任、尊重和沟通。本文介绍的六篇文章充分展示了阐述个性与共性、综合与重构的能力，读者们可以加入上述学者们的讨论，提升该能力。

关于重视培养高素质涉外律师人才队伍的建议

黄　绮　杨立民*

在全面推进依法治国大背景下，如何培养一批具有国际视野、通晓国际规则、能够参与国际法律事务和维护国家利益的涉外律师人才，成为摆在我们面前的一个迫切需要解决的问题。中国涉外律师需要适应国内国际双重转折的“新常态”，为我国深化改革和扩大开放提供全方位、高质量的法律服务。涉外律师人才培养是一个系统工程，需要从政府、行业协会、律所、学校等各个层面制定具有前瞻性、通盘性的长期规划，培养出具有国际化视野的高端复合型涉外律师队伍。

一、重视涉外律师人才培养的时代背景

2020年11月16日，习近平总书记在中央全面依法治国工作会议上强调，要坚持统筹推进国内法治和涉外法治，加快涉外法治工作战略布局，协调推进国内治理和国际治理。党的十九大报告指出，全面依法治国是中国特色社会主义的本质要求和重要保障，是国家治理领域的一场深刻革命。党的十八大以来，习近平总书记围绕全面依法治国发表了一系列重要论述，以习近平同志为核心的党中央把全面依法治国纳入“四个全面”战略布局中。中央全面深化改革领导小组第二十四次会议通过了《关于发展涉外法律服务业的意见》，并经司法部等四部委联合印发，对发展我国涉外法律服务业作出了全

* 黄绮，上海外国语大学法学院副教授；杨立民，上海对外经贸大学贸易谈判学院教师。

面部署。

总体上，当前我国涉外律师业在整体上呈现出规模小、数量少、分布散、业务杂、质量低、经验不足的特点，这导致它们在国际法律服务市场的竞争力比较低，不能适应我国高水平对外开放格局和日益多元化的涉外法律服务需求。究其原因，还需要从人才培养模式、行业准入门槛、实操训练平台等方面切入考虑。在全面推进依法治国大背景下，中国涉外法律服务业应适应国内国际双重转折的“新常态”，为我国深化改革和扩大开放提供全方位、高质量的法律服务。因此，培养一批具有国际视野、通晓国际规则、能够参与国际法律事务和维护国家利益的涉外法律人才，成为一个迫切需要解决的问题。

二、加强培养涉外法律服务人才的现实需求

（一）高端复合型的涉外法律人才十分短缺

高端复合型涉外法律人才，是指那些具有扎实的法学功底和较强的外语能力，能够在国际机构、涉外部门以及跨国律所等场所熟练处理涉外法律事务的综合型法律人才。当前，我国既熟知国际法、国际贸易法、WTO规则等国际经贸规则，同时又精通多国外语，能够直接参与国际合作与国际竞争的具有国际化视野的涉外法律人才还十分匮乏。中国企业与美国、欧盟等国家或组织发生的反倾销反补贴、知识产权、海事海商、公益索赔等纠纷，主要是外国律师在操刀办案，中国律师只起到辅助性的作用。究其原因，主要是中国涉外律师业还不够成熟，能够参与国际竞争的律所和律师比较少。

在新时代，高端复合型涉外法律人才严重缺乏，将会在很大程度上影响我国“一带一路”等国家重大发展倡议的有效推进和实施。总之，中国律师业的发展，不能只体现在从业人数的增长上，还应注重培育一批规模化、专业化、规范化、国际化的律师事务所和具有国际视野、专业水准且诚信勤勉的涉外律师。

（二）中国律所与知名外国律所在综合实力上存在差距

经过三十多年的快速发展，中国法律服务业日渐成熟，如今中国很多优

秀的涉外律师可以操着流利的外语与外国同行进行平等地交流沟通。但是,中国律所在人事管理、文本制度、收费标准、考核准则等方面都还不如国际大型律所做的专业和规范,在存续历史、人员规模、业务收入、人均创收等方面与国际知名律所的差距也很大。很多实力雄厚、规模巨大、国际知名的外国律所大都有百年以上的历史,有的甚至存在了近3个多世纪,而中国现代意义上的律所大多产生于20世纪90年代。律所的品牌、口碑、文化传统、人才培养机制等,都不是靠复制移植能够在短期内建立起来的,而是需要长时间慢慢积累的。

(三)中国律师业"走出去"的能力有待提升

在衡量一国律师业的发展程度时,该国律所的海外布局也是重要参考因素。在经济全球化的今天,很多外国律所都积极开展海外布局,在世界各地开设分支机构。对于一些具有市场潜力的国家和地区,一些外国律所即便是在当地能够开展的业务有限,甚至不盈利,也要积极进驻该地,为的就是能够在该法律服务市场及早布局,以便在未来发展中抢占先机。换言之,有条件、有能力在全球法律服务市场进行战略布局,象征着一国法律服务业的综合实力。

加入世界贸易组织后,中国法律服务市场的对外开放程度是空前的,大量外国律师业涌入中国。然而,在互惠原则下,中国律师业的海外布局却相对较少。进行海外布局,在很大程度上代表了一家律所在国际法律服务市场上竞争资源的能力。就海外布局能力而言,中国律所在总体上与全球排名靠前的外国律所存在较大的差距,这实际上反映出中国律所的综合实力还没达到与历史悠久、实力雄厚的外国律所同台竞技的能力。因此,培养具有国际化视野的高端复合型涉外法律人才,是发展我国涉外法律服务业的当务之急。

三、当前我国涉外律师人才建设面临的困境

(一)法学教育模式粗糙

当前,中国的法学教育不是精英教育,大专院校只要初具条件,便可以开

设法学专业。一些高校在不具备培养法科学生的条件下,也竞相开设法学专业,师资配备跟不上,就由其他非法科的教师或者从其他学校借老师来上课。这种模式下培养出来的法律人才,质量参差不齐,整体水平不高。涉外法学教育的问题主要体现在两个方面:一是涉外法学教育过于偏重理论,缺乏对实践的重视;二是涉外法学知识太过陈旧,教师和教材都不能让学生了解最新、最前沿的国际法学动态。

(二)行业准入门槛过低

在过去很长一段时间内,中国律师行业的准入门槛很低,没有接受过法学教育的非法科人士也可以参加司法考试,通过后就可以申请获得律师执业资格。这虽然会使中国律师的数量逐年增长,但是大部分人都集中在保民生的低端服务领域。2018 年以“法律职业资格考试”取代“司法考试”以后,法学教育背景成为参加法律职业资格考试的必备条件之一。但是,《国家统一法律职业资格考试实施办法》第 9 条第 5 款的规定还是预留了两个“口子”:第一,“全日制普通高等学校非法学类本科及以上学历并获得相应学位且从事法律工作满三年”的规定,意味着毕业于其他专业的人,只要从事三年以上的法律工作,就可以报考法律职业资格考试。第二,第 9 条第 5 款所规定的“法学类”,不是指纯粹的法学专业,而是包罗很多非法学专业的“大类法学”。教育部《普通高等学校本科专业目录(2020 年)》规定的“法学类”包括法学、知识产权、监狱学、信用风险管理与法律防控、国际经贸规则、司法警察学、社区矫正七个专业。在未来,这两个“口子”必将成为非法学专业的人士进入律师行业的主要途径,应当予以关注。

(三)缺乏实操训练平台

无论是全球范围内还是在中国境内,涉外律师业务量其实并不饱和。但是,在当前的行业发展中,国际法律业务的吸引力并不高。不少留学归来的法学毕业生并没有从事涉外法律事务,而是进入一些收入高、见效快的传统业务领域。为配合“一带一路”国家倡议,2018 年司法部公示了全国千名涉外律师人才拟入选名单。同年,上海市也公布了一份包含 30 家律所的《上海市涉外法律服务示范机构公示名单》。虽然,这两份榜单中的律师和律所都宣称可以从事涉外法律服务,但是其真实的对外业务能力有待进一步验证。笔者一一查询这30家律所的官网,围绕“一带一路”作出详细的业务能力介绍的律师事务所只有2家。

四、关于改善涉外律师人才队伍质量的建议

涉外法律人才的培养是一个系统工程,涉及培养目标设置、课程体系建设、外语能力培养、教师队伍配备、培养效果评估等诸多方面,这些要素之间形成了一个有机的整体。笔者认为需要从以下几个方面着手:

(一)政府层面

1. 制订具有前瞻性和通盘性的长期规划。首先,对于涉外法律人才的培养,可以将之纳入政府的五年规划中,制订年度涉外法律人才培养计划。比如,在一些大学的学科设置上,可以予以一定的政策支持,从法律教育层面加强对涉外法律人才的培养。其次,推进涉外法律实践的开展。优质法律人才培养,应该注重对基础能力和实践能力的双向发展。政府和学校应该为学生和学者提供理论和实践交流的平台,在资金和政策允许下,构建国外法律实训基地,让法律人才通过短期或长期留学见习,深入了解各国的社情民意、风土人情,熟悉国际组织运作、理解国际规则,积累法律实践经验。

2. 协调好律师短缺和人才培养质量的关系。截至2019年年底,全国共有执业律师约47.3万人,而中国现有人口14亿以上,平均下来约每2960人拥有1名律师。但是,不能为了发展律师队伍的规模和数量,而忽视行业质量问题。尤其是涉外律师人才,培养周期过长、成长困难。粗放型的培养模式和行业准入门槛,会导致行业竞争无序化,进而引发“劣币驱逐良币”的现象。或者说,中国法律服务市场的需求在不断扩大,而很多中国律师却还面临较大的生存压力,究其根源,还是与自身的业务素质不高有关。提升中国涉外律师队伍的整体素质,首先要从源头抓起,改善现行法律人才培养模式,适当调整提高律师行业的准入标准,把好“质量关”。例如,厘清涉外法律人

才培养目标和定位,确立特色质量监控体系,加强对培养过程的管理,不断提升涉外法律人才的规格和水平。

3. 将涉外律师人才的培养政策落实到地。在过去很长时期,国家层面对涉外律师业缺乏政策扶持和配套制度支撑。对于中国律师如何“走出去”,相关政府部门是“有规划、有政策”,但是“无措施”,有的政府部门还持有某种偏见。随着中央对涉外法律人才的重视,这种状况才开始有所改观。相关政府部门应该拿出切实举措,将培养涉外律师人才的规划和政策落实到地。比如,教育部门与政法部门在全国范围内就培养多语种法律人才单位展开调研,择优设立培养基地,加以重点支持。具体而言,司法部、商务部、中华全国律师协会可以联合建立涉外法律服务语种数据库,鼓励上海外国语大学、北京外国语大学、对外经贸大学等涉外院校有针对性地加强某些稀缺语种法律人才的培养。

4. 规模化发展涉外律师业。首先,由于涉外法律人才比较稀缺,且分配不均,因此可以从行业的层面改变组织形态和业务模式相对分散的局面,形成良性化的行业集中度,规模化发展涉外律师业务,为涉外律师人才的培养提供良好的实操平台。其次,关注特殊涉外法律人才的就业问题。鉴于目前复合型法律人才毕业就业时仍是一种“自生自灭”的状态,国家应当有计划地主动从应届毕业的复合型法律人才中择优录用到与“一带一路”等国家倡议有关的决策部门或研究单位中,将好钢用在刀刃上。最后,涉外法律服务业具有人才培养成本大、市场培育期长、业务拓展风险大、创收相对滞后等特征,因此政府应该在行业发展初步阶段予以一定支持和资助,加大对涉外律师业的政策支持和财政资助,以壮大涉外律师事务所的实力和能力,提升它们的国际竞争力。

(二)律协层面

1. 律师协会应成为涉外律师人才培养的主阵地。首先,建议充分利用各地律师协会的“律师学院”这个平台,统筹开设涉外法律实务课程,聘请专业涉外律师担任实务导师,将律师学院打造成培养涉外律师人才的“黄埔军校”。其次,制订青年律师出国留学培训计划,提高涉外律师人才的涉外能力。律师协会及有条件的律师事务所设立涉外律师培训基金,通过助学金或者补贴形式,帮扶律师赴境外进行短期业务培训和长期留学深造。再次,在律师和企业之间搭建平台,选拔涉外律师到在外投资的中国企业中接受“轮训”,使他们在为我国企业“走出去”提供法律服务的同时,也得到实践锻炼。最后,与特色涉外院校开展合作,重点建设多语种特别是小语种法律人才培养项目,在培养经费、培养过程、实践基地建设以及国际合作交流等方面予以专项支持。

2. 发展涉外律师人才队伍。首先,按照司法部要求和有关部门、大型企业的具体需求,发展一批涉外律师人才,对符合条件的应批尽批。加强企业合规、海外法律风险审查等方面的培训,尽快提高涉外律师人才的政策理论水平、法律专业素养和业务实操能力。其次,律师协会应定期开设涉外法律培训课程,邀请国内外专家为涉外律师讲解国际通行规则、外国法律体系、涉外法律服务文书撰写、商务谈判技巧及案例分享等内容,进行涉外法律理论和实务培训。鼓励律师事务所对所内律师开展语言能力、文化背景、礼仪基础等方面的培训,提高涉外业务能力。

3. 协助政府部门落实好相关政策。近年来,从中央到地方,都很重视涉外法律人才的培养建设,比如,司法部有“千人名单”,上海市有“30家示范机构名单”。政府部门的初衷是好的,但是架不住大家“跟风而上”。所以,建议在申报条件中加入一个“硬性任务指标”,规定被评选上的律所每年要培养若干名涉外律师人才,由各地省级律师协会评估把关,将国家的政策价值凸显出来。

4. 加强涉外律师业的品牌建设。法律服务市场的竞争,说到底是对客户资源的竞争,而这又不可避免地要回归到人的素质上来。律师事业的成长、竞争力的增强,律师事务所好的品牌的树立以及律师业在社会中独立性的维护,归根结底取决于律师素质。因此,中国涉外律师人才的成长,要从提高涉外法律服务的质量、树立强烈的品牌意识做起。

（三）律所层面

1. 为涉外律师搭建执业平台。律所是培养律师人才的第一线，发展涉外涉律师业，还要鼓励律师事务所建立完善的涉外人才培养机制。由于行业发展历史短、国际化经验不足、创收压力大、涉外业务开拓成本高等原因，我国专门从事涉外法律服务的律师事务所比较少。一些律所即便设有国际业务部门，也因不受重视等而形同虚设，没有实际的法律项目，无法培养律师的涉外专长。所以，要鼓励律所积极建设涉外业务团队，长远规划，特色发展，储备一批熟悉国际法律法规、在特定专业领域具有丰富实务经验的涉外法律人才。

2. 加强对涉外律师人才综合能力的锻炼和提升。从事涉外法律业务，不仅需要律师精通国内国际法律知识，还需要他们拥有较高的外语水平和丰富的专业服务经验。因此，如何提高外语能力以及如何快速积累涉外法律项目实操经验，是摆在我国涉外律师人才培养面前的两大难题。法律是一门实践学科，律师的业务能力可以在执业过程中得到锻炼和提升。所以，律所要积极地开拓涉外法律业务，有条件的律所可以进行海外布局，为涉外律师提供锻炼的机会和平台，在实践中提升他们的综合业务能力和素养。选拔优秀涉外青年律师，在境内集中培训后，再送至国际机构、国际律所实习，培养出具有实践经验的涉外法律服务后备人才。

3. 注重培养涉外律师的综合管理者角色。中国涉外律师应该定位于集经营、策划、咨询和法律事务于一体的综合管理者角色，尽可能地维护好客户的合法利益，与客户建立起相互信任的合作关系。当面对客户时，律师工作的专业化程度、工作方式和质量、沟通能力和语言优势、对客户需求的了解程度等，都是体现律所品牌的重要内容。优质、全面、精细、专业的服务，高效系统的管理，是律所树立自身品牌，提升国际竞争力的必经之路。

4. 多渠道多层次吸纳涉外法律人才。鼓励和支持律所在涉外企事业单位、仲裁机构、国际组织中吸纳高层次法律人才。比如，充分利用驻海外各类机构、社会组织的网络优势，加大对熟悉国际经济合作、国际贸易、跨境投资、国际金融和资本市场、涉外能源和基础设施、涉外海商海事、打击跨国犯罪与追逃追赃、涉外民商事诉讼与仲裁、涉外能源与基础设施、涉外知识产权及信息安全领域和管辖权、豁免权、海洋法、国际刑法等公法领域的海外高层次法律服务人才的引进力度。

(四)学校层面

1.深化改革涉外法律课程的设置和建设。首先,通过全面研究不同国家或地区的法律制度和教育体制,取长补短,整合优质的法律教学资源和国家法治建设前沿成果,充实课程内容,丰富和提升法律人才的知识储备,以应对多变的国际法律环境。在深化国内教材创新编写的同时,积极引入国外法律教材,通过整编改革,逐步建立起契合国内外法律教育发展方向且符合国家战略发展需求的法律课程体系,为国家经贸战略布局培养出更为优质的具有实效性的涉外法律人才。其次,完善学科体系,优化培养方案。比如,提升国际法学的学科地位,将国际法确立为法学门类下的一级学科,开展国际法学本科教育,加强高素质国际法教师队伍建设。

2.优化涉外法律人才的教育方法和培养模式。首先,深化改革涉外法律课程的教学方法。认真总结和挖掘我国在法律人才培养方面的有益经验和成功案例,从中寻找有益于人才培养的客观规律,在此基础上积极探索对接国家重大战略发展需求的法律人才课程改革的基本方向。通过课程引进、课题讲座等方式延伸法律课堂内容,尤其应强化国际惯例课程的深度和广度。通过邀请国际经济法、国际私法等相关领域的法律专家进行专题讲座,帮助学生了解和掌握更多的涉外法律知识,拓展专业知识,以此增强国际法律意识。

其次,创新涉外法律人才培养模式。当前我国法学教育的同质化现象相当严重,因此错位发展、差异化培养将会是未来法学教育的一个重要方向。法学院校可以综合考量自身教学科研优势、地缘优势、师资条件等,围绕特色发展、质量提升等主题,精心构思,在涉外法律人才的培养路径方面进行大胆的探索。创新涉外法律人才培养模式,主要是贯彻合作办学和双语教学的理念，将培养“法学＋某门外语＋其他专业”的国际化复合型的应用类法律人才作为最终目标。在涉外法律人才培养中，强调与本校外语学院以及国外友好院校的实质性合作，可以更好地充分利用国内外教学资源，快速提高学生的语言水平和综合知识储备。

3. 提升中外交流水平，强化涉外实践教学。首先，探索中外合作培养机制，加强与外国高水平大学和智库机构的交流协作，在教师互派、学生互换、学分互认、学位互授或联授等方面积极开展工作。其次，有培养涉外法律人才资质的院校，应当与我国涉外政府部门和企事业单位、外资企业、国际组织等建立有效的合作交流机制，为涉外法律人才的成长搭建实习、实践平台。

从电影《黑水》看法律电影的三个特点

王伟臣*

原始社会之后,法律业已成为人类社会的一种基本的制度规范,不管是杀人放火,还是婚丧嫁娶都涉及法律问题,所以大多数电影都会涉及法律。但涉及法律,并不意味着它们就是法律电影。法律电影作为故事片的一种重要类型,至今已经有近百年的历史。笔者通过对近百部经典法律电影的赏析总结了法律电影的三个特点:第一,以法律场所(法庭、陪审员讨论室、律所、法学院、其他执法的场所)为故事的主要发生地点;第二,以法律职业者(律师、法官、检察官、警察、法学学生)或诉讼参与者(原告、被告、第三人)为故事的主角;第三,以法律实体/程序问题的讨论为故事的主要内容。下文拟以2019年上映的美国影片《黑水》(*Dark Waters*)为例展开说明。

一、以法律场所为故事的主要发生地点

这部电影是根据真实事件改编的一起环境侵权诉讼案件。整个故事从原告的律师事务所开始。而后依次出现的场景为:律师的家里;律师的外婆家;原告的农场;律师的家里;本案被告——化学公司举办的酒会;原告的农场;律所主任办公室;律师家里;律师办公室;被告举办的酒会;律所公共空间;法院立案处;律所档案室;小镇餐厅(原告吃饭);律师办公室;律所档案室;大城市餐厅(律师与专家证人交流);小镇教堂(原告一家人参加);律师

* 王伟臣,上海外国语大学法学院副教授,法学博士。

家里;律所档案室;原告家里;律所办公室;律师家里;律所档案室;律所主任办公室;律所会议室;原告家里;被污染的小镇街头;律师家里;律所复印室;律所会议室;律所主任室;取证听证会;潜在受害者的家里;律师的车里;律所会议室;律所电话部;法庭;潜在受害者的社区;被告会议室(录像取证);律师车里;被告会议室;大城市酒吧(律师讨论);律师车里;律师家里;原告葬礼现场;小镇餐厅(律师吃饭);律师办公室;律师家里;律所主任办公室;教堂活动(律师一家参加);加油站(出现了有名的受害者);律所办公室;律师车里;大城市餐厅(律师一家聚餐);法庭。可以发现,这部电影主要有四处场景,即律所、律师家(包括车里)、原告居所、被告居所。这其中,律所和律师家的场景各占据了整部电影的1/3,原告、被告的居所则构成了剩下的1/3。所以这部电影主要以法律场所为故事的发生地点。

二、以法律职业者为故事的主角

这部电影的主角是一位名叫罗伯特·比洛特(Robert Bilott)的律师。他在辛辛那提的一家律师事务所工作了8年之后终于晋升为律所合伙人。这家律所的主要客户都是大型的化工企业,主角律师在过去的8年中主要研究的是与环境责任有关的“超级基金法案”(Superfund Law)。换言之,主角律师及其所在的律所都是为大型化工企业提供法律服务的。所以当原告——一位农场主想聘请他起诉美国化工巨头杜邦公司时,立刻遭到了拒绝。但是当他得知原告来自他从小长大的故乡时,便开始一步步走向化工企业的对立面。整部电影的叙事也基本上围绕着主角律师的活动而展开。与上述第一点密切相关的是,电影的四个主要场所,即律所、律师家(包括车里)、原告居所、被告居所也都是由主角律师串联起来的。凡是出现律所的镜头基本上都有主角律师的身影;律师家就是主角律师的家;只有主角律师到访过原告居所;而前往被告居所取证的也只有主角律师一人。这部电影虽然以环境侵权案件为核心,但是观众对于这个案件的了解完全是在主角律师的带领下逐步实现的。他的好奇、愤怒、付出、挫折以及最终的成功和案件本身的进展完美地融为一体。除了主角律师之外,他的妻子和律所主任的戏份也很充足。一个是贤内助,一个是顶头上司,他们都是主角律师承办这个案件最主要的支持者。

三、以法律实体/程序问题的讨论为故事的主要内容

关于法律实体的讨论,这部影片主要关注点同时也是法律电影的经典议题——正义。在故事的开始阶段,妻子和主任都不赞同主角律师承办这个案件。比如,主任曾发出质问:这个当事人应该聘请一位当地律师,而且他也付不起你一小时275美元的律师费!主角律师回答道:可以申请意外开支(contingency)。主任反驳说:老天,我们现在成什么了,慈善机构吗?此外,妻子也明确表达了不解和抱怨。也正是在妻子的一再追问下,主角律师终于向其(当然也是向观众)解释了他的发现:杜邦公司将军用的有毒性化学材料PFOA/C-8转移到民用领域并销售至千家万户,且杜邦公司完全了解这种化学材料的致病性。当律所主任知道这一点后,便义无反顾地选择站在主角律师和受害者的一边。在律所合伙人会议上,主任甚至力排众议,坚决要求向杜邦公司发起集体诉讼。他向在场的其他投反对票的合伙人表示:你们都看证据了吗?还有没有良心?怪不得美国人最恨律师!由此可见,这部电影在法律实体方面主要渲染的还是法律的正义价值。它试图歌颂的是,维护正义是法律人的重要使命。

除了实体问题以外,作为一部法律电影,《黑水》在法律程序方面也是着墨众多。影片前3/5展示了杜邦公司所生产的C-8物质的有毒性。但问题在于,就环境侵权案件而言,想要获得支持,必须向法庭证明这种有毒性对受害人的人身造成了伤害。但由于美国环保局在当时并未掌握C-8的资料,所以没有确立这种物质的有毒标准。因而杜邦公司同意出资组建一个独立科学小组,由3位与此案没有关系的科学家组成,这个科学小组将会研究这个诉讼集体的成员,来确定暴露在C-8环境中是否增加了这个地区的患病率。如果科学小组发现某种疾病确实和这种物质有关,那么所有人的健康状

况将得到永久监护(Medical Monitoring)。集体里任何患病的成员都可以向杜邦公司要求损害赔偿。但如果科学小组没有发现与此物质有关的疾病,那么这个案子就此结案。所以,这部电影也在告诉我们,想要实现正义,除了实体的依据以外,还需要满足特定程序的要求。而这也是法律和伦理的重要区别。

四、余论

当然,这部电影并不仅仅只是一部法律电影。它在以上三个方面都有可以讨论的空间。就第一点故事场景而言,《黑水》在叙事上有非常巧妙的设计。例如,作为故事的主要发生场所,律所的场景并没有集中到一处,而是分散为律所前台、会议室、主任办公室、主角律师办公室、律所打印室以及律所档案室。这种布局展示了一个复杂法律案件在律所内部的流转,极大地提升了案件本身的可信度(当然这个案件本身就是真实案件)。与此相关,这部法律电影描写法庭的场景相对较少,似乎是为了呈现律师之所以能够在法庭上展开唇枪舌剑的较量是因为在此之前做了大量辛苦的准备工作。

第二点是关于律所与主角的成长和蜕变。首先,主角律师所在的律所是一家为化工企业提供法律服务的律师事务所,但最后这家律所却把超级巨头杜邦公司告到了法庭。其次,主角律师本人尽管研究了超级基金法案很多年,但据他自己表示,其对于化学知识并不了解。但经过极端刻苦的专研,终于从海量的档案材料中发现了致命的化学元素。最后,主角律师还曾一度陷入绝境。因为科学小组分析数据耗时太长,导致主角律师身心俱疲,甚至出现了休克。但最终主角律师克服了这些困难,在世界范围内发起了一场反对PFOA的法律运动,成了所有律师的楷模。

第三点的实体问题和程序问题也都有可以延展的空间。比如,当原告提出,既然已经掌握了证据,为什么不能把杜邦的老板绳之以法?主角律师回答道:没办法,法律需要证据,而所有能够证明C-8杀了你的牛的科学家都是为杜邦公司服务的。而杜邦公司则想尽一切办法拖延这场诉讼,极大地提高了代理此项集体诉讼的律师事务所的代理成本,逼迫其放弃代理。当然,这种拖延也是合法的。在影片的最后,经过了 7 年之久,主角律师终于接到了科学小组的电话:“数据量实在太大,让我们进行了人类历史上规模最大的一次流行病研究。数据无可争辩的显示,我们已经发现持续接触 C-8 物质所导致的六种疾病,如肾癌、睾丸癌、甲状腺疾病、先兆子痫、高胆固醇、溃疡性结肠炎……集体诉讼里有 3635 人都患上了这些病……这一地区可以获得医疗监护,所有的患者都可以提出赔偿……你干了一件好事,比洛特先生,你干得漂亮!”

综上所述,《黑水》不仅是一部典型的法律电影,也是一部优秀的法律电影。

《论语》中的法律思想探析

李　颖*

由孔子的弟子及其后学编集的《论语》是一部记载孔子言语行事的重要儒家经典。自西汉以来,《论语》所阐述的孔子学说,迅速扩展,其影响力遍及政治、思想、文化、教育、伦理道德等各个领域,成为中国传统文化的一大标识。不管识字不识字,皇帝宰相还是平民百姓,自觉还是不自觉,意识到或者没有意识到,《论语》所宣讲、传布、论证的那些道理、规则、主张,已经代代相传,长久地渗透在中国两千年来的政教体制、社会习俗、心理习惯和人们的行为、思想、言语中了。[1] 从法律思想层面来看,《论语》阐述的是儒家以礼为价值观,提出的对于社会治理、规则之治、道德约束等方面的独到见解。这些观点并不能与现代法治直接等同,也不能简单套用西方法学概念、理论评价衡量其优劣。但其中所包含的情、理、法统一,重视社群和谐、家族伦理、教育感化、自我约束,强调协商民主、避免诉讼纷争等,具有与现代民主政治暗合的积极基因。《论语》在道德主义的命令话语下,现实和理论非常复杂地交织在一起,宗教、政治、伦理三者相互交融。当代社会只有将这三合一的传统条分缕析,才有可能在不同层面研究对其中的法律思想"批判的继承"和"转化性的创造",使之成为我国现代社会治理的有益元素。

---

* 李颖,上海外国语大学法学院讲师,文学博士。

〔1〕 参见李泽厚:《论语今读》,三联书店2004年版,第2页。

一、礼法结合、执法原情:注重道德教化作用

礼是古老中国的一种社会现象,不仅起源早,而且影响到整个传统中国社会,直至今天仍有广泛影响。礼的观念和学说是中国传统文化的核心,它关涉到社会生活的各个领域,调整着人与人之间的社会关系。而礼与法的相互渗透、法律实施中强调情的因素,构成了中国传统法律最本质的特征。

据考证,礼起源于原始社会祭祀祈福的一种宗教仪式。所谓“礼,履也,所以事神致福也”。[1] 由于人们重视慎终追远,希望通过庄重而又频繁的祭祀仪式得到上天眷顾和祖宗庇护,所以礼字在甲骨文中屡屡出现。由此可见,最初的礼是古人祭祀活动中必须遵守的一系列仪轨规程。在历史发展过程中逐渐演变成为一整套要求人人遵守奉行的普遍规则。礼的系统化、规范化始于周公制礼。周公制礼的范围相当广泛,其出发点和归宿是“尊尊”和“亲亲”,尊尊为忠,亲亲为孝,前者旨在维护君权,后者旨在维护父权。这种政治与伦理相统一的理论,是礼的思想基础。

传统中国社会之所以如此强调礼与法的结合,主要是因为儒家思想认为礼是人与禽兽,文明与野蛮的分水岭。古人认为,人之所以成为人,而与禽兽相区别,是因为人知礼义廉耻。孔子言:今之孝者,是谓能养,至于犬马,皆能有养,不敬,何以别乎?正是由于人接受了礼义,才有了尊卑之辨,长幼之序,夫妇之别。礼不仅设定了父子有亲、君臣有义、贵贱有等、长幼有序的最高行为规范和道德标准,也为社会各阶级、阶层制定了一套一般的行为规范和是非观念。例如,为尊者讳、父子相隐、为孝屈法等。这些规范和观念并没有法律的强制力,但往往会得到全社会的自觉遵守。甚至在与法律发生冲突矛盾时,民众一般会选择按照礼的观念来行事,且被社会赞颂为美德。

在一般民众的社会公共生活中,礼普遍表现为“情”,这是礼的外在具体化。执法原情是执行法律过程中根据礼来确定执法尺度和范围。这种观念

---

〔1〕(东汉)许慎:《说文解字》,上海古籍出版社2021年版。

曾饱受理论界诟病,不少学者也因此认为中国传统社会缺乏法治基因,用道德规范取代法律制度,具有很强的随意性和不可预测性。的确,在执法中过多考虑礼的因素(法外因素),会存在一些显而易见的弊端。

首先,礼本身是一个内涵不清晰的模糊命题。通观《论语》,包括整个儒家学说,并不重视逻辑体系建构和思辨体系论证。孔子也很少谈及抽象的思辨和纯粹理论,他所言及的“仁”“礼”都非常具体,少有“什么是”(what is 和 being)的问题,所问特别是所答总是“如何做”(how to)。例如,子路曰:愿闻子之志。子曰:老者安之,朋友信之,少者怀之。这一实用理性的特征,使得礼的视角、语言和方法都不同于西方哲学的思维模式。不确定命题纳入法律适用中,自然会导致执法随意和可能的腐化。其次,家族社会关系的亲疏远近将导致法律适用的不平等。法律规范本身是刚性的,但礼却认为根据不同的亲疏关系应采取不同的态度和标准,此种观点必然导致执法过程中具有过大伸缩性,因为伦理关系的圈层是随着主体的变换而伸缩变化的。事实上,中国人的行为模式有一个变化的过程:在家人连带(包括真实的家人和拟制家人)范围中,中国人是集体主义的,可以为了家人无私奉献和付出。然而,超出家人连带范围,中国人就变得超越个人主义。〔1〕最后,以情屈法会导致个体权利无法得到有效保护。因为按照情所确定的尊卑有序观念,个人利益必须服从于家族利益。在个人利益受到侵犯时,不待适用法律,已经可以根据道德作出判断。个人的权利被牺牲,反过来又会使民众无法形成法律意识和观念,更不用说对法律的信仰。

但从另一个角度来说,在执法过程中“恰当”考虑情的因素,或者说注重道德教化,也并非毫无可取之处。需要考虑的是,在哪个环节以及何种程度上考量道德和情感的问题。无论在中国或西方国家,现代法治虽不采“原心定罪”,但又普遍会在定罪量刑时考虑“犯罪动机”“主观恶性”,以更好发挥法律的教育引导功能。《论语》中已提出这种见解。子曰:道之以政,齐之以

〔1〕 参见罗家德:《中国治理:中国人复杂思维的9大原则》,中信出版集团股份有限公司2020年版,第29页。

刑,民免而无耻。道之以德,齐之以礼,有耻且格。单纯用政治和刑罚手段来治理社会,民众可能不敢犯罪,但却会缺失道德感。如果注重道德教化,用礼来纯洁民风,人民不但有廉耻之心,而且人心归服。〔1〕

注重道德规范在社会治理中的作用,还会促使治理部门更加注重探究犯罪产生的根源。古代的公正理论始于德性,现代的理论则始于自由,我们也不能全然摆脱关于公正的道德评判。〔2〕注重教育感化,能从根本上发挥法律的示范教育作用,减少犯罪,淳化社会风气。如《论语》所写,子之武城,闻弦歌之声,夫子莞尔而笑曰:割鸡焉用宰牛刀。子游对曰:昔者偃也闻诸夫子曰:君子学道则爱人,小人学道则易使也。子曰:二三子,偃之言是也。前言戏之耳。孔子到武城听到一片弹琴唱歌的声音,笑道杀鸡何必用牛刀。子游道出老师的教诲:君子学了礼乐就会爱人,小人学道就更容易听从指挥。可见,法治与德治相辅相成,方能实现法安天下,德润人心。

二、家族本位、伦理法治:亲亲得相首匿

传统中国社会家国一体,宗法血缘关系对社会许多方面都有强烈的影响,尤其是宗法与政治高度结合形成的特有政治法律体制。家是国的微缩,国是家的放大。所以,当有人问孔子为什么不去从政时,孔子说,一个孝顺父母的人,必能友爱兄弟,将孝顺、友爱的道理和精神,传布给当政的人,这也算是从政,何必一定要自己当官才算是从政呢?在孔子看来,家国同构的社会里,治家和治国是相通的,修身、齐家、治国、平天下依次递进。谓国君为大宗子,称地方官为父母官,视一国如一大家庭。〔3〕

《论语》中有一段孔子与叶公的对话,经典地阐释了家族本位与国家法律制度的关系。叶公语孔子曰:吾党有直躬者,其父攘羊,而子证之。孔子

〔1〕 参见《论语译注》,杨伯峻译注,中华书局2018年版,第15页。

〔2〕 参见[美]迈克尔·桑德尔:《公正——该如何做是好?》,朱慧玲译,中信出版社2012年版,第9页。

〔3〕 参见梁漱溟:《中国文化的命运》,中信出版社2013年版,第148页。

曰:吾党之直者异于是,父为子隐,子为父隐,直在其中矣。叶公告诉孔子说,在他们那个地方,老百姓的思想和行为举止都比较直爽、耿直,没有什么狡诈。如果某人的父亲偷了别人的羊,他的儿子肯定会挺身而出告发他的父亲。孔子却不以为然,他说,如果儿子做错事,当父亲的为了亲情,会为儿子隐瞒一点;父亲做错了事,儿子也会替父亲隐瞒一点,这是人之常情,所谓直的道理也就自然在其中了。对此,朱熹在《论语集注》解释:父子相隐,天理人情之至也。故不求为直,直在其中。程树德在《论语集释》解释:无他,爱之必不能无等差,而仁之不能一视也,此之谓公也,非一公无私之谓也。子为父隐,父为子隐,直在其中,皆言以私行其公,是天理人情之至。可见,传统社会生活中极力维护家族伦理,甚至不惜突破法律规定,都属于"天理人情之至"。

家族本位、伦理法治的观念形成不是偶然的,而是有其深刻的社会原因。首先,占统治地位的自然经济是家族本位产生的经济原因。在传统封建社会,自给自足的自然经济是社会生产的基础。一户就是一个生产单位。在这个相对狭小的生产单位中,社会分工比较有限,商品交换并不发达,农业和手工业紧密结合在一起,男耕女织的内部分工,使得依靠家族内部就能解决吃穿住行等大部分生活消费问题。这种结构的家庭是传统社会最基本的细胞和单元,要维护国家政权的稳定首先要保护家庭的稳定和生产效率。而自然经济生产方式下家庭的稳定就需要赋予家长管理、监督生产和支配家庭财产的权力。因此,国家用法律的形式确认封建家长制家庭,赋予家长特殊的治家之权,以维护家庭关系稳定。如传统法律规定的家长主婚权、送惩权等。其次,儒家思想所主导的亲亲、尊尊、长长思想是伦理法治的理论基础。儒家学说不仅推崇宗法制度,而且论证了家长权和家国相通的正当性。所谓"天无二日,国无二君,家无二尊。""天下之本在国,国之本在家。"这是儒家的一整套治国兼治家的方案。如《论语》中所言,贤贤易色,事父母,能竭其力。事君,能致其身。与朋友交,言而有信。虽曰未学,吾必谓之学矣。又如,孟懿子问孝;子曰:无违。最后,中国社会的"差序格局"是家族本位的社会结构原因。传统中国社会中,亲属关系、地缘关系等社会关系中,以自己为中心像水波纹一样推及开,愈推愈远。社会中最重要的亲属关系就是这种丢石头形成同心圆波纹的性质。亲属关系是根据生育和婚姻事实所发生的社会关系。生育和婚姻所结成的网络,可以一直推出去囊括无穷的人,过去的、现在的和未来的人物。这个网络像个蜘蛛的网,有一个中心,就是自己。[1]

家族本位、伦理法治中一个突出的难题是,如何处理涉及亲属犯罪的案件。因为制度设计不仅关乎法律所保护的社会利益,还关系到社会最基础的家庭结构稳定。如何在两者之间实现取舍和平衡,取决于一个国家的传统文化和价值取向。在此问题上,许多西方国家,也与《论语》中所提倡的亲亲得相首匿观念有着相同之处。当今世界上一些法治化水平和程度很高的国家,法律制度中还保留着隐匿亲属一般犯罪不处罚或减轻处罚的规定。比如,英美法国家,夫妻之间享有拒绝透露和制止他人透露只有夫妻之间知道的信息,不能强迫夫妻一方做对配偶不利的陈述。日本法律也规定,一定范围内的亲属和关系密切的人之间享有拒绝作出不利于亲属的陈述,甚至隐瞒、包庇也可以得到减刑或者免除刑罚。

当然,传统社会推崇家长治理,赋予家长治家之权并不意味着国家对发生在家族内部的矛盾纠纷完全置之不理。只是对于家族内部发生的,没有严重危害到社会公共安全和国家政权的普通民事纠纷,国家允许家族予以处理。一旦涉及国家根本利益,国家仍要行使司法权予以惩治。家族和国家通过分而治之实现社会治理的平衡。

我国现行《刑事诉讼法》规定:“凡是知道案件情况的人,都有作证的义务”,可见现行法律并没有允许亲亲相隐,亲属隐瞒包庇还有可能触犯包庇、窝藏等罪。即便如此,在司法实践中,犯罪动机、原因和社会关系仍是重要考虑的因素。例如,最高人民法院《全国法院维护农村稳定刑事审判工作座谈会纪要》规定,对于因婚姻家庭、邻里纠纷等民间矛盾激化引发的故意杀人犯

---

[1] 参见费孝通:《乡土中国》,人民出版社2008年版,第28页。

罪,适用死刑一定要十分慎重,应当与发生在社会上的严重危害社会治安的其他故意杀人犯罪案件有所区别。该规定表明,社会关系被作为量刑因素予以充分考虑,与亲属相隐理念和法治一般规律是相符的。

三、人本主义、安分守己:强调个人行为边界

早在春秋战国时期,经过儒家和不同学派的论证,传统社会已经较为全面地确立了人在自然和宇宙中的地位及人的社会价值,深入地探讨了人的道德本性和天人关系,并且初步形成了维护人生命与尊严的一些法律原则。强调以人为中心,重视人的尊严和价值。孔子的仁学不仅具有特殊历史意义,也为政治法律提供了人道主义的基本原则。如将“爱人”转化为“亲亲而仁民,仁民而爱物”。[1] 在政治价值观方面宣传“民为贵,社稷次之,君为轻”,形成了对统治者的道德约束。[2]

但应当看到,传统社会对于人的定义是“仁者,人也”。“仁”是“人”字旁一个“二”字,也就是说,只有在“二人”的对应关系中,才能对任何一方下定义。传统中国这类“二人”对应关系包括:君臣、父子、夫妇、兄弟、朋友。这个对“人”的定义,到了现代,被扩充为社群与集体关系,但在“深层结构”意义上则基本未变。[3] 因此,在儒家创建的仁学中仍是强调在伦理关系中定义人的地位。

从《论语》一书出发,我们更可见孔门的教法,一面极力避免宗教之迷信与独断(Dogma),而另一面务为理性之启发,除宰我、子贡外,其他处无非指点人用心回省。[4] 例如,曾子曰:吾日三省吾身,为人谋而不忠乎?与朋友交而不信乎?传不习乎?子曰:贤哉回也!一箪食,一瓢饮,在陋巷,人不堪其忧,回也不改其乐。贤哉,回也!巧言乱德,小不忍,则乱大谋。换言之,个

---

〔1〕《孟子·尽心上》。

〔2〕《孟子·尽心下》。

〔3〕参见[美]孙隆基:《中国文化的深层结构》,广西师范大学出版社2004年版,第13页。

〔4〕参见梁漱溟:《中国文化的命运》,中信出版社2013年版,第50页。

人只能向内用力,一方面强调内心的修养,另一方面自觉约束自己的言行,使之不逾矩。假设参加科举考试失败,你只能自责,或归之于不可知之数,而无可怨人。你只能回环于自立志、自努力、自责怨、自鼓舞、自得、自叹……一切都是"自"之中。尤其是当走不通时,要归于修德行,只有"反求诸己""尽其在我"。[1]

所以,《论语》所确定的以人为本仍是建立在封建专制主义基础上的以人为本,主要表现为重公权、轻私权,重国家、轻个人,重义务、轻权利,其有独特的表现形式。首先,儒家以立足现世、拒绝彼岸世界的立场抑制了宗教和神学在中国的发展,也使西方式的教会法未能在中国社会施展对专制皇权的压制性作用。儒家并没有完全摆脱"天"的羁绊,相反往往借助"天"的威慑作用为现实的政治法律服务。《论语》没有对人格神的崇拜。但通观中国历史,知识分子、士大夫既非彻底的信仰某种人格神,又很少对此完全不信——大多处于似信非信之间。这可能与《论语》所避讳谈论鬼神,即"子不语怪力乱神"有关;而孔子又一直强调"敬鬼神而远之","祭如在,祭神如神在"。其次,在儒家的人本主义体系中,人是作为一个"类"而存在的,其价值通过家族成员的身份体现出来,而不具有独立个体的存在价值。在法律领域,家族宗法组织才是法律关系的主体,个人一般情况下是不能作为法律主体参加各种法律关系的。

《论语》所强调的人本主义是建立在安分守己基础上的。要求民众通过修身律己,实现道德上的自我约束、自我克制,内省和消灭物质上的欲求,以达到人与自然、人与社会和谐的状态。在这种价值取向下,个人的首要价值是维护国家和家族秩序的稳定,以及对君父的忠孝和各种需要承担的义务。至于个人的利益,则在社会舆论下受到排斥,这使得以个人为核心的权利观念在传统社会很难得到彰显和发展。但安分守己本身并非不容于现代社会治理。只不过在现代治理方式转型过程中,需要将对于礼的自我约束转化为

---

〔1〕 参见梁漱溟:《中国文化的命运》,中信出版社2013年版,第168页。

对于法律和规则的自我约束,以在法律设定的个人行为边界范围内实现行为自由。

四、调处息争、无讼是求:追求社会和谐大同

无讼的价值取向是以中国传统文化的深厚积淀为基础的。孔子主张德治,以教化来争取民众的拥护。所以他不主张单纯依仗刑罚,这也是儒家与法家的根本区别。他认为公平的审理诉讼并不关键,重要的是使诉讼不发生,消弭诉讼产生的根源。[1] 无讼是和谐家族、和谐社会在法律上的反映。就法律思想而言,中国古代的法律虽然以刑法为主,但刑罚并不是最终目标。如《周礼》所言刑罚的目的在于:“刑期无刑,辟以止辟。”孔子在《论语》中反复重申“仁者爱人”“己欲立而立人,己欲达而达人”“己所不欲勿施于人”等,都是反对为了争而诉讼。长期的教育已把外在的规则化成了内在的习惯,维持礼俗的力量不在身外的权力,而是在身内的良心。[2]

从人类社会产生,社会矛盾纠纷就不可避免的出现了。在国家产生前,社会矛盾纠纷主要依靠私力救济和部落、家族内部权威第三方解决。国家产生后,解决社会矛盾纠纷,特别是刑事案件的司法权已经收归国家专有。在法律制度上,私人不得通过自力救济解决刑事纠纷。而民事纠纷则在司法审判之外,存在调解等多种解决方式。用简单、便捷、经济的方式解决矛盾纠纷不仅是中国古代社会的追求,也是人类社会普遍的需求。

追求无讼是传统中国社会治理的价值取向,通过调解方式解决矛盾纠纷则是实现无讼的具体手段。传统社会的调解是在矛盾纠纷发生后,由第三者主持,根据礼制习俗文化和社会道德规范,进行劝解,促使矛盾纠纷当事人协商解决争端,维护家族、社会和谐稳定。调解的形式有官府调解、官批民调、民间调解等,其范围虽仅限于民事案件和轻微刑事案件,但均贯穿了“息讼”、“德化”以及“和谐”等原则与精神,体现了中国传统诉讼文化的最高价

---

〔1〕 参见金良年撰:《论语译注》,上海古籍出版社2004年版,第139页。

〔2〕 参见费孝通:《乡土中国》,人民出版社2008年版,第68页。

值取向。

传统中国的调解制度之所以能够从古至今长盛不衰,不仅因为它简单有效,更重要的是它符合人类社会追求和谐的核心价值理念。通过不同的手段、方法、制度来化解矛盾纠纷,实现社会和谐,对人类社会具有普遍意义。传统中国社会对纠纷解决的理念主要是:在日常生活中,纠纷是不可避免的。但是诉讼则应该是谨慎的。解决纠纷的最好方法不是打官司,而是“以理”调处。诉讼是不得已而采用的纠纷解决方式。清官难断家务事,在事实无法弄清的情况下,纠纷的解决应该力求不伤害争讼者任何一方。在和谐思想支配下,亲人邻里的纠纷一旦诉讼到公堂,官员也常常会采用拖延的方法,使当事人冷静下来,另寻解决的途径。

调解有强大的理论体系和社会观念作基石,故能踏入雅俗与共的主流文化之列,成为一种长久的文化传统。因为追求无讼,“息讼”就成了地方官治理地方的要务。地方官每到一个地方都会发出安民告示,告诫民众不要为了一些细故轻易的到官府打官司。明末清初著名思想家李渔作《资政新书》,记载了江宁地方官俞砚如到管辖地的第一件事就是出告示“劝民息讼”。告示言:“兹本县下车伊始,职在亲民,要知亲民吃紧关头,亦即在使民无讼。”山东曲阜孔庙碑刻《忍讼歌》中的描述最为生动:世宜忍耐莫经官,人也安然己也安然。差人奉票又奉签,锁也要钱开也要钱。行到州县细盘旋,走也要钱睡也要钱。约邻中正日三餐,茶也要钱烟也要钱。三班人役最难言,审也要钱和也要钱。自古官廉吏不廉,打也要钱枷也要钱。唆讼本来是奸贪,赢也要钱输也要钱。听人诉讼官司缠,田也卖完屋也卖完。食不充口衣不全,妻也艰难子也艰难。始知讼害非浅鲜,骂也枉然悔也枉然。

在我国古代的文献典籍中,并没有“调解制度”的直接表述和记载,但在尧舜时期就出现了调解制度的萌芽,战国时期的《韩非子》中就有相关记载。学界普遍认为,虽然中国古代调解制度长期广泛存在,但直到元代才正式入律并具有文本法律的意义。当然,调解制度的非法律文本化,并不意味着调解的功能弱化或淡化,因为在古代中国社会,调解制度更属于“礼治教化”的范畴。与其说调解是一种规范法律制度,不如说是社会普遍认可的一种“习惯法”。国家对这种“习惯法”不仅默许,而且在一定程度上大力支持。如顾炎武《日知录》中的“乡亭之职”的主要职责就是调解。如果这些小官人人都尽职尽责,社会的治理就可以达到“口算平均、义兴讼息”的地步。在谈到明代乡亭时,顾炎武也充分肯定了申明亭以及乡里老人解决纠纷、维护社会稳定的作用。

时至今日,传统社会追求无讼及纠纷解决理念与现代社会治理在本质上仍是一致的。与判决、仲裁等其他纠纷解决方式相比,调解具有简便快捷、成本低廉、意志自由、非对抗性、私密性强等特点,是非零和博弈,可以达到案结、事了、人和。在资源上,实现民间法和国家法的互动和整合,不仅节约了司法资源,还借力了法外资源。现代商业社会不同于传统农业社会,全球经济一体化,科学技术日新月异,互联网高度发达,追求效率成为现代社会的普遍愿望。而传统的纠纷解决理念恰好为化解矛盾的同时追求效率提供了一条有效的路径选择。

当然,在追求无讼的同时,应当防止走向另外一种极端。其一,无讼不是没有矛盾纠纷,只是矛盾纠纷不必都通过诉讼方式解决,以最大限度地维护原有的社会关系稳定和社群和谐,以低成本、高效率的方式化解纠纷。而不能无视纠纷、压制权利或者漠视纠纷,否则会产生更大的矛盾。其二,无讼不能漠视民众权利,不能取代司法裁判。法治水平的提升,离不开民众权利的培育和增强。无讼应对的是知权利而让渡权利,拥有权利而协商保留权利。追求无讼和调解也不能取代社会治理的规则构建。因此,我们仍然面临着由传统的无讼观念向现代法律规则架构下权利意识、协商民主转型的任务。

结　语

《论语》中的法律思想,既有与现代社会治理相暗合的积极因素,也有与民主政治不尽一致的内容。从不同方面进行辩证研究,并通过中西方法治文化对比,探究其有利于现代社会治理的积极因素,从而准确把握法律发展的客观规律,将有助于增强建设法治社会的主动性。值得指出的是,传统是历史文化的积淀,只能更新、不能割裂。失去传统就丧失了民族文化的特点,失去了发展的历史和文化源泉。在当前世界经济一体化、中西文明互鉴的时代背景下,我们尤其应当注重从传统法律文化中吸收养分,兼收并蓄,使其焕发出新的生机,实现中国社会治理方式的现代化转型,为世界法治文明发展提供中国智慧。

《公民:一部美国抒情诗》中的种族形象定性与特雷沃恩·马丁案

殷书林*

2012年2月26日,在美国佛罗里达州的桑福德(Sanford)发生了白人社区保安乔治·齐默曼(George Zimmerman)枪杀17岁黑人男孩特雷沃恩·马丁(Trayvon Martin)一案(以下简称特雷沃恩案),此案引发了社会各界对司法公正、种族主义、控枪、种族形象定性和正当防卫等问题的激烈争论,然而,陪审团最终支持了齐默曼的正当防卫辩护理由,作出了无罪判决。这一判决结果顿时引起了轩然大波,多地民众和民权组织纷纷游行抗议,由此也开启了延续至今的"黑人的命也是命"(Black Lives Matter,BLM)运动。

与陪审团的判决相左,非洲裔美国诗人和批评家克劳迪娅·兰金(Claudia Rankine, 1963年至今)在她的第5部诗集《公民:一部美国抒情诗》(*Citizen*: *An American Lyric*, 2014)中,从现实案例和历史追溯两方面切入问题实质,为特雷沃恩案提供了一个全新解读路径,对读者深入了解美国社会根深蒂固的系统性种族主义和日益凸显的社会撕裂的深层次、结构性缘由不无启示。

一、"你与描述相符":《公民:一部美国抒情诗》中的种族形象定性案例

根据《牛津在线英语辞典》(Oxford English Dictionary)中的定义,种族形

* 殷书林,上海外国语大学法学院副教授,英语语言文学博士。

象定性(racial profiling),从狭义上讲,“特指美国政府执法部门以种族或族裔为标准,而非行为或证据,进行有选择性的执法”。现在也泛指“基于种族或民族的种族歧视或种族形象固化(racialstereotyping)”。美国国会通过的《2011 年消除种族形象定性法案》(End Racial Profiling Act of 2011)给出了更为专业的定义,把种族形象定性界定为:“执法人员或执法机构根据种族、族裔、国籍、性别或宗教信仰来选择个人接受日常或临时调查活动的行为,或者在首次调查之后以此为依据决定执法范围和内容的行为。”〔1〕

兰金在《公民:一部美国抒情诗》里呈现了大量种族形象定性案例,其中既包含严格意义上的种族形象定性,也包含普通民众尤其是白人群体对非洲裔黑人的种族形象固化和歧视案例。

在白人警察眼里,黑人通常是犯罪嫌疑对象,是拦截盘查的重点目标人群。在《公民:一部美国抒情诗》中的“拦截与盘查”(stop and frisk)部分,兰金讲述了三个关于无辜黑人遭遇警察拦截搜查的真实案例。案例中的黑人没有超速行驶,没有任何非法行为,但是,当警车把他们截停后,警察呵斥道:“趴到地上! 趴到地上!”,或者“举起双手!”,还被“拷上”。〔2〕 有的不仅被拷上,还被跪压锁喉,如其中一位黑人男子所说,“警官用膝盖跪在我的锁骨上”。(107)为了凸显这些案例的共性,兰金在叙事过程中巧妙地使用了抒情诗中常见的副歌技巧,每讲述一个案例之后,便再现副歌部分,以此凸显此类案例的反复发生:

> 你并不是那个小伙,但是你与描述相符,因为只有一个小伙,他总是那个与描述相符的小伙。(105 - 109)

---

〔1〕 Https://www.congress.gov/bill/112th-congress/house-bill/3618,最后访问时间:2021 年 5 月 26 日。

〔2〕 See Rankine Claudia, *Citizen: An American Lyric*, Minneapolis, Graywolf Press, 2014, p. 105 - 106. 本文引用《公民:一部美国抒情诗》中的译文均由本文作者译自克劳迪娅·兰金的原著,下文引用的相关内容仅在文内标注其在原著中的页码。

种族形象定性对黑人的最大危险莫过于执法人员的暴力执法。《公民：一部美国抒情诗》中提到的特雷沃恩·马丁、埃里克·加纳(Eric Garner)、约翰·克劳福德(John Crawford)和迈克尔·布朗(Michael Brown)都是近些年发生的案件,都是种族形象定性和暴力执法的牺牲品。

与白人执法人员相似,在一些普通白人心目中,非洲裔黑人天生就低人一等,"所有黑人千人一面",总是与窃贼、嫌犯、吸毒、懒散、贫穷落后等联系在一起。(7)

为了便于对比分析特雷沃恩案中是否存在种族形象定性问题,下面全文译出《公民:一部美国抒情诗》中的两个案例:

【案例1】

你与你的伴侣去看电影《我们的住房》。你请一位朋友接孩子放学。回家路上,你的电话铃响了。你邻居告诉你说他在窗口看见一个危险黑人男子正在你们两家踩点。那男子在来回走动,自言自语,似乎心神不宁。

你告诉邻居说你的朋友在照看孩子。他遇见过那位朋友。他说,不,那不是他。他遇见过你的朋友,这不是那个友善、年轻的小伙子。不管怎样,他想让你知道这件事,他已经报警。

你的伴侣打电话给你的朋友,询问是否你家前面有一个男子在徘徊。你朋友说如果有人在外面他会看到,因为他就站在外面。电话里你听见警笛声。

回到家时,你朋友正在跟你邻居说话。四辆警车已经离去。你邻居已经向你朋友致歉,此时,又来向你表示歉意。(15)

【案例2】

那位新的心理医生专设创伤咨询。你仅在电话中与她通过话。她的房子有一个边门,通向专为患者使用的后门。小径两旁长满了鹿衔草和迷迭香,你沿着小径前行,边门却紧锁着。

到了前门,门铃是一个小巧的圆盘,你用力按下门铃。当那扇门终于打开时,站在那里的妇人厉声喊叫,声嘶力竭。从我房子里滚开!你在我院子里干嘛?

此情此景仿佛一只受伤的杜宾犬或者德国牧羊犬猛然间恢复了吠叫能力。虽然你退缩了几步,你还是设法告诉她你预约过。你预约过?她呸了一声。接着,她停顿了片刻。一切都停顿下来了。噢,她说,噢,是的,对。对不起!她连忙致歉。

我真的对不起,实在、实在对不起。[1] (18)

以上两个案例与《公民:一部美国抒情诗》中的其他众多案例显示,黑人,无论男女,通常被视为"危险"人物,与窃贼之类的坏人联系在一起。这些案例不胜枚举,是美国种族主义现实与矛盾的写照。这些对一贯自诩"民主""自由""平等"的美国而言,也是极大的讽刺。

二、特雷沃恩案及其争议判决

特雷沃恩案是兰金在《公民:一部美国抒情诗》中呈现的一个关于种族形象定性和暴力执法的核心案例。该案于2012年2月26日傍晚发生在佛罗里达州的桑福德,当时正在下雨。17岁的非洲裔黑人少年特雷沃恩当天去看望父亲,途中在一家便利店购买了一袋彩虹糖和一听饮料。晚上7点刚过,他路过一个封闭式管理小区时,28岁的白人志愿者保安乔治·齐默曼在轿车里瞧见了特雷沃恩,认为他形迹可疑,立即报警,说他看到"一名极其可疑的小伙","身穿灰色连帽衫",还说"这个小伙看上去不是什么好人,或许他在吸食毒品或者什么,他正在四处走动"。[2] 接警的调度员告诉他不要下车跟踪,但是,齐默曼违反警方指令行事,下车跟踪特雷沃恩。警方公开的录

---

〔1〕 由于兰金采用第二人称叙事,且引语中不用引号,因此,本句也有另一含义,"我真的很遗憾,实在遗憾"。

〔2〕 See Yancy et al., *Pursuing Trayvon Martin: Historical Contexts and Contemporary Manifestations of Racial Dynamics*, Lexington Books, 2012, p. 2.

音对话显示，特雷沃恩问齐默曼"为何跟踪我?"，对方反问道："你在这里干什么?"怀疑其是抢劫者。随后，两人便发生争执与肢体冲突，冲突中齐默曼开枪击中特雷沃恩的胸膛，致其身亡。

事发后，警方认定齐默曼属于合法持枪，而且，由于当时天黑下雨，没有其他目击者或证据，默认了齐默曼的"正当防卫"一说，因此并未对其实施逮捕。但是，此事件通过互联网的扩散，迅速引起了全美多地黑人群体和民权组织的强烈不满和抗议。2012年3月，时任美国总统贝拉克·奥巴马就此事件发表评论，认为它是"一场悲剧"，"该枪杀案应该接受调查"，并告诉记者："如果我有个儿子，他就跟特雷沃恩相像。"[1]巧合的是，就在同一天，佛罗里达州州长里克·斯科特(Rick Scott)任命安吉拉·考利(Angela Corey)为特别检察官，负责调查此案相关事宜，并成立了特别小组对佛罗里达州的防卫法中的正当防卫法，即俗称的《不退让法》(Stand Your Ground Law，又译为《坚守阵地法》等)进行调查。4月11日，安吉拉对齐默曼提出指控，罪名是二级谋杀罪。虽然检察官们指控齐默曼有种族定性行为，因为他视特雷沃恩为罪犯，并持枪跟踪，最终导致其死亡，但是，由5名白人女性和1名有色人种女性组成的陪审团经过长达16小时的商议后，最终支持了齐默曼的正当防卫辩护，作出了无罪判决。

业内人士分析，陪审团的无罪判决意味着陪审团裁定齐默曼枪杀特雷沃恩属于正当防卫。虽然齐默曼的辩护律师在法庭上并没有明确援引佛罗里达州的《不退让法》，只是强调齐默曼的行为是正当防卫，但是，该法是作出此裁决的一个关键因素。罗伯特·斯皮策(Robert Spitzer)在《美国的枪支泛滥》一书中通过分析特雷沃恩案的起诉与审理过程，总结道："自始至终，新佛罗里达州立法对此案具有重要影响"[2]。他还援引审理特雷沃恩

---

〔1〕 Https://www.cbsnews.com/news/obama-if-i-had-a-son-hed-look-like-trayvon/，最后访问时间：2021年7月2日。

〔2〕 Spitzer & Robert, *Guns Across America: Reconciling Gun Rules and Rights*, Oxford University Press, Incorporated, 2015, p. 121.

案中的一位陪审团法官在宣判后的言辞:“不退让法是她们作出裁决的一个因素。”[1]

佛罗里达州的《不退让法》于2005年通过并实施,随后,在美国步枪协会和拥枪组织的游说下,二十几个州相继通过了该法案。该法案明确规定:“凡是未从事非法活动的个人,在其有权所处的地点受到攻击,且有理由相信自己生命将受到威胁或者身体会遭受严重伤害时,没有义务退避,而是有权坚守阵地,以暴力应对暴力,包括使用致命武器。”[2]与先前的自卫法最大区别在于,这一法案过度强调了自我防卫者的主观意识,鼓励以暴力进行防卫,而非首先选择退避,因而更有利于开枪者以此法为依据免于刑事起诉,或以正当防卫为由为枪支暴力辩护。

齐默曼被宣判无罪释放后,《大西洋月刊》称这一判决是“对美国司法的讽刺”。[3] 时任总统奥巴马也发表临时讲话,一方面表示了对判决结果的尊重,认为,“一旦陪审团作出判决,那是我们的司法体系运作方式”。但是,他特别指出:“有必要认识到,非洲裔美国人群体在透过一系列经历和一部历史来看待这一问题,而这个历史是不会消失的。”他还特地谈到种族形象定性问题的普遍存在,认为在美国几乎所有非裔美国男子都经历过种族形象定性之苦。比如,“在商店购物时被跟踪”,“过马路时听见车主锁上车门的咔哒声”,“乘电梯时若遇到异性,她会紧张地抱住钱包,屏住呼吸,直到她有机会出电梯那一刻”。他不无感慨地说道:“这种事情经常发生。”[4]

与《公民:一部美国抒情诗》中的种族形象定性案例相比,齐默曼仅根据

---

〔1〕 Spitzer & Robert, *Guns Across America: Reconciling Gun Rules and Rights*, Oxford University Press, Incorporated, 2015, p. 123.

〔2〕 Https://www.flsenate.gov/Laws/Statutes/2005/Chapter776/All,最后访问时间:2021年6月28日。

〔3〕 See Coates & Ta-nehisi, *Trayvon Martin and the Irony of American Justice*, The Atlantic, July 15, 2013, https://www.theatlantic.com/national/archive/2013/07/trayvon-martin-and-the-irony-of-american-justice/277782/,最后访问时间:2021年5月23日。

〔4〕 See Obama Barak, *Full transcript: Obama Addresses Race, Profiling and Stand Your Ground*, CNN. July 19, 2013, https://edition.cnn.com/2013/07/19/politics/obama-zimmerman-verdict/index.html,最后访问时间:2021年6月3日。

特雷沃恩的外貌和衣着就认定他“可疑”,“不是什么好人”,是典型的种族形象定性行为。然而,起诉状并没有使用“种族形象定性”一词,她们使用的是“形象定性”。[1] 陪审团也否认齐默曼对特雷沃恩有种族形象定性之嫌疑,认为齐默曼之所以怀疑特雷沃恩,是因为该小区近期发生过几起入室盗窃案。陪审团中代号为B-37的法官在接受美国有线电视新闻网(CNN)专访时称,“只是环境因素导致了齐默曼认为他(特雷沃恩)可能是抢劫者,或者正试图在小区里做坏事”。她对陪审团的最终判决进行了说明和辩解,认为“没有判齐默曼二级谋杀罪或过失杀人罪是因为当时(该案)的热度和不退让法规。他有权自卫。如果他感到生命受到威胁或者感到他身体会受到伤害,他有权自卫”。对陪审团而言,无论是齐默曼的怀疑依据,还是警方当场的不予逮捕,佛罗里达州的自卫法,一切都偏向于齐默曼。正如记者质问B-37时所言:“是否是乔治·齐默曼下了车,他下车是否正确,他是否是一个冒牌警察,是否是过于急切,所有这些在最终研判中都无足轻重。唯一重要的是枪声响起的前几秒钟,是‘齐默曼担心自己的性命受到了威胁吗?’。”[2]

自从特雷沃恩案以来,反对《不退让法》的声浪此起彼伏。佛罗里达州民主党议员谢文·琼斯(Shevrin Jones)指出了该法规的弊端,认为,“不退让法鼓励警戒主义,允许先开枪,后问询。更要命的是,它使黑人和其他有色人种群体面临枪支暴力的风险更大”。[3] 而乔治·杨斯(George Yancy)等学者则从深层次揭示了隐藏在该法规背后的实质,指出“《不退让法》是由州政

---

〔1〕 See Cooper Anderson, Exclusive Interview with Juror B-37; Defense Team Reacts to Juror Interview (Transcripts), CNN, July 15, 2013, http://transcripts.cnn.com/TRANSCRIPTS/1307/15/acd.01.html,最后访问时间:2021年6月3日。

〔2〕 Cooper Anderson, Exclusive Interview with Juror B-37; Defense Team Reacts to Juror Interview (Transcripts), CNN, July 15, 2013, http://transcripts.cnn.com/TRANSCRIPTS/1307/15/acd.01.html,最后访问时间:2021年6月3日。

〔3〕 Https://www.npr.org/2021/02/04/964172326/florida-lawmakers-debate-to-repeal-infamous-stand-your-ground-law,最后访问时间:2021年7月2日。

府支持的种族主义的锚固点”。[1]

由此可见,此案的判决和由此引起的争议绝非是一个法律问题。

三、特雷沃恩·马丁:系统性种族主义之牺牲品

与陪审团的无罪判决相反,兰金在《公民:一部美国抒情诗》中以独特视角对齐默曼枪杀特雷沃恩一案表达了深刻见解。她认为:

> 由于白人不能——
> 警察自己的想象,
> 黑人一个又一个在死去。(135)

换句话说,特雷沃恩之死与白人想象,即白人至上思想和种族形象定性和种族主义不无干系。而这其中,不仅是齐默曼一人之过,而且包括陪审团成员,乃至奉行“白人至上”主义的白人群体。

除了白人想象,兰金还把特雷沃恩的死归因于司法体系,认为“尽管似乎没有人追踪你,司法体系另有方案”。(151)

在《纪念特雷沃恩·马丁/2012 年 2 月 26 日》部分,兰金在《公民:一部美国抒情诗》中通过“情景视频”等方式表达对特雷沃恩·马丁的哀悼,并由此引发对种族主义的溯源与思考。她并没有重述该案的始末或判决,因为读者可以在新闻报道和视频网站上看到相关视频或报道。她把重点放在该案与黑人被奴役、被压迫的黑暗历史的关联上。她写道:

> “航路”时代,种植园时代,迁徙时代,吉姆·克劳时代,长期贫困、贫民窟、种族形象定性、三分之一、两份工作,少年,哎,又一个少年,每一个都是重罪。这一切不断累积成了我们生命中的几个小时,我们都被抓

---

〔1〕 Yancy et al., *Pursuing Trayvon Martin: Historical Contexts and Contemporary Manifestations of Racial Dynamics*, Lexington Books, 2012, p. 125.

捕,接受私刑,那根绳索、那棵树就在我们内心深处,树根是我们的四肢,我们的喉咙被一一割断……(89－90)

这里,兰金寥寥数行勾勒出了一个非洲裔黑人命运的历史缩影,诉说了欧洲殖民者通过“中程航路”(Middle Passage)进行奴隶贸易,到种植园时期的奴隶制,到吉姆·克劳种族隔离年代已经惨无人道的私刑,再到21世纪初黑人依然遭受压迫和歧视的残酷历史和现实。

同时,兰金还借助视觉艺术,通过画家约瑟夫·M.威廉·特纳(Joseph Turner)的《贩奴船》(*The Slave Ship*)、大卫·哈蒙斯(David Hammons)的《兜帽里》(*In the Hood*)和摄影师劳伦斯·贝特勒(Lawrence Beitler,1885～1960年)拍摄的著名私刑照片《公开私刑》(*Public Lynching*)等作品,经过艺术创新,再现了从17世纪初欧洲殖民者通过大西洋上的中程航路进行奴隶贸易、到吉姆·克劳法、再到当代的警察暴力执法致死案这一漫长的种族主义历史,揭示了种族主义的长期性和系统性特征。

著名诗歌评论家玛乔瑞·帕洛夫(Marjorie Perloff,1931年至今)在《公民:一部美国抒情诗》后封上的评论可谓言简意赅,一语中的。她认为:“兰金的精彩、凝练、寓言式散文诗具有诗歌中难得一见的震撼力。这些日常故事……讲述最寻常的表象,以揭示其内在实质:一种种族主义,一种如此被戒备、被掩饰而致使其愈加阴险的种族主义。”

《公民:一部美国抒情诗》中所揭示的“阴险”的种族主义与系统性种族主义理论的主要观点不谋而合。系统性种族主义(systemicracism),亦称“机构性种族主义”(institutional racism)或“结构性种族主义”(structural racism)。《牛津在线英语辞典》为这3个术语给出了同一个定义,即针对特定种族或族裔(通常为少数族裔或被边缘化群体)的歧视或不平等对待,源于社会或某一机构内部业已确立的种种系统、结构或者期望。

系统性种族主义批评已然成为一个研究和揭示当代美国社会中种族主义实质的一个重要批评理论和研究方法。乔·费金(Joe Feagin)在《系统性种族主义:压迫理论》(*Systemic Racism: A Theory of Oppression*, 2006)一书中指出,系统性种族主义批评的目的是"解读美国社会的种族化特征、结构和发展",美国是"唯一一个建立在种族压迫之上的西方大国"。[1] 他通过追溯非裔美国黑人遭受压迫的悲惨历史,从奴隶贸易、奴隶制到吉姆·克劳种族隔离年代,再到当今 21 世纪初的白人至上主义,尖锐地指出,"系统性种族主义远非是一个种族偏见问题或个人偏执问题。它是美国主要机构里根深蒂固的物质、社会和意识形态现实"。[2]

与其他种族主义批评理论最显著的不同是,这一理论强调了当代美国社会中种族压迫和歧视的历史、政治根源及其系统性这一本质特征,认为白人对黑人的压迫制度"并非历史偶然,而是由掌握权力的美国白人刻意创立的……这种压迫不仅是美国社会的一个表征,而且是渗透和关联到整个国家的主要社会团体、社会网络和机构"。[3] 因此,"美国社会是一个有组织的种族主义整体,其复杂、相互联系又相互依存的社会网络、组织和机构习惯性地植入了种族压迫"。[4] 美国的系统性种族主义不仅体现在经济方面,也体现在"教育、政治、住房、医疗、司法和公共设施等诸多系统"。[5] 因此,他说:"系统性种族主义就是美国,美国就是系统性种族主义。这是当今这个社会的真实情况,几个世纪以来便是如此。"[6] 这正是兰金在《公民:一部美国抒情诗》中所要表达的观点。

评论家加里·荣格(Gary Younge)在评论特雷沃恩案时,表达了与兰金同样的观点。他明确指出,"美国的种族形象定性是系统性种族主义的组成部分……齐默曼有关特雷沃恩的猜想不仅仅是病态心理的产物,更是一个病

[1] See Joe Feagin, *Systemic Racism: A Theory of Oppression*. Taylor & Francis Group, 2006, p. 2.
[2] Ibid., p. 2.
[3] Ibid., p. 8.
[4] Ibid., p. 16.
[5] Ibid., p. 23.
[6] Ibid., p. 261.

态社会的产物”。[1] 戴文·约翰逊(Devon Johnson)也表达了同样看法，他认为：“特雷沃恩谋杀案与歧视、种族主义和阶级偏见属于同一性质，它们既交织在我们刑法司法体系的肌理中，也交织在美国社会秩序的肌理中。”[2]

正因为美国的种族主义具有明显的“系统性”这一特征，因此，要在美国消除种族主义犹如登天。兰金在《公民：一部美国抒情诗》中对消灭种族主义这一问题表现出极其悲观的态度。她认为，由于系统性种族主义根深蒂固，美国的种族歧视、种族暴力和司法不公等一系列问题还会一如既往地持续发生。她把系统性种族主义比作“眼睛里的灰尘”，预言黑人们不得不长期与种族主义相伴，“与眼睛里的灰尘一起活下去”。(155)她在诗集的末尾无奈地表示：“是的，我想打断一下，告诉他/她/我们/你们/我：我不知道如何才能终结一个没有终点的问题。”(159)这里所言的“一个没有终点的问题”就是系统性种族主义。

事实也印证了兰金在《公民：一部美国抒情诗》中的预言。自从《公民：一部美国抒情诗》于2014年出版以来不到十年时间里，类似特雷沃恩案的案例难计其数，各类种族歧视事件和案例可谓是罄竹难书。其中，2020年发生的德里克·肖万跪杀乔治·弗洛伊德案便是有力佐证。

结 语

齐默曼枪杀特雷沃恩虽然最终判定齐默曼无罪，但是，其影响却深远。它不仅引发了法律界对控枪法、种族形象定性、佛罗里达州的自卫法、种族主义和司法公正等诸多话题的热议，也开启了全美范围内“黑人命也是命”运动的序幕，种族歧视与反种族歧视两大阵营之间的矛盾与博弈持续至今。

兰金把特雷沃恩案与《公民：一部美国抒情诗》中的其他种族形象定性

[1] Https://www.thenation.com/article/archive/george-zimmermans-way-american-way/，最后访问时间：2021年6月5日。

[2] Devon Johnson et al., *Deadly Injustice: Trayvon Martin, Race, and the Criminal Justice System*, New York University Press, 2015, p. iii.

案例并置,并透过历史溯源,从本质上揭示了种族主义长期存在并影响黑人生活乃至性命的根本原因,即种族主义的系统性,它根植于政治、经济、文化、司法和教育等各个体系之中。她的观察和认识与系统性种族主义理论的主要观点不谋而合,为深入了解和研究美国社会根深蒂固的种族主义的根源和社会日益撕裂的原因提供了新颖视角和研究路径。事实业已证明,她的预言具有先见性。系统性种族主义将是长期困扰非洲裔黑人以及其他少数族裔的"眼睛里的灰尘",而且美国社会的种族矛盾和社会撕裂难以在短期内得到解决或弥合,黑人及其他有色人种在争取司法公正和公民平等权利的道路依然漫长无期。

超验主义

——美国本土思想还是舶来品？

张守进*

超验主义作为一种在19世纪30年代到40年代出现在美国新英格兰波士顿周围区域的一种思想，对于所有对美国文化感兴趣的人来说都是理解美国知识阶层思想演变的一个重要部分。当然我们也无须刻意夸大超验主义思想本身的重要性，但是搞清楚这种思想的源头是非常有意义的。

追溯新英格兰超验主义的其中一种做法是探究拉尔夫·爱默生本人在19世纪美国文坛声望的起起伏伏。实际上超验主义者们本身并不是一个有组织的群体。爱默生本人提到他们只不过是19世纪30年代的一群年轻人有着一整套新思想，而他们的长辈们对此颇多批评。实际上，这个群体在美国社会一开始是受到人们，包括知识界的冷嘲热讽，最终直接进行正面批判。爱默生于1838年在哈佛大学神学院发表了他著名的《神学院演讲》，[1]当时是神学院的研究生们邀请了爱默生做讲演，因此学院就暂时性剥夺了研究生们邀请任何人做讲演的权利。这说明爱默生的演讲在当时所造成的影响有多大。第一个站出来批判爱默生的是曾经一度是爱默生思想导师的神学院学究安德鲁·诺顿。他指出爱默生这种异端邪说的本质实际上是对直觉，也就是对真理的直接感知过度信任。而爱默生本人则指出，“道德情感的直觉

---

* 张守进，上海外国语大学法学院讲师，英语语言文学博士。

〔1〕 1838 – In Bode and Cowley (ed.), *Reprinted in Bode and Cowley*, *The Portable Emerson*.

是对灵魂法则这种完美机制的洞察力。这些法则是不依赖于其他事物自我运行的。它们不受时间,空间和情形的限制”。爱默生这种思想当然对当时的哈佛大学神学院造成了很大的冲击,而且遭到神职教员的猛烈反对。

但是,我们谈论爱默生的思想,不可避免地会提及时间和空间。作为一个年轻的国度,美国当时的知识界、思想界无疑会受到 19 世纪上半期欧洲浪漫主义文学的影响。对欧洲文学作品的引介对超验主义者来说,也激发了他们的思考。19 世纪欧洲浪漫主义文学思潮实际上是欧洲知识界和思想界对 18 世纪的猛烈抨击;浪漫主义思潮的代表人物认为 18 世纪是一个消极轻浮的世纪,充斥着英雄史诗体裁的文学创作,繁文缛节,矫揉造作的词汇以及政治上的反动都压抑了人们对新思想,新知识的追求。18 世纪那些流行的东西对于上层社会以及王室来说是精致的,但是对于农民和知识阶层来说却并非如此。因此当时的美国年轻人如饥似渴地阅读着那些欧洲作家的文学作品,这些作品都对 18 世纪启蒙时代的思想进行了批判。阿弗烈·诺夫·怀海德〔1〕曾经对美国做过这样的论述,“理解美国的秘密在于知道美国从来就没有过真正的十八世纪”。很多人都对阿弗烈·诺夫·怀海德的说法嗤之以鼻,觉得美国的《独立宣言》恰恰就是 18 世纪的产物,本杰明·富兰克林体现了这个宣言的要义,而美国宪法就是独立宣言的终极产物。这种说法实际上是一种对 18 世纪的狭义理解,美国确实从某种方式来说,缺乏由伏尔泰、狄德罗这种人物所代表的时代。美国的 18 世纪实际上是处于乔纳森·爱德华兹和 1800 年的第二次觉醒之间的狭促间隙。幸运的是美国当时的国家性文件和独立战争都发生在这个间隙,但是即使是在这一时期,当时的 18 世纪的启蒙思想也没有对 17 世纪以来的清教徒和新教思想产生实质性的影响。美国从一个有着虔诚宗教意识、勤奋改变周围环境的殖民地匆忙就进入了一个充满扩张、剥削和浪漫主义思想的 19 世纪。

在新英格兰,可以说 18 世纪启蒙运动思潮影响了当地的思想界,尤其是

〔1〕 阿弗烈·诺夫·怀海德(Alfred North Whitehead,1861 年 2 月 15 日至 1947 年 12 月 30 日)英国数学家、哲学家。

以清教徒和新教思想为主的领域，但是跟欧洲大陆比较，这种18世纪留下的痕迹可以说忽略不计。因此当时的年轻人对那些谴责18世纪的著作和文章都倍感兴趣，他们也开始在自己生活的周边寻找那些刻意谴责的东西。他们发现一神论（Unitarianism）在当时是禁锢人们思想的，当然他们的初衷并不是反对传统的基督教本身。当时新英格兰地区的保守思想占主导地位，对他们思想形成压迫的是一神论，一神论往往以生活的常规、奴性意识潜移默化地侵蚀人的思想。他们希望像欧洲人那样离经叛道，但是却无法像欧洲大陆上的人们那样对过去进行真正意义上的反叛。他们能够反叛的是美国最近的过去，或者说是爱默生这一代人所生活的当下。这些人可能觉得自己是美国的拜伦，但是却无法跳出以清教徒生活方式为基础的道德模式，这种模式统治着当时的新英格兰，而且从来没有被美国所处的18世纪的任何愤世嫉俗的思想击溃过。他们与过去的过节并非撒旦式的反叛，只是爱默生这一代人觉得美国人在思想上没有多少可以向外界展示的。正如爱默生本人在1837[1]年《美国学者》中有一段对美国所处的困境做得精彩论述，美国人的节日只不过是对一个民族长期以来热爱文学所展示出的友好迹象，而这个民族太忙于其他事情，并没有产出多少文学家。因此对他们来说，美国的任务并不是拒绝18世纪和理性思维，而是与现在进行抗争，基于此，爱默生宣布美国依赖其他国度学问的日子行将结束，而这一结束恰恰发生在这一代人对欧洲浪漫主义思想进行吸收的过程中，他们选择去寻求获得美国文学独立的方案。

那么为什么会有这种形成独立国别文学的强烈需求呢？在当时法国大革命的影响下，欧洲的德国人也开始奋起反抗僵化的小城邦体制。人们可以理解为什么在法国人们会去冲击监狱，烧毁城堡，将路易国王推上断头台，也理解为什么拜伦会反对反动的乔治国王领导下的封建体制。但是美国是一个没有国王，也没有什么贵族的社会，因为从独立战争一开始美国已经去除

[1] See Emerson at the Phi Beta Kappa Society, at Cambridge, August 31, 1837.

了这些因素。一时间,人们觉得美国是繁荣的、扩张的而且对每个人来说都是机遇之地。对于此时的美国人来说,保守和反动意味着什么呢?显然美国有其自身的发展特点。爱默生所主张的自立(self-reliance)实际上是整个时代的一个旗帜,而不仅仅是几个超验主义代表人物嘴上的名词。这个时代有蒸汽轮船,有铁路,有不断变化扩大的边疆,个人表达在这一时期似乎已经到了比以前的时代更加丰富的地步,爱默生的一些主张对于这个时代来说甚至有点激进。爱默生的学生梭罗谴责美国的社会秩序,认为美国正在变成一个联合股份公司。用现在美国的社会机制以及对我们的生活所附加的那些条例来说,梭罗所处的美国时代是非常混乱但有上升期的。

毕竟新英格兰地区的超验主义思想是具有美国特色的。新英格兰当然有过去,爱默生、梭罗、玛格丽特·弗勒他们都非常清楚这一点,然而从本质来说,他们又没有什么过去。确切地说,他们并没有经历法国大革命和随之而来的阵痛,也没有投身于革命后产生的迷惘,以及大恐怖所带来的希望的幻灭。他们当然可以阅读这些事情,不断地讨论这些事情,但是实际上他们并没有真正了解这些。比较一下英国诗人华兹华斯在《前奏》[1]中的痛心与爱默生在《代表性人物》[2]中对拿破仑的描述,便能看出实际上爱默生谈及此事是心境放松的。美国从来就没产生过像英国文人威廉·哈兹里特这样的人物。也许在这一时期美国唯一一个在溃败面前仍高挺头颅的作家是赫尔曼·麦尔维尔。但是这与超验主义之间的关联度微不足道。

超验主义者们是当时国际上浪漫主义思潮的一部分。他们对德国的着迷,对华兹华斯的热忱表明他们参与到这种思潮当中。但是我们还是要说浪漫主义思潮作为一种运动实际上在这些美国人身上是缺失的。仿佛爱默生这一代人刚刚度过青春期,长到 18 岁,一觉醒来发现自己已经 30 岁了,失去

---

〔1〕 See William Wordsworth, *The Prelude* (1 *ed.*), Edward Moxon, Dover Street, 2016.

〔2〕 See Cheever & Susan, *American Bloomsbury*: *Louisa May Alcott*, *Ralph Waldo Emerson*, *Margaret Fuller*, *Nathaniel Hawthorne*, *and Henry David Thoreau*; *Their Lives*, *Their Loves*, *Their Work*, Thorndike Press, Large print edition.

了那些躁动不安而又有魅力的二十来岁的岁月。他们实际上在努力成为世界性的男性和女性。他们之所以在爱默生发表了《自然》这一著作后走向自然,并非受到文明和理性思维的背叛而去寻求慰藉,而是想寻找反抗揭开他们生活的美国社会文化机制的铁盖子的办法。

因此《自然》就成了他们解决美国问题的一种出路,而这种出路在于找到自然和文明之间的冲突或对立。因此就产生了美国天才的快乐一代。他们屹立于自然界当中,自然帮助他们,使他们走上正确的道路,不会被商业和贸易所吞噬。他们可以救赎自己,因为自然带给他们生活的活力以及脱离了安逸和生活必需品的习惯,爱默生的学生和志同道合的朋友梭罗亲身实践了这一切,他的《瓦尔登湖》就是对这种新的生活理念的阐述。

就像其他试图探究世界的内在本质的思想一样,超验主义思想也是非常有趣而且具有指导意义的。超验主义者以丰富的想象力和具有超前意识的实践行为,推动着美国学者们对社会和文化的进一步思考,对世界的认知程度也被推到一个极限。不可否认的是,超验主义者确实没有提出一个完整的理论体系,他们对于现实问题的关注,对实践的兴趣以及对事实的忠实,使得他们无暇去真正关注理论层面的扩展,对于自然、心灵和人们的社会行为等方面的具体理解成了超验主义者更加关注的价值体系。超验主义思想实际上从一开始就是在不断地实践和思考中慢慢地、自发地形成了自己的理论阐述,这些阐述实际上对于理解当今的美国文学、社会与文化仍然有其与现实相关的意义,这并不是因为超验主义思想提供了一个终极现实的理论版本,而是因为超验主义思想激发了人们去展开自己的想象,不断实践来发现世界的美。反过来说,虽然超验主义者的实践本身并非基于绝对现实的理论体系,但是从当时美国所处的社会秩序来看,他们无须做到这一点也能进行他们的社会实践。他们能够欣赏人类意识绝佳的创造性,确认有道德属性的行为,在具有美的特征的自然中冥想等,这些本身就是精彩的实践。现在学者们试图用各种不同的理论来解释超验主义思想及其实践,很多哲学家实际上对美、道德和人类意识都给予了真实属性。超验主义者也想通过一定的理论基础来确保他们的实践是遵循某种法则的,但是从发展特征来看,没有什么理论可以令人满意地描述超验主义者所从事的那些实践活动。有批评家们甚至认为超验主义思想无须什么理论支撑也照样能运行,超验主义者们很多都终生投身于实践,即使这种思想本身的理论组成发生了变化,而且还可能造成超验主义者内部之间的纷争,但是他们有基本一致的共识,那就是超验主义实践本身应该自成一体。

虽然超验主义作为一种思潮仅仅持续了十年左右的时间,但是其对美国社会的影响是非常大的,而且也有助于推动后来美国文学运动的演变。19世纪的新思想运动实际上是受到超验主义思想的直接影响,新思想运动起源于美国,是一种精神领域的运动,这场运动提倡的一些主张与超验主义者的主张有类似之处,例如,强调我们大脑内在的智力活动以及灵魂的存在等。后来人们称呼这种运动为精神科学,也就是人们的疾病源于我们的大脑活动,而我们的大脑是有能力起到修正作用的。当然超验主义思想不仅仅影响了新思想运动,它也深刻地影响了人们对于哲学、政治和宗教的研究方式。超验主义思想有其运行的一些规则,但是比较清晰的概念是基于道德层面的原因可以去挑战更高的权威,以及相信自己的直觉等。这些思想显然被继承了下来,影响了佛教,以及印度教等宗教思想。而梭罗的作品影响了后来的马丁·路德·金和印度的甘地。

超验主义作为一种思潮,固然受来自欧洲大陆浪漫主义思想的影响,但是以爱默生和梭罗为代表的超验主义者是在欧洲文学叙事之外寻求美国本土式的文学叙事,这种文学叙事进而影响到美国文化的独立性。因此我们可以说超验主义思想本身是美国本土思想。搞清楚这一点,对于理解美国文学和美国文化是很有益处的。超验主义思想本身也对美国人的社会行为有一定影响。超验主义推崇的种种原则的确是美好的,然而现实世界里,并不是每个个体都有爱默生和梭罗的精神领域和道德层面的高尚觉悟。人类活动充满着物质欲望和其他奢求,所以超验主义者所倡导的社会实践并不是那么容易推行下去。从经济发展角度来说,社会需要这些人类活动中展现出来的欲望来推动。超验主义者的著述演讲、冥思，到自然中去沉淀灵魂等没有与美国当时的社会发展同步起来。“内战”之后，美国在经济层面快速扩展，迅速繁荣，但是人们的精神世界出现了某种程度的荒芜，机械和工业主导了人们的生活，物质主义大行其道。超验主义思想，这种试图开辟广阔人生前景的理想也慢慢被遗忘并束之高阁。这种承载着美好理想，深入探究自然、灵魂和精神世界的思想虽然在当今的社会里显得格格不入，而且好像不食人间烟火，但是这种对于人类意识，美和道德为基础的探索是具有正面意义的。爱默生和梭罗为代表的超验主义者所倡导的那些社会实践，以及他们为美国文学在保守而且深受一神论影响的环境下所作出的探索是难能可贵的。想要全面了解美国文学、社会与文化，超验主义思想是很难逾越的一个环节。这种产生于美国本土的思想在如今多元化的世界中仍然有其现实意义。

高校巡察推动全面从严治党向基层延伸责任落实机制研究

胡正明*

党的十八大以来,党中央将全面从严治党纳入治国理政的"四个全面"战略布局之中。高校基层党组织数量众多,是高校党委开展工作的重要支撑和基础力量,是党要管党、从严治党的组织者、推动者和实践者。高校巡察是推动全面从严治党向基层延伸、完善高校党内监督体系的重要抓手。

一、高校巡察制度的发轫

2016年《中国共产党党内监督条例》第19条第2款中规定,"省、自治区、直辖市党委应当推动党的市(地、州、盟)和县(市、区、旗)委员会建立巡察制度,使从严治党向基层延伸"。2017年修改的《中国共产党巡视工作条例》,增加"党的市(地、州、盟)和县(市、区、旗)委员会建立巡察制度,设立巡察机构,对所管理的党组织进行巡察监督",明确"开展巡视巡察工作的党组织承担巡视巡察工作的主体责任"。2017年十九大报告中明确"在市县党委建立巡察制度,加大整治群众身边腐败问题力度","深化政治巡视,坚持发现问题、形成震慑不动摇,建立巡视巡察上下联动的监督网"。2017年十九大对《中国共产党章程》作部分修改,把巡视制度单列为第14条,其中第3款明确要求"党的市(地、州、盟)和县(市、区、旗)委员会建立巡察制度",在党

* 胡正明,上海外国语大学新闻传播学院党委副书记。

内根本大法——《中国共产党章程》中明确规定建立巡察制度。

党的十八大以来，中央对探索市县巡察，完善巡视工作网络格局多次进行部署，党的十八届六中全会对建立巡察制度作出原则性规定。与此同时，高校巡察制度逐步建立。“结合高校特点和实际，出台加强巡视巡察工作的指导意见，加大指导和推动直属高校党委对二级单位党组织开展巡察监督的工作力度，打通教育系统全面从严治党‘最后一公里’。”[1]根据《中国共产党巡视工作条例》，高校出台巡察工作办法，包括总则、组织机构和人员、巡察内容、巡察工作方式、巡察工作程序、巡察纪律和保障以及附则等方面内容。高校目前的巡察工作办法，一般均为暂行或试行，专门研究比较少，需要进一步结合巡察理论和实践发展，进行系统深入研究，进而完善高校巡察工作办法。

高校巡察成为完善高校党内监督体系、推动全面从严治党向纵深发展的重要抓手。教育部积极推动高校开展巡察工作，指导直属高校党委探索开展对二级单位党组织的巡察监督工作，有力推动了全面从严治党向基层延伸。[2] 浙江大学是较早开展校内巡察的高校之一，2015 年制定内部巡察工作实施方案；当年年底探索对校内 2 家单位内部巡察；2016 年抓好巡察单位的整改；2017 年结合落实中央巡视组对浙江大学提出的整改要求，进一步完善巡察方法；2018 年加大巡察工作力度，完成对 20 家单位巡察。浙江大学拟定 2018～2022 年巡察工作方案，合理规划巡察广度、频度和力度，按照一届任期内巡察全覆盖的目标任务，推动校内巡察制度化、规范化、常态化。[3]《中国共产党巡视工作条例》施行后，复旦大学、厦门大学等高校积极开展对二级单位党组织的巡察工作，学校党委履行管党治党政治责任，建立巡察工作领导体制，设置巡察工作领导小组和办公室，明确巡察工作职责要求。巡

---

〔1〕 陈宝生：《推动巡视工作规划在教育系统有效贯彻》，载《中国纪检监察》2018 年第 4 期。

〔2〕 同上。

〔3〕 浙江大学纪委：《新形势下高校开展巡察强化政治监督的实践与思考》，载《中国纪检监察》2019 年第 6 期。

察办公室基本分成三种模式:一是巡察办公室挂靠在纪检监察部门,人员编制不变,采用合署办公模式,这是目前大多数高校采取的方式。如上海交通大学、华北电力大学等。二是巡察办公室作为党的工作部门单独设置,由纪委、党委办公室等的年轻干部充实到新岗位。如中国人民大学、山东大学等。三是巡察办公室挂靠在纪检监察部门,增加人员编制。如复旦大学、北京科技大学等。目前高校巡察工作,由学校党委统一领导,学校纪委协助学校党委统筹推进。

二、高校落实全面从严治党责任

(一)高校全面从严治党责任

高校党委全面从严治党责任,聚焦全面从严治党在高校各方面、各环节、各领域、全过程、全覆盖,坚持围绕加强和改善高校党的领导,建立全面从严治党向高校基层延伸机制,确保高校全面从严治党责任落实到位。

"在全面从严治党责任被制度化之后,围绕着如何在事前状态下设定责任,如何在事后状态下追究责任,如何在追责过程中保障被问责对象的权利以及如何实现监督、执纪、问责的制度联系等一系列问题,相应的制度设计得以展开。"[1]2020年出台的《党委(党组)落实全面从严治党主体责任规定》第7条和第8条,分别规定全面从严治党责任的内涵和党委(党组)领导成员的全面从严治党的责任,以上规定是"事前状态下设定"的责任,属于法定责任。2019年修订的《中国共产党问责条例》第7条规定党组织、党的领导干部违反党章和其他党内法规,不履行或者不正确履行职责应当予以问责的情形,则属于"事后状态下追究责任"的情形,应视为负面清单,予以问责。高校全面从严治党责任可以概括为如表1所示:

[1] 石伟:《全面从严治党责任制度的法理基础与逻辑判定》,载《当代世界与社会主义》2020年第1期。

表1 高校全面从严治党责任

类别	主体	责任
党组织	高校党委	主体责任
	高校纪委	监督责任(监督专责)
	高校党的工作机关	监督职责
党的领导干部	高校党委领导班子	全面领导责任
	高校党委书记	第一责任人职责
	高校领导班子主要负责人和直接主管的班子成员	主要领导责任
	高校参与决策和工作的班子成员	重要领导责任

高校全面从严治党责任,既包括高校党组织层面的责任,也包括高校党的领导干部层面的责任。就党组织层面而言,应该坚持党建工作与业务工作共同谋划和部署,共同推进和考核。党的领导干部应当带头履责,模范执行全面从严治党各项规定。

(二)高校全面从严治党责任落实情况

党的十九届四中全会要求"完善和落实全面从严治党责任制度"。〔1〕改革开放四十多年高校党建的历史经验表明,治校治学必先治党、治党管党务必从严。高校"全面从严治党有力推进","管党治党逐步转向严紧硬,真管真严、敢管敢严、长管长严的局面正在形成"。〔2〕有学者从体系、面、线、点等多角度观察,"高校基本完成全面从严治党责任制度体系架构","落实全面从严治党主体责任实现清单化、流程化管理","廉政风险排查已成为高校预防腐败的常态性工作","高校借鉴巡视经验探索开展校内巡察或督查"。〔3〕

---

〔1〕《中共中央关于坚持和完善中国特色社会主义制度、推进国家治理体系和治理能力现代化若干重大问题的决定》,广西民族出版社2019年版,第9页。

〔2〕《推动教育系统全面从严治党向纵深发展——党的十八大以来教育部党组教育巡视工作综述》,载《中国教育报》2017年7月1日,第4版。

〔3〕许杰、邓叶芬、何雅:《完善高校落实全面从严治党主体责任制度体系的思考》,载《思想理论教育》2018年第9期。

中央和地方党委对高校巡视发现,“一些高校的基层党组织出现软弱涣散、党内政治生活不严格、存在廉政风险和逐级弱化等现象,也发现了一些党员干部腐败和违法犯罪问题,给高校党的建设和事业健康发展带来负面影响和不利因素”。[1] 在高校营造良好的政治生态,落实全面从严治党,要从加强党的政治建设,严肃党内政治生活着手。有学者通过分析262份高校党委巡视结果反馈文本,发现党内政治生活不严肃,导致党的政治纪律和政治规矩松弛,各级党组织失去纠正组织自身存在问题的重要手段,引发高校不正之风和消极腐败等现象。[2] 以上情况主要原因如下:

第一,思想认识没有到位。高校一部分基层党组织对全面从严治党,重视不够,认识不足。认为学科发展和专业建设是中心、是主业,党建工作是副业,“一手硬、一手软”。部分高校基层党组织书记“首业主责”意识不强,就党建引领中心工作而言,没有主动思考,欠缺责任担当。

第二,工作机制不够完备。高校一部分基层党组织全面从严治党责任落实不到位,一部分基层党组织书记的全面从严治党第一责任人和其他班子成员的全面从严治党“一岗双责”的工作落实不力,尚未形成“横向到边、纵向到底”的责任工作机制。高校党建工作三大主体责任考核主要形式是“签订承诺书、看总结、听报告、述职评议”等,往往也是集中在某个时间段,日常考察考核没有落实,全面从严治党主体责任落实的工作机制不健全。

第三,监督问责有所欠缺。高校全面从严治党的实际成效取决于监督问责。一些高校有责不问,或者避重就轻、“蜻蜓点水”,对落实全面从严治党责任缺乏监督或监督不力,管党治党的责任和压力没有有效传导至基层党组织和党组织书记,高校一些基层党组织出现软弱涣散的现象,一些

---

〔1〕 陈荣武:《改革开放40年高校党建的历史衍变和重要启示》,载《思想理论教育》2018年第10期。

〔2〕 参见卜万红:《高校推进全面从严治党的基本形势与主要任务——基于对262份高校党委巡视结果反馈文本的分析》,载《广州大学学报(社会科学版)》2017年第10期。

基层党组织书记管党治党宽、松、软，基层党组织政治生活虚化、政治建设不力。

三、加强高校巡察建设，推动全面从严治党向基层延伸

（一）加强高校巡察建设

1. 坚持政治巡察定位

坚持政治巡视巡察定位，“上级对高校的巡视是政治巡视，而校内巡察则是政治巡视工作向基层的拓展和探索”。[1] 高校巡察是政治巡察，是对高校基层党组织的政治“体检”。充分发挥高校巡察的政治监督作用，要深入教学科研管理一线查找政治问题，着重查找是否贯彻党的教育方针、坚持社会主义办学方向、落实立德树人根本任务、落实意识形态责任机制等，推动高校基层党组织加强政治建设，全面从严治党。

2. 提高巡察的针对性

高校巡察要聚焦院级党组织增强“四个意识”、坚定“四个自信”、做到“两个维护”、基层党组织建设、思想政治工作、意识形态工作、党风廉政工作、选人用人和师生关注等各方面问题。一是要坚持问题导向，“要把问题导向作为高校校内巡察的生命线，把能否发现问题作为衡量巡察工作成败的标准”[2]。二是要抓主要矛盾，聚焦学校的重点领域和关键环节，集中力量，有的放矢，带着问题去巡察。

3. 重视巡察队伍建设

巡察工作成效如何某种程度上取决于巡察干部队伍情况，高校应重视巡察队伍建设和人才选育。一是科学合理安排，一次一授权，建设好学校“巡察干部库”“巡察专业人才库”，“要有的放矢选择合适的巡察组长和成员，根据

---

〔1〕 斯阳：《教育治理现代化视域下高校巡察监督体系的构建——以沪上部分高校为例》，载《华东师范大学学报（教育科学版）》2019 年第 5 期。

〔2〕 陈江华、邓叶芬、何琳：《高校校内巡察制度的实践探索与发展路径研究》，载《学理论》2019 年第 4 期。

被巡察单位实际,科学搭配巡察组人员的资历素质、专业背景和知识结构等组成”。[1] 二是确保巡察工作精力投入,“从制度上保障参加巡察工作的人员能够全身心投入,避免部门工作和巡察工作的两头牵扯,导致精力不足,精神涣散的问题”。[2] 三是巡察干部的管理和培训,建立回避、培训、评价等制度,强化业务培训和实践训练,提高巡察知识和能力,打造政治立场坚定、工作作风优良和能力素质过硬的巡察队伍。

4.创新巡察方式、方法

高校巡察制度处于初创阶段,不少高校的巡察工作还处于探索阶段,巡察方式、方法需要结合高校基层实际进行创新。一是结合被巡察单位实际情况,遵循巡察规律和工作要求,鼓励创新巡察方式、方法,力求务实管用,巡察工作要有实效性。二是严格流程管理,被巡察单位对照反馈意见,建立问题清单、任务清单、责任清单,制定整改方案,在整改后,需要提交整改成效清单和档案清单。三是巡察工作形式要灵活,“高校可采用专项审计、实地调研与明察暗访等形式,或者将专项巡察与综合巡察有机结合起来,或实时采取‘杀回马枪’等巡察工作形式,对校内问题线索主动出击”。[3]

(二)高校巡察推动全面从严治党向基层延伸

高校巡察制度是巡视制度在高校的延伸和补充,是推动全面从严治党延伸到高校基层的重要制度保证。高校党委落实全面从严治党主体责任,开展政治巡察,对基层党组织进行政治“体检”,发现党的领导弱化、政治意识淡化、党建工作虚化、责任落实软化等问题,压实被巡察党组织全面从严治党责任,做好巡察“后半篇文章”,要求被巡察单位限期整改,把巡察结果作为考核基层党组织党建工作、党风廉政建设以及干部考核评价的重要参考,发挥巡察震慑作用,强化成果运用,落实责任,推动改革,促进发展。

---

[1] 马春波、张栋梁:《新形势下高校开展巡察强化政治监督的实践与思考》,载《中国纪检监察》2019年第6期。

[2] 李泉:《提升高校基层党组织巡察工作路径分析——以天津市市属高校首轮巡察工作为例》,载《法制博览》2019年第5期。

[3] 王希等:《高校内部巡察工作开展的有效途径研究》,载《才智》2019年第7期。

高校巡察，着力发现问题和推动解决问题，旨在推动改革和促进发展，是高校推动全面从严治党向基层延伸责任落实的重要抓手。高校巡察，务必坚持原原本本反馈问题，务必确保条条件件整改落实，严肃巡察整改和巡察成果运用，切实增强高校巡察监督的权威。一是压实整改责任，压实被巡察单位全面从严治党的政治责任，压实被巡察单位主要负责人整改落实第一责任，推动巡察反映问题即知即改、立行立改、全面整改。二是加强处置力度，"要加强分类处置，及时移交线索清单，干部违纪违法问题线索移交纪委核查处置，选人用人问题移交组织部门处理"。[1] 三是严肃整改监督，建立高校纪检监察、组织人事等多部门对巡察整改情况督办制度，对整改落实等各方面情况进行督查督办和成效评估。四是运用好巡察成果，做好巡察"后半篇文章"，一方面是被巡察单位要对反馈问题认真反思和综合分析，不断提升基层执政能力和治理水平；另一方面是高校要发挥巡察震慑作用，把巡察成果运用到基层党组织建设、干部监督管理等工作中来，建章立制，"既要集中解决巡察发现的突出问题，展现'当下改'的意志和决心，又要着眼长远加强制度设计，形成'长久立'的机制"。[2]

高校推进巡察制度建设，继续完善巡察办法，出台巡察工作规划和实施细则，进一步规范巡察工作领导体制和工作机制，严明巡察主体责任、推进巡察队伍建设、明确巡察内容、优化巡察方式、规范巡察程序、严格巡察整改、严肃责任追究和成果运用，加强巡视巡察联动，压实政治责任，层层传导管党治党压力，构筑高校监督体系，涵养高校政治生态，落实全面从严治党责任制度。

四、完善高校巡察制度，建立高校全面从严治党向基层延伸责任落实机制

（一）完善高校巡察制度

深化巡察制度建设，高校要坚持以习近平新时代中国特色社会主义思想

〔1〕 陈江华、邓叶芬、何琳：《高校校内巡察制度的实践探索与发展路径研究》，载《学理论》2019年第4期。

〔2〕 李晓冬：《浅谈如何做好高校巡察工作》，载《教育教学论坛》2019年第46期。

为指导,加强高校党的政治建设,严明巡察主体责任、推进巡察队伍建设、明确巡察内容、优化巡察方式、规范巡察程序、规范巡察整改、严肃责任追究和成果运用,提升高校巡察实效,加强巡视巡察联动,构筑监督体系,全面从严治党延伸和落实到基层,涵养政治生态,防范政治风险。

1. 完善高校巡察工作办法,规范巡察工作各项制度

高校需要完善巡察办法,出台巡察工作规划,制定实施细则,细化年度计划,进一步规范巡察工作领导体制和工作机制,依规依纪开展巡察工作,加强巡察队伍建设,创新方式方法,不断增强巡察工作针对性,保持震慑力,深入推进巡察制度建设。高校要建立研究问题线索制度、约谈制度、汇报会商制度,包括巡察组会商沟通制度、巡察工作领导小组听取巡察组工作汇报制度、党委书记听取巡察工作领导小组汇报制度。[1] 高校需要建立健全巡察反馈制度、巡察情况通报制度和巡察整改公开制度,压实被巡察单位党组织巡察整改主体责任和党组织主要领导第一责任人责任。高校对巡察整改情况进行重点督查、专项督查、回访检查,建立巡察成果运用机制,把巡察结果作为基层党组织党建工作考核评价、干部考核评价和选拔任用的重要依据。

2. 巡视巡察联动,落实全面从严治党责任制度

党的十九大强调,要"坚定不移全面从严治党,不断提高党的执政能力和领导水平"。[2]《中共中央关于坚持和完善中国特色社会主义制度　推进国家治理体系和治理能力现代化若干重大问题的决定》明确要求完善和落实全面从严治党责任制度,高校巡察制度是巡视制度在高校的延伸和补充,是推动全面从严治党延伸到高校基层的重要制度保证。高校推动巡视巡察联动,要将上级巡视反馈及整改情况作为巡察监督的重点,积极争取上级巡视机构在政策指导、组织形式、工作流程、方式方法、成果运用等方面的支持帮

---

〔1〕 参见杨雯、郭枫:《全面从严治党下高校巡察工作路径研究》,载《北京教育(德育)》2019年第2期。

〔2〕 习近平:《决胜全面建成小康社会夺取新时代中国特色社会主义伟大胜利——在中国共产党第十九次全国代表大会上的报告》,载《人民日报》2017年10月28日,第1版。

助，建立健全巡视巡察上下联动的工作机制，重点从领导机制、运行机制、工作体系、保障机制等方面着手，着力推进全面从严治党向基层延伸。高校巡察，要坚持边巡边改，对敷衍整改的、整改不力的、拒不整改的，通报曝光，严肃追责，让失责必问、问责必严成为常态。把巡察成果运用到基层党组织建设、干部监督管理等相关工作之中，发挥巡察震慑作用，在高校完善和落实全面从严治党责任制度。

3. 推进高校监督体系建设，净化高校政治生态

习近平总书记指出，"政治生态同自然生态一样，稍不注意，就容易受到污染，一旦出现问题，再想恢复就要付出很大代价"。[1] 巡视巡察要想治标也治本，关键在于营造良好政治生态。高校巡察，结合高校基层特点，聚焦政治责任，抓住关键少数，紧盯重要内容，密切党群干群关系，营造风清气正的政治生态和良好的育人环境，推进高校监督体系建设。《中共中央关于坚持和完善中国特色社会主义制度　推进国家治理体系和治理能力现代化若干重大问题的决定》明确提出"完善党内监督体系，落实各级党组织监督责任，保障党员监督权利"。党内监督是新时代党的建设重要内容，要落实监督主体责任，做到无禁区、全覆盖，做到有重点、抓主要。深化高校巡察制度建设，实现巡察监督全覆盖，把高校二级单位党组织作为巡察的重点对象，重点解决高校二级单位党的领导弱化、党的建设缺失、全面从严治党不力，党的观念淡漠、组织涣散、纪律松弛、管党治党宽松问题，在巡察工作中发现问题、形成震慑、推动改革、促进发展，督促高校二级单位党组织充分履行职能、发挥核心作用，推动完善高校党内监督体系。

（二）建立高校全面从严治党向基层延伸责任落实机制

责任意识是中国共产党历史与现实使命的重要体现，责任落实是从严治党抓小、抓细、抓实的基本前提，是从严治党长效化、常态化的根本保证。责任落实是用制度管党的具体要求，是治党从严的重要保证，是党在政治建设、

---

〔1〕 中共中央文献研究室编：《习近平关于协调推进"四个全面"战略布局论述摘编》，中央文献出版社2015年版，第150页。

思想建设、组织建设、作风建设、纪律建设和制度建设以及反腐败斗争等各方面工作具体任务落实到位、落实到人的前提。把执行全面从严治党制度作为党建的经常性任务,树立执行制度的先进典型,及时查处和曝光严重违反制度的反面典型,善于运用正反两方面典型教育党员干部,强化党员干部的制度意识、敬畏意思。[1]

高校巡察是巡视向基层的延伸,把监督拓展到基层,通过巡察前准确定位、巡察中发现问题、巡察后运用成果,环环相扣传导管党治党压力,推动全面从严治党向基层延伸,明确责任、落实责任、考核责任、追究责任,上下贯通、横向联通、层层负责、逐级落实,形成明责、确责、履责、述责、考责、问责的责任链条,建立全面从严治党向高校基层延伸的责任落实机制。

第一,明确责任。"加强党的基层组织建设,关键是从严抓好落实。当前,党的领导落实到基层还有不少'中梗阻'"。"在高校,党委领导下的校长负责制是明确的,但把党的领导贯穿办学治校、教书育人全过程则存在较大差距。"[2]高校基层党组织是落实全面从严治党的主体,基层党组织书记是全面从严治党的第一责任人,其他班子成员承担全面从严治党"一岗双责"的责任。根据《中国共产党章程》等党内法规的要求,高校基层单位党组织结合具体工作,明确责任清单,将责任明确到位,分解到岗位、到责任人,建立全面从严治党责任落实工作台账,开展日常检查和动态监管。

第二,落实责任。根据《党委(党组)落实全面从严治党主体责任规定》,高校党委每年年初根据党中央决策部署和上级党组织决定,结合本校全面从严治党的任务,制定落实全面从严治党主体责任工作的年度任务安排。高校基层党组织书记应当做好本单位全面从严治党的调查研究,发现问题和解决问题,立好规矩和抓好落实,做好党章党规和党性党风党纪的教育工作,强化日常管理和监督,对存在苗头性、倾向性问题的,及时提醒和谈话,严肃批评和教育,将全面从严治党责任落到实处。

---

〔1〕 参见江金全:《完善全面从严治党制度》,载《党建研究》2019 年第 11 期。
〔2〕 习近平:《在全国组织工作会议上的讲话》,人民出版社 2018 年版,第 13 页。

第三,考核责任。高校应结合实际情况,建立本校基层党组织全面从严治党责任落实的科学考核办法。在考核内容方面,全面考核和重点考核相结合,考核重心放在基层党组织和领导干部全面从严治党工作实绩。在考核方式方面,日常考核和集中考核相结合,群众民主测评和上级组织与部门测评相结合,与巡察成果运用有机结合,综合评价和考核基层党组织管党治党的整体成效。

第四,追究责任。“强化责任追究是落实管党治党责任的关键。”[1]对全面从严治党工作领导不力、责任落实不到位的高校基层党组织和领导要严肃追究责任。高校强化问责追责,需要进一步健全问责机制、明确问责对象和内容,建立健全责任追究典型问题通报制度,发挥震慑效用。与此同时,既要防止问责不力,又要克服问责泛化。

高校巡察是“发现—治理—再发现—再治理”,推动全面从严治党向基层延伸,建立健全巡察反馈制度、巡察情况通报制度和巡察整改公开制度,建立完善巡察成果运用机制,进一步明确责任、落实责任、考核责任、追究责任,进而建立全面从严治党向高校基层延伸责任落实机制。

〔1〕 张英伟主编:《全面从严治党永远在路上》,中国社会科学出版社2019年版,第455页。

法律研习的意义与路径*

张海斌**

今天,新装修的法学院焕然一新,迎来了来自祖国各地的新同学。毋庸置疑,新的时间开始了!对于法学院,对于每一位同学,这都是一个“历史性时刻”。在此,我要代表法学院全体师生,对你们的到来表示热烈的欢迎和衷心的祝贺!

进入法学院,即是法律人。你们将要研习和实践的,是一门古老却深具活力的学问:法学。当代法学,既非古人眼中简单的“刑名之学”和“律学”,亦非罗马法学家笔下神秘的“人和神的事务的概念”,而是一门研究法、法的现象及与法相关问题的专门学问。今天,随着知识与社会的发展,法学向我们呈现出了前所未有的丰富多彩的意义向度。那么——套用美国小说家雷蒙德·卡佛的经典书名,今天,当我们学习法律时我们在学习什么?

首先,学习法律,是在学习人类文明智慧的重要成果。一部弘博的法学史,是人类几千年来生生不息的法政实践与孜孜矻矻的知识探究的结晶,承载着人类几千年来治国理政的丰富经验和深刻智识,孕育了人类文明史上一系列弥足珍贵的思想与价值,彰显了人类关于美好秩序与美好生活的丰富多彩的思想图景与实践智慧。因此,学习法学,不仅是在学习一套严谨而精致的法律规则,一门高超的实践技艺,更是在研习人类文明史上博大精深的智

---

* 本文为上海外国语大学法学院2021年开学典礼致辞。

** 张海斌,上海外国语大学法学院教授,法学博士。

识成果。

其次，学习法律，是在学习一种观照人生与世界的立场和方法。任何专业的知识体系和职业训练，皆为世人提供了一套认识、分析和解决问题的立场与方法。学习法学，在学习一种人与人、人与社会、人与国家乃至人与世界之间和谐相处的理念、原则和规则。同时，也在学习一种有别于其他专业的独特的法治思维和法治方式。所谓法治思维，就是将法治的诸种要求运用于认识、分析、处理问题的思维方式，是一种以法律规范为基准的逻辑化的理性思考方式。法治方式就是用法治思维处理和解决问题的行为方式。

再次，学习法律，是在学习一种"公正与善良的艺术"。法律绝非冷冰冰的统治工具，其背后承载着立法者所意欲追求实现的"公正与善"。学习法律，不仅在研习一套精致的法律规则，更要深刻体认法律规则背后所承载的"公正与善"，并通过娴熟的法律技艺，在具体法律实践中努力"以看得见的方式"实现之。"公正与善"构成了法律人与法律职业的价值内核。一切背离"公正与善"，利用法律作为工具，实施陷害与迫害，以实现种种邪恶与不义目的的行为，皆是对法律职业和法治精神的亵渎。

最后，学习法律，是在学习一种美好的生活方式。人类文明秩序，本质上乃是一种法治秩序。人类美好生活图景，本质上乃是一种法治生活图景。法治，不仅为人类生活提供了"群己权界""定分止争"的理性规则体系，更为我们提供了一套关于自由、民主、平等、人权等的核心价值观。在法治世界，按照康德的观点，"人是自己的目的，不是工具。人是自己立法自己遵守的自由人""法律就是那些使任何人有意识的行为按照普遍自由原则确实能与别人有意识的行为相协调的全部条件的综合"。法治不仅仅为我们的美好生活保驾护航，法治本身更是一种人类美好生活的方式。

接下来，按照惯例，我想就法学的研习和大家谈几点希望，并与大家共勉。

首先，学习法律，要保持开放与包容精神。法学专业本身，是一种单向度的经验与知识建构，这意味着，我们生活中的很多问题，仅仅靠法律是很难被真正地理解和彻底地解决,而需要其他专业知识与视角的共同参与。即便是所谓纯粹的法律问题,倘若有其他专业视角的参与,更能丰富和深化我们对问题的理解,进而有利于问题的解决。近年来法律交叉学科的兴起,正是对这一趋势的有力回应。希望同学们在研习法学之余,努力放宽专业的视界,涉猎其他专业领域的知识。如经济学、社会学、人类学,历史学等,不断优化自己的知识结构和综合素养。我们培养的,是具有反思精神和批判能力的法律人,而不是闭门造车的法律匠。

其次,学习法律,要关注法律实践的现实与前沿。当代法治乃是一种回应型法治,既要回应学科内部的各种理论问题,更要回应现实生活中的各种挑战。众所周知,当今世界正在进入数字时代和智能社会,以互联网、大数据、区块链、云计算、人工智能等为代表的数字科技日渐成为这个时代的标识。这种崭新的趋势,以及其他领域涌现的各种趋势,已然对立法、司法、执法、法律服务与法学研究提出了全新的挑战,需要法律人的智识应对,并在妥洽应对过程中,推进法学研究与法律实践的创新发展。

再次,学习法律,要注重锻造实践品格与能力素养,决不做纸上谈兵的"法呆子"。法学是一门经世致用的学问。从法律史的角度来看,无论是法学理论的建构,还是法学知识的积累,抑或法律制度的发展创新,最终是由法律实践来推进和检验的。古人云,"纸上得来终觉浅,绝知此事要躬行",学习法律必须坚持理论与实践相结合,坚持书本与现实相结合。只有在生动的法律实践中,我们才能更深刻地理解法律制度的社会背景,体认法律制度的美与不足,发现、研究并解决真正的法律问题,并在此实践中不断锻造自己,扎实法律职业素养和实践能力。

最后,学习法律,要有国际视野和中国情怀。要学会"睁开法眼看世界",关注世界各国法治实践与法学研究的前沿与热点,把握世界法治发展的规律和趋势,吸收和借鉴人类法律文明有益成果。同时,学习法学,更要有中国情怀,将小我融入大我,树立"为谁学习法律"的意识,不断增强国家意识,积极围绕国家战略,立足中国现实,研究中国问题,"把论文写在祖国大地上”,在具体的法学研究与法律实践中,铢积寸累地推进中国特色社会主义法治建设。这是当代中国法律人的应有使命,也是当代中国法律人的应有贡献。

同学们,“奋斗是青春最亮丽的底色”。一个人,在他/她最美好的年龄段,精力和热情最旺盛之时,竟有几年时光,与其他同样年轻而热烈的同学一道,在美丽而安静的校园里,一心一意无忧无虑地读书、思考,甚至恋爱。没有按揭,没有加班,没有油盐酱醋,没有人情世故……如此纯粹而宁静,这实在是人生中一件何其幸运与美好的事儿,一旦错过,注定终身遗憾。在此,真诚希望每位同学一定要珍惜这难得的学习机会,从现在开始,在深思熟虑的基础上,做好自己的人生规划和职业规划,并孳孳汲汲、一以贯之地去实现。拒绝“躺平”,拒绝“静坐”,拒绝任何形式的“堕落”,甚至,你们连堕落的资格都没有。毕竟,堕落是需要高度的,水平面上的堕落,不过是原地瘫倒。

同学们,新的时间开始了,新的梦想开始了,新的光荣也开始了。光荣的背后,是初心,是使命,是奋斗。习近平总书记2017年在中国政法大学考察时的讲话中指出:“中国的未来属于青年,中华民族的未来也属于青年。青年一代的理想信念、精神状态、综合素质,是一个国家发展活力的重要体现,也是一个国家核心竞争力的重要因素。”希望同学们在这崭新的人生阶段,不忘初心,牢记使命,秉持“格高志远、学贯中外”的校训精神,做到“持志、崇法、明辨、笃行”,坚持德法兼修,知行合一,不断提升国际视野和跨文化沟通能力,不断增进法学理论素养和法律实践能力,努力把自己塑造成具有上外特色的涉外卓越法治人才。

最后,祝大家学业顺利,生活愉快,硕果累累。谢谢!

在平凡的人生里种下诗去！*

又是一年毕业季，又是梦想启航时。在今天的毕业典礼之后，你们即将启程，意气风发地奔赴祖国乃至世界各地，在新的人生坐标上黾勉奋进，传递上外法律人的精神与力量，续写上外法律人的光荣与梦想。在这里，我要代表法学院全体师生对你们、对每一位2021届的毕业生，表示热烈的祝贺和衷心的祝福！

按照传统古典小说的套路，弟子学成下山之际，师父总要握着他们的手，语重心长地说上几句"金句"，叮嘱他们要如何如何，不要如何如何——当然，《西游记》里的菩提老祖对孙悟空的叮嘱，自然另当别论。按法理学上的说法，师父的这些临别赠言，大抵是一些义务性条款或禁止性条款，对于弟子们下山后的立身行事、建功立业，意义重大。我想，毕业典礼致辞的效果，也大抵如是吧。

但今年，说句心里话，随着毕业典礼的日子越来越近，我心里竟第一次觉得越来越忐忑，甚至都有一点点紧张了。因为我一直没想好要在毕业典礼上给你们说些什么。毕竟，对我来说，想说的，该说的，值得说的，在这些年的毕业典礼上已经说了，而且说得不少，再要有什么新的见解，也难。毕竟，"大道至简"，人生的大道理，就这么几个，也很简单，就像托尔斯泰说的，"最深刻的真理，是最平凡的真理"，而我们每个人最需要做的，便是怀持着信仰与热爱，奋发踔厉，在具体而微的平凡之事上诚笃地践行之，让我们的平凡之路绽放出生命的异彩来，便像歌词里写的，"生如夏花之绚烂，平凡之路是答案"。

今天我要谈的，就是平凡。

关于平凡，古今中外，名言警句有很多，有些名言警句极为励志，令人闻之债发，譬如"伟大出自平凡""平凡造就伟大"等，这些道理都是极真确的，

---

* 本文为上海外国语大学法学院2021年毕业典礼致辞。

我就不赘述了。但今天在这里，我想说的是，我们或许更要从人生存在的本体高度来理解平凡的意义。即在终极意义上，我们，包括每一个我和你，本就是一个个平凡的人，此生即将或注定要在一个个平凡的岗位上，做着一件件平凡的事儿。甚至，很有可能——我们得有心理准备——一辈子就这么平凡着：做着一名平凡的法官、检察官、律师或其他法律人，在一个个平凡的岗位上，认真地办好每一个案子，写好每一份法律文书，解决好每一件法律琐事儿。我们的人生或许很少有机会开挂，更遑论伟大。但毋庸置疑，这或将便是我们许多人的真实人生——平凡人生。

所以，今天在临别之际，我想郑重地提醒大家，我们必须做好准备，遭遇平凡，体认平凡，习惯平凡。唯有习惯平凡，我们才可能在新的工作岗位上戒绝各式浮躁、焦虑、迷茫以及好高骛远、不切实际的空想，从而平心静气，俯下身子来，认真做好每一件简单的事儿，在新的岗位上脚踏实地工作，日就月将地进步。常言说得好："把每一件简单的事做好就是不简单，把每一件平凡的事做好就是不平凡。"正是每一位法律人的平凡，才可能铸就出中国法治之路的伟大和绚烂。

要习惯平凡，还要甘于平凡，享受平凡。平凡，在很多时候，往往体现在一个人从浅至深的学习积累过程中，体现在一个伟大事业的细节和环节之中，体现在一个美好事物从量变到质变的蜕变进程之中。习惯平凡，甘于平凡，享受平凡，可能孕育出的，乃是一种真正的不凡与伟大。最近，北大数学系助理教授韦东奕火遍了全网，一时拥趸无数，被封为"韦神"。在我看来，韦神之所以不凡，背后恰恰是他"几乎不看电视，也没有微信，除了查资料几乎不上网，走在北大校园里，几乎没人不认识他"的平凡。这种"扫地僧"式的平凡，以及这种甘于平凡、享受平凡的人生风度与精神姿态，才是一种真正的人生格调(或上海人所言之"腔调")，唯有这种"大象无形"的平凡，才可能孕育出真正的伟大。

平凡人生，未必单调——有时候也很浪漫，甚或是一种让人可望不可即的幸福人生。海子在诗里写道："从明天起，做一个幸福的人\喂马，劈柴，周游世界\从明天起,关心粮食和蔬菜……\给每一条河每一座山起一个温暖的名字。”无疑,海子笔下的幸福人生,描绘的便是一种平凡人生之情状,字里行间却洋溢着一种桃花源式的浪漫。记得在意大利作家亚米契斯的《爱的教育》续集里,舅舅对安利柯说:“我不是诗人,从没写过一首诗,却想在人生的平凡琐事上种下诗去。一经种下了诗,任何平凡的事物也会生长出爱与想象,一切都会含有别样的情趣,把人心温暖起来。”“在人生的平凡琐事上种下诗去”,让平凡人的平凡生活自兹充满了爱与想象,诸位想想,这该是一种何其浪漫和幸福的诗性人生。

平凡并非平庸。人之一生,有时候,甚至很多时候,因了种种合理或不合理,主观或客观,偶然或必然,幸运或不幸的缘因,我们只能做一个平凡的人,在一个平凡的岗位上认真而奋勉地做着一件件平凡的事儿,像萤火虫一般焕发着自己最大的光亮。但是,倘若我们的职责与工作,能够服务于人民,能够促进社会公益,甚或是一个伟大事业的一个微小而不可或缺的环节,那么我们的工作便注定变得不平凡,我们的人生亦因此变得充满意义。这便像一个平凡的法官、检察官、律师,之于我们国家伟大的法治事业。因此,我们平凡,但绝不平庸。个体之平凡,方能成就整体的伟大,而整体之伟大,更能彰显个体之不凡。

习惯平凡,甘于平凡,并不意味着没有理想,丧失信念,甘作“躺平青年”。毕竟,伟大出自平凡,平凡造就伟大。任何宏图大业,雄心壮志,必定是寄寓于日积月累的平凡努力之中,而水到渠成实现的。很大程度上,我们的努力,绝非为了个体优渥福利与境遇之实现与改善——虽然这也极为重要——而更是在平凡的岗位上竭尽所能地服务于国家、社会与时代之所需,进而实现自我的人生价值与目标,这或是当下更多的青年拒绝“躺平”的强大理据。

记得一百多年前,哥伦比亚大学法学院西奥多·德怀特教授在毕业典礼上深情寄语法学院学生:“……对我们而言,最重要的是要考虑如何发展自己的潜能,如何利用我们的能力去帮助他人。一切以自我为中心是一种享受,但是稍纵即逝。为他人造福所带来的快乐,却永远不会消退。当你们作为法律人慢慢老去时,回忆起自己一生的成就,接受旁人的赞颂,为自己真诚的付出备感荣耀,因自己坚定的判断而骄傲时,该是何等心满意足、何等自得其乐。”无疑,这种法律人的平凡人生,便是一种充满理想主义与奉献精神的荣耀人生。

同学们,再过十几天,就是中国共产党建党100周年了。回顾百年党史,在革命、建设和改革的每一个阶段,正是每一位平凡的共产党员,每一位平凡的中国人,在各自平凡的岗位上,兢兢业业,甘于平凡,兢于奉献,接续奋斗,才共同铸就了百年党史的伟大与辉煌。2019年9月29日,习近平总书记在国家勋章和国家荣誉称号颁授仪式上指出:“伟大出自平凡,平凡造就伟大。只要有坚定的理想信念、不懈的奋斗精神,脚踏实地把每件平凡的事做好,一切平凡的人都可以获得不平凡的人生,一切平凡的工作都可以创造不平凡的成就。”希望同学们以此为勉箴,在人生的新征程上,永远怀持一颗平凡之心,努力做好每件平凡之事,“在平凡的人生里种下诗去!”继续创造属于你们自己的不凡人生。

最后,祝大家工作顺利,生活幸福,前程似锦。

法意人物 | 邵明:成就你的选择

韩　骏*

从本科毕业到成为世界知名500强公司的区域法律总顾问,邵明只用了12年。

2015年2月,未满34岁的邵明出任顶尖医疗健康公司雅培大中华区法律总顾问,得到行业里的一致关注,被誉为“最年轻的世界500强法总”。今天学弟学妹们的观感,可能正如行业里诸多职业顾问仍旧津津乐道的,“邵明学长的职业生涯就如开挂一般”。在采访中多次谈到发展的机遇,邵明总是谦虚地归为幸运,然而当笔者了解了这位上外法学院校友的经历,一直感受到的不光是成功所需的智慧、能力、担当和付出,更逐渐清晰地看到一个高光问题:面临人生无数道选择题时,该如何选择。

邵明,2003年于上海外国语大学获法学学士学位,后于美国哥伦比亚大学(以下简称哥大)获法学硕士学位并于期间获 Harlan Fiske Stone 奖学金,于美国圣路易斯华盛顿大学获 MBA 学位并于复旦大学完成 EMBA 项目,拥有中国和美国纽约州律师资格,另成为美国注册反舞弊审计师。

邵律师曾分别在国际领先的两家律所执业,主要业务领域包括跨国收购合并、私募和风险投资、外商投资以及其他公司法律事务。2010年,邵律师出任美国 SPX 公司亚太区法律总顾问之职,管理涵盖十多个国家和地区的法律及合规事务。于2015年起,邵律师任美国 Abbott 公司大中华区法律总

* 韩骏,上海外国语大学法学院团委书记,辅导员。

顾问,连续多年被 Chambers、Legal 500、Asia Law Business、《商法》和 WeLegal 等众多国际和国内权威行业机构评选为中国区最有影响力的 GC(法总)之一,并屡获相关行业若干奖项。此外,邵律师还担任上海市青年企业家协会理事,上海市律协外资专委会成员,并且执教复旦大学法学院实务课程和华东政法大学公司法务菁英人才高级研习班。

了解自己,跟着心走

从复旦附中毕业,高考考出超过上外和复旦文科分数线近 50 分成绩,选择当时上海外国语大学的国际经济法学院就读法学和英语,是我们这个故事中邵明的第一个重要选择。为什么选择上海外国语大学?“因为我当时就喜欢上海外国语大学呀。”为什么选读法律?“因为我不喜欢数字(玩笑)。”包括后来在美国众多顶尖法学院的录取通知书中选择哥大也是一样,回顾当初的一些重大决定,看似玩笑的回答中,邵明道出了自己有关我们话题的第一个见解:“选己所爱,择己所长”。

这条主线也贯穿了邵明在上海外国语大学法学院学习的四年间从选课、备考到选择社团以及校内外职务的各种活动和决定。“每个人都是不一样的,不一定要跟从别人(哪怕是多数人)的选择,别人的选择也不一定适合你,但是你必须从了解自己出发,剩下的就交给你自己的内心吧。”

如果心里的声音不明确或者犹豫不决怎么办呢?“很多选择没有对错之分,因为你永远无法预知道路尽头将通向何处。但当你不清楚自己想要什么的时候,至少要知道自己不想要什么,先把这些选项排除。”这是邵明在之后给年轻学生和职业人的建议中经常提到的一点。“了解自己很重要,也需要一个过程,可以先从了解‘己所不欲’开始。”

秉承了上面这些原则,在大三阶段选择实习工作时,邵明在众多热门公司和专业事务所抛来的橄榄枝中,选择了他因为偶然机会接触到的上海外高桥保税区负责政策管理和投资招商的岗位。吸引他的是这个全国外商投资最鲜亮的窗口中最核心部门的平台,能够立即运用自己所学的法律知识和外语技能,与国际一流的跨国公司高管和专业人士直接对话,商谈解决大公司在华的投资条件、策略和落地运营中的实际问题。“选择不能只局限于认知,将视野放宽,或许会邂逅惊喜,继而发现真正属于自己的道路。”实习近一年后,基础能力突出又好学有悟性的邵明被破格留用,直接升任独立项目经理。

邵明法律职业的起点,是从跟决策者讨论法律问题产生的商业背景和最终有哪些可行的方案开始的,这也成为他职业生涯的第一个加速器,而这些都基于他最初的选择。

让你的价值自己展现

“我现在做的工作对我将来会有帮助吗?我是不是应该换工作,该什么时候换?”很多毕业不久意气风发的大学生,在追求职业发展的过程中,经常会问类似的问题。谈到这点,邵明的建议是:选择趋势,相较于眼前的利益,更应该追求发展的动态——选中适合自己的环境后,就将自己埋进土里去,用力地扎根,耐心地抽芽,剩下的交给努力和时间。

“耐心,只要你的知识和能力储备到位,就会来到风口浪尖,自然会有人看到的。”很多从短期看由“幸运”获得的“机遇”,从宏观上看却是必然。当你有足够的毅力和努力,沉淀了一个行业领先的知识与经验,自然会有人发现你的价值。

2005 年,美国霍金豪森律师事务所(Hogan & Hartson LLP)洞见邵明超越年龄的认知和经验,邀请他加入其在上海新设的办公室。这个转变,及时给予了他更多展现独当一面的工作能力和高超的思维和影响力的舞台。两年后,邵明作为该所在华第一批发起者,选择了美国哥大修读法学硕士并考取了纽约州律师资格。之后他又继续在美国众达律师事务所(Jones Day)执业,多年律所生涯中参与了众多重大交易并为跨国公司提供法律服务,业务范围也从开始他最精通的外商投资和并购向私募和风险投资等领域不断延伸。

在聊到海外留学、考美国律师资格和律所的工作时,邵明表示学习和工作没有捷径可循,并建议大家把努力的重点放在“扬长”和“补短”上,而不只是一味地“守长”,同时还鼓励同学们寻找独立的思考角度以及探索适合自己的学习和工作方法,用自己的“选择”帮助自己成长。

成就你的选择

500强公司全球大区的法总职位,是很多内外资领先律所合伙人职业发展的另一个方向,市场上也经常能看到这两个“甲乙方”的位置互换。对于邵明,一个这样的机会在意想不到之时来临。

2010年年初,美国500强公司SPX在国内招聘集团亚太区法律总顾问,基于先前在行业里的积累,彼时29岁的邵明收到了公司人事主管的主动邀请,并在众多候选人中脱颖而出,成为该公司最年轻的亚太区最高管理层一员。他在录用通知上的签字墨迹未干,就已登上飞往美国夏洛特总部的航班,参加全球管理层年会,心里深知面对自己的又是新一番的天地和挑战,殊不知自己在外界行业里已经引起了关注和热议。

“既然选择了就不要犹豫和自疑,在进取中没有输赢,付出努力,保持平常心即可。”邵明成功了,得益于他过人的成熟度和超前的积累,他迅速组建并培养出一支优秀的亚太区法律团队,并带领其在公司内部和外部行业中不断崭露头角。这期间,邵明几乎每个月都会去下辖的12个国家和地区一个个听取工作报告或者领导复杂的法律项目,再加上一年几次的回总部述职和国际会议,可谓是名副其实的“空中飞人”。

飞快的工作节奏,并未让他停止进取的心。“山高人为峰,海阔勤作舟。”邵明自戏不是一个很“安分”的人,每当感觉进步的速度放慢了,就希望能再做点什么。他在33岁时修读获得了美国圣路易斯华盛顿大学奥林商学院的工商管理硕士,并完成了复旦大学的EMBA项目。

本科毕业的第12年,未到34岁的邵明入职雅培——全球顶级医疗健康企业,同时也是医疗行业里业务构成最大最复杂的公司之一。成为世界500强公司至今最年轻的法务总监,邵明不但又一次证明了自己卓越的领导和管理才能,更成就了自己和团队在行业里的赞誉和殊荣,其本人作为中国区最有影响力的法总之一,连年出现在众多国内外权威行业机构的奖台和刊物之上。

对于年轻学弟学妹的学习,邵律师的建议诚恳而实在:

深入扎实地学。在这个信息过量的时代,同学们不但要“兼听”,更要“善断”,谨慎鉴别网络上泛滥的虚假错误信息。学习上无捷径可走,不能指望通过自媒体将法律问题搞明白,传统的学习方法仍旧是一个法律人的起点。

持续不断地学。年轻气盛时总容易觉得凭聪明就能独占鳌头,但后来你会发现,任何业界大佬成功背后的引擎,都是超强的不断学习新事物的能力。要永远保持虚心和好奇,不断向周边的人和事物学习。

内化于心地学。要学会将一本很厚的书读薄。法律是一个复杂的学科,因此从内化再到深入浅出格外重要。优秀的律师不会牵羁于错综复杂的法律关系或冗长的法律条文,而是开启“上帝视角”一眼看明问题的根本和关联,且善用清晰的逻辑和浅显贴切的例子,将复杂的法律问题跟非法律人士(客户和业务同事)讲清楚。提纲挈领、内化理解和类比逻辑都是一个法律人必须具备的重要能力,同学们可以从现在就开始锻炼。

上海外国语大学和法学院的校友中人才济济,其中不乏各行各业的佼佼者,希望校友们可以与现在的学生们多交流,相互学习,携手共进,反哺母校和法学院。

征稿启事

《上外法律评论》是上海外国语大学法学院主办的法律类学术文集。投稿实行初审与同行专家匿名审稿制,对来稿不限制体裁和语种,不考虑作者身份和背景,特别看重国际视野、研究深入、方法现代、行文规范且具原创性的学术论文和评论文章。

欢迎海内外专家学者、优秀学子惠赐稿件,来稿原则上在1万字以上,并只接收电子邮箱投稿,收稿邮箱:swflpl@126.com。

编委会自收到稿件起3个月内向作者通报审录结果,每稿必复。

为了扩大本文集及作者知识信息交流渠道,除非作者在来稿时声明保留,否则视为同意《上外法律评论》拥有以非专有方式向第三人授予已刊作品电子出版权、信息网络传播权和数字化汇编、复制权,以及向其他文摘类刊物推荐转载已刊作品的权利。